Giganten der Gotik

© 2011 DuMont Buchverlag, Köln

Alle Rechte vorbehalten

Produktion und Herstellung: Feierabend Unique Books
Art Direction: Peter Feierabend
Gesamtgestaltung: Christian Schaarschmidt
Lektorat: Joachim Geil
Bildredaktion: Karsten Zang
Fotografien: Roxanna Ardelean, Claudio Oliverio,
Martin Papirowski und Timm Westen
Druck: Neografia, Slowakei

Printed in Slovakia

ISBN 978-3-8321-9392-8

www.dumont-buchverlag.de

Nächste Doppelseite: Inbegriff der Gotik – der Kölner Dom

Martin Papirowski und Susanne Spröer

GIGANTEN DER GOTIK

Die Baukunst der Kathedralen

DUMONT

INHALT

Vorwort		8
Einleitung: *Entstanden aus dem Nichts?* *Zeitreise in eine magische Epoche*		10
Zeittafel		14

1	**EINE GESELLSCHAFT IN BEWEGUNG**	17
1.1	*Das Königreich des Himmels:* *Glaube und Aberglaube der Menschen im Mittelalter*	18
1.2	*Die Kreuzzüge: Begegnungen von Orient und Okzident*	28
1.3	*Wandern für das Seelenheil: Die Pilger*	46

2	**DAS GOLDENE ZEITALTER**	59
2.1	*Sonne, Frieden, Wachstum: »Leben wie Gott in Frankreich«* *Eleonore und das 12. Jahrhundert. Traumhochzeit in Südfrankreich*	60
2.2	*Helden, Kämpfe und Intrigen: Politik im Mittelalter* *Von König, Adel, Klerus und Volk*	70
2.3	*Abt Suger und die Magie des Lichts*	84

3	**SÄULEN AUS LICHT: DIE GEBURT DER GOTIK**	99
3.1	*Architektur und Statik*	100
3.2	*Von Geldgebern und Bauherren*	110
3.3	*Die »Fabrica«: Leben in der Bauhütte*	118

4	**DIE GIGANTEN DER GOTIK**	131
4.1	*Sens: die erste Kathedrale der Gotik*	132
4.2	*Wilhelm von Sens und die Kathedrale von Canterbury*	148
4.3	*Chartres: Gotik in Hochkultur*	156
4.4	*Villard de Honnecourt: Ein Zeichner und sein Skizzenbuch*	172

5	**DER DOM ZU KÖLN:** Ein halbes Jahrtausend Baugeschichte	179
5.1	*Französisches Vorbild: Amiens*	180
5.2	*Der Dom: Fundament für die Ewigkeit*	188
5.3	*Meister Gerhard und Albertus Magnus: Teuflisch genial?*	194
5.4	*Rätsel, Geheimnisse, Zahlenmystik*	200
5.5	*»Sommernachtstraum« eines Königs* *Sulpiz Boisserée, der Dom und die Preußen*	206

	Glossar	230
	Kleines Gotik-ABC	236
	Buchtipps	238
	Bildnachweis	270

Vorwort

Wir nennen sie die »Giganten der Gotik« – Bauwerke, die zur Zeit ihrer Entstehung alle Maßstäbe sprengten – wenn man so will die »Pyramiden des Abendlandes«. Mit einem Wort – überwältigend! Dieses Buch erzählt die Entstehungsgeschichte der gotischen Kathedralen und die Schicksale derer, die sie schufen: Es ist ein Lesebuch – keine kunsthistorische Abhandlung und schon gar kein Werk nur für Experten. Man braucht keine Fachkenntnisse, lediglich Neugierde und die Fähigkeit zur Begeisterung. Es ist bunt, voller Überraschungen, sachlich, mitunter emotional – mal Liebeserklärung, mal Fahndungsbericht. Aber über allem steht die Frage: Was macht sie aus, diese geheimnisvolle Faszination, die uns Menschen überkommt, wenn wir in die heiligen Hallen dieser Monumente treten?

Die Epoche der Gotik – sie beginnt mit dem 12. Jahrhundert – ist seit der Antike die vielleicht bewegteste Ära in der Geschichte des Abendlandes: Zehntausende machen sich auf den Weg in das Heilige Land – sie wollen Jerusalem von den Muslimen befreien, Abenteuer erleben, reich werden, Ablass von ihren Sünden erlangen – und das Königreich des Himmels mit eigenen Augen sehen. Eine Zeit der politischen Umbrüche, eines erstarkenden Königtums, die Straßen werden sicherer, das Klima ist wärmer, der Wohlstand wächst.

In dieser Zeit schlägt die Geburtsstunde der Gotik – und sie kommt über die Menschen des Mittelalters wie ein Vulkanausbruch, ohne Ankündigung, explosionsartig. Innerhalb weniger Generationen entstehen allein in Frankreich annähernd 80 gotische Großprojekte.

Wir präsentieren die Bauwerke und stellen die Menschen vor, mit denen alles begann: die Abteikirche von St.-Denis, die Kathedrale von Sens, aber auch die mächtigsten und beeindruckendsten unter diesen steinernen Gebirgen – Chartres, Canterbury, Amiens – und schließlich den Kölner Dom, die vielleicht »gotischste« aller Kathedralen der Gotik.

Selbst in unserer Zeit der Reizüberflutung dringen diese Bauwerke der Gotik zu uns vor, berühren uns. Aber warum ist das so? Allein an ihrer Größe kann es nicht liegen, Wolkenkratzer lassen selbst die größten Kathedralen zu Kapellen schrumpfen, farbiges Licht ist in den heutigen Metropolen rund um die Uhr verfügbar – wie mögen sie auf die mittelalterlichen Menschen gewirkt haben? Menschen, die in dämmrigen Hütten gelebt haben, deren Welt – abgesehen von den Farben der Natur – erdig, dunkelbraun, bestenfalls beige und ohne Bilder ist. Eine Erlebenswelt, in der Felle, Leder und Schweinsblasen das Fensterglas ersetzen. Buntglas ist ein Privileg der Reichen und Edlen. Wer daraus in die lichtdurchfluteten, strahlendbunten Kirchenschiffe tritt, der muss sich wahrlich wie im Himmel fühlen.

Diese Kinder ihrer Zeit sehen in ihren Städten und sogar Dörfern plötzlich Gebäude, ja, steinerne Gebirge wachsen, die alle bekannten Dimensionen sprengen. Sie sehen etwas Unvergleichliches, etwas, das sie nicht verstehen, das sie aber zutiefst berührt.

Wir möchten Sie mitnehmen auf eine Zeitreise in eine Welt fernab unseres Denkens, eine Welt des Zaubers und der Magie, übernatürlicher Mächte und teuflischer Versuchungen.

Eine Welt, in der Pilger für ihr Seelenheil ihr Leben riskieren und in der Mörder nicht nur mit dem Tod, sondern auch mit einer Wallfahrt bestraft werden; eine Welt genialer, mitunter aber auch größenwahnsinniger Baumeister, die ohne die Mathematik der Statik, nur nach dem Prinzip »trial and error« alles auf eine Karte setzen, immer höher, immer gewaltiger bauen und wie Wilhelm von Sens unsterblich werden – oder wie in Beauvais scheitern und vor den Trümmern ihrer waghalsigen Träume stehen.

Mönche, wie Abt Suger, mit der Macht eines Königs, die ihren Lebenstraum verwirklichen, einen gläsernen Gottestempel schaffen – herzensfromm sind, aber für ihre Vision auch vor Fälschungen nicht zurückschrecken. All jenen werden wir auf unserer literarischen Zeitreise begegnen, sie werden uns Einblicke in eine Gedankenwelt gewähren, die der unsrigen zwar fremd ist, aber die wir dank ihrer Hilfe – zumindest in Teilen – verstehen lernen werden. Denn sie haben uns einen Schlüssel hinterlassen – ihr Lebenswerk. So bergen die Kathedralen der Gotik Codes und Hinweise, vergessene Zeichen ihrer Schöpfer, geheimnisvolle Anspielungen und rätselhafte Symbole. Nichts an diesen gigantischen Bauwerken ist Zufall, alles ist Absicht – Botschaften der Vergangenheit.

Die Zeitreise ins Mittelalter birgt viel Verblüffendes, Erstaunliches, Unerklärliches, aber bei aller Exotik und Fremdheit ist uns das stärkste Motiv für die Entstehung der Gotik auch heute noch – fast 800 Jahre später – zutiefst vertraut: die Angst vor dem Tod, oder besser: die Hoffnung auf ein ewiges Leben im jenseitigen Himmelreich. Und mit jedem Stein, den sie auf den anderen fügten, sahen sie sich ihrem Ziel näher: mit der Kathedrale ein Stück Himmel auf Erden zu schaffen!

MARTIN PAPIROWSKI SUSANNE SPRÖER

Juni 2011

Entstanden aus dem Nichts?

Zeitreise in eine magische Epoche

Viele Kreative und Wissenschaftler kennen diesen verblüffenden Effekt. Sie glauben als allererster auf einem Pfad zu wandeln, um dann unverhofft auf ein Menschengedränge zu stoßen. Wie kommt es eigentlich, dass Maler, Musiker, Dichter, Schriftsteller, vor allem aber Forscher oft völlig unabhängig voneinander auf gleiche oder doch sehr ähnliche Ideen kommen? Offensichtlich ist in ganz bestimmten Momenten, »die Zeit reif für etwas« – für eine neue Form von Musik, von visueller Präsentation oder für eine neue wissenschaftliche Erkenntnis.

Doch wie war es bei der Gotik? Der Laie mag den Eindruck gewinnen, dass dieser neue, revolutionäre Baustil gleichsam vom Himmel fiel. So war es sicherlich nicht, andererseits bietet die Revolution der Gotik auch viel Raum für Interpretation.

Sehr eindrücklich formuliert es Günther Binding, der gewiss eine der großen Autoritäten auf diesem Gebiet ist: »Wie bei allem Geschichtlichen handelt es sich auch bei Kunstwerken wie der Architektur nicht um Ereignisse, um unvermitteltes Dasein, spontan ohne Vorbild oder Anlehnung an frühere Motive, sondern um Prozesse, die weder beginnen noch enden, sondern ineinander übergehen …«

Die Prozesse, die maßgeblich die Entstehung dieses Baustils möglich machten und förderten, sind vielfältig, und es ist kaum möglich, sie im Einzelnen zu bewerten oder gar mit dem Anspruch auf Vollständigkeit zusammenzustellen.

Da sind zunächst die gesellschaftlichen, politischen und – nennen wir es etwas vage – »spirituellen« Bedingungen und Entwicklungen: Es ist richtig was los im 11. und 12. Jahrhundert. Eine bis dato im Mittelalter beispiellose Mobilität.

Im Herbst 1095 – knapp ein halbes Jahrhundert vor Baubeginn der ersten gotischen Monumente – lädt Papst Urban II. die Fürsten und Führer seiner Kirche in das französische Clérmont. Über 180 Kardinäle, Bischöfe und Äbte aus der ganzen westlichen Welt folgen seinem Ruf – selbst aus dem fernen Byzanz kommen die Vertreter der Kirchen des Ostens. Urban macht diese Synode zum Instrument seiner Propa-

Pionierbau der Gotik: Die Kathedrale von St.-Denis

ganda – er will einen Zug der Christenheit nach Jerusalem , er will die Befreiung des Grabes Jesu, des heiligsten Ortes der Christenheit, von den muslimischen Sarazenen – und er bekommt, was er will. Sein Aufruf verbreitet sich wie ein Lauffeuer. Weitere Synoden in Tours und Rouen folgen. Eine gigantische Kriegsmaschinerie setzt sich unter Führung französischer und normannischer Adliger in Bewegung. Den Kämpfern für das Kreuz verspricht Papst Urban Ablass, die Erlassung der Strafen für ihre Sünden. Unter dem Motto »Gott will es!« wird allen, die ins Heilige Land ziehen, ewiger Ruhm im Himmelreich versprochen. Zehntausende marschieren gen Osten, nicht nur Krieger, sondern auch Glücksritter, Marketender, Huren, hinter dem Adel und der Blüte der christlichen Ritterschaft ein Heer von Namenlosen, das Strandgut der mittelalterlichen Gesellschaft.

Im Juni 1099 erreicht das Heer der Kreuzfahrer Jerusalem.

Jerusalems Mauern gelten zwar als uneinnehmbar, doch sie fallen im Hagel der Katapulte. Den schwer gepanzerten Ritterheeren aus Europa haben die Sarazenen nichts entgegenzusetzen. Die Sieger errichten Kreuzfahrerstaaten im Heiligen Land, die fast zwei Jahrhunderte Bestand haben sollten. Doch trotz aller kriegerischer Auseinandersetzungen: in den Kreuzfahrerstaaten entsteht im Bereich der Naturwissenschaften, vor allem in der Mathematik, der Medizin, aber auch in der Literatur ein reger kultureller Austausch zwischen Christen, Muslimen und Juden.

Professor Arnold Angenendt: »Der Islam hat sich die antike Philosophie von Christen ins Arabische übersetzen lassen. Nun lassen sich Christen von Arabern die griechische Philosophie, insbesondere Aristoteles, ins Lateinische übersetzen und gewinnen damit einen ganz neuen Horizont und eine ganz neue Ausgangsebene für die Wissenschaft. Das ist der große Umbruch.«

Doch nicht nur die Gelehrten, die Eliten dieser Epoche, profitieren von dem – wenn man so will – »größten Gedankenaustausch« seit der Antike. Denn was auch immer Furchtbares sie erleben und erleiden müssen, die Kreuzzugskrieger und Glücksritter begegnen einer Welt, die alle ihre bisherigen Vorstellungen sprengt: neue Farben, Formen, Gerüche, eine fremdländische und exotische Architektur, unbekannte Landschaften, greller Sonnenschein, ewige Sonne, neues Wissen und die Begegnung mit einem Gott, der Allah heißt. Es ist der Anfang einer kulturellen Revolution.

Und wer das Glück hat, heil zurückzukehren, der ist nicht mehr derselbe. Auch im Heimatland verändern sich die Dinge, nehmen wir das Klima: Es wird wärmer, die landwirtschaftlichen Erträge steigen, die Menschen haben mehr zu essen, die Bevölkerung wächst, immer mehr Familien zieht es vom Land in die Städte. Zu Beginn des 12. Jahrhunderts ist Paris mit 30.000 Einwohnern die größte Stadt des Kontinents. Die Metropolen des Mittelalters gewinnen an Macht, an Einfluss, sie werden zu Zentren einer neuen Marktwirtschaft. Niemals zuvor seit der Antike werden so viele Waren produziert und gehandelt. Immer weniger Menschen müssen hungern – es wächst der Bedarf an Luxus oder einfach an verfeinerten Produkten. Und wo produziert und gehandelt wird, gibt es Profite und Vermögen. Mit den Bürgern entsteht ein vierter Stand, und so mancher Kaufmann ist wohlhabender als viele Vertreter des niederen und mittleren Adels – und er zeigt, was er hat. Gesamtgesellschaftlich ist somit eine wichtige Voraussetzung für den eindrucksvollsten Bauboom seit mehr als einem halben Jahrtausend gegeben: Wohlstand.

Die Disziplinierung des Adels unter eine königliche Zentralmacht ist ein Prozess, der in Frankreich begonnen hat. Auch wenn er erst später vollendet wird, so sorgen die stabiler werdenden politischen Verhältnisse im Raum der Île-de-France für Sicherheit, Sicherheit auf der Straße. Händler, Handwerker und natürlich auch Pilger können sich frei und sicher auf den Straßen bewegen, ohne fürchten zu müssen, Opfer eines adeligen Raubritters oder Halsabschneiders zu werden. Gerade für die Älteren müssen diese sicherlich allerorten zu beobachtenden Entwicklungen wie ein Weg zum Himmel auf Erden, oder dem, was man sich unter dem Paradies vorstellte, erschienen sein. Und die Sonne scheint so häufig wie kaum jemals zuvor. Der Glaube daran, dass das Himmlische Jerusalem nahe sei, ergreift die christliche Welt, und in den Köpfen entstehen Bilder: die erwähnte Stadt aus Glas, göttliches Licht, Farben, Glanz.

Barbara Schock-Werner ist sicherlich die bekannteste unter den deutschen Dombaumeistern und eine intime Kennerin des mittelalterlichen Bauwesens. Als Historikerin und Baumeisterin verbindet sie Theorie und Praxis, ihre Theorie von der

Entstehung der Gotik ist dementsprechend einfach und einleuchtend: »Ich glaube, dass der wirkliche Anstoß dem Wunsch entsprang, viel mehr Licht in den Raum zu bekommen. Es war die Zeit der Lichtmystik. Wenn ich die Wände weiter öffne, dann muss ich sie anders konstruieren, dann brauche ich das Strebewerk, um den Schub der Gewölbe aufzufangen. Damit werden die Gewölbe ungleichseitig, und ein ungleichseitiges Gewölbe, das eine andere Breite hat als seine Tiefe, kann ich nur mit einem Spitzbogen überfangen. So lässt sich vieles in meinen Augen aus dem Wunsch nach mehr Licht im Innenraum erklären.«

Zwingende Voraussetzung war jedoch schlicht und ergreifend das architektonische Know-how. Der gotische Stil hat sich im Mittelalter aus dem Stil der Romanik heraus entwickelt. Die Gotik schuf keine grundsätzlich neue Typologie. Das gotische Bauwerk wurde verstärkt als Einheit verstanden, in dem jedes Einzelteil vom Ganzen abhängt. Für die Wandlung vom romanischen zum gotischen System finden sich viele Vorstufen bereits in der Romanik, vor allem in der Normandie, in den französischen Kronländern und in Burgund.

In der romanischen Basilika Sainte-Marie-Madeleine in Vézelay wurde beispielsweise ein Kreuzgratgewölbe verwendet. Aber erst als die Konstruktion des Kreuzrippengewölbes gelang, konnte sich ein neues Bausystem entwickeln. Es ermöglichte die Kombination von verschiedenen Gewölbezuschnitten. Wer sich als Laie, wie ein Detektiv mit Fotokamera und Fahndungsbuch bewaffnet, auf die Spur sogenannter typisch gotischer Elemente begibt, ist zunächst verblüfft. So ist der Chorumgang der gotischen Kathedralen durchaus kein architektonisches Neuland, er findet sich bereits 100 Jahre *vor* St.-Denis in Bauten der burgundischen Romanik. Auch der charakteristische gotische Spitzbogen ist dort zu finden, ebenso hohe Gewölbeformen, die – ganz untypisch für die Romanik – Licht ins Kircheninnere bringen. Der kreative Verdienst der Baupioniere der Gotik besteht jedoch – neben ihrem Wissen um die Statik – darin, dass sie diese »versprengten« Elemente zu einem neuen Baustil zusammengefasst haben. Diese Kombination macht ihre Kunst aus, und natürlich der Eindruck, dass alles »wie aus einem Guss« geschaffen zu sein scheint.

Architektonisches Konzept ist es, Kreuzrippengewölbe, Spitzbogen, Pfeiler, Strebewerk so zu kombinieren, dass eine Konstruktion entsteht, die ohne massive Stützwände funktioniert. Die steinernen Gewölbe, Streben, Pfeiler- und Pfeilerbündel sind wie ein Strukturwerk der Kräfte, die auf dem Bauwerk lasten. Ein Regenbogen entsteht, wenn Wassertropfen das Sonnenlicht in seine Spektralfarben zerlegen. Ebenso zeichnen die steinernen Strukturen der gotischen Kathedralen die Linien der Schubkräfte.

Schön und gut, möchte man einwenden, aber wie hat sich dieses Wunder der Gotik, die Revolution dieses neuen Baustils denn nun konkret vollzogen? Jener kreative Augenblick, in dem jemand hingeht und sagt: »Ich hab es!« – Offen gestanden: Wir wissen es nicht.

✣   ✣   ✣

ZEITTAFEL

Meilensteine in der Geschichte der Gotik

1066
Eroberung Englands durch die Normannen

1077
Gang Kaiser Heinrichs IV. nach Canossa

1095
Papst Urban II. ruft auf dem Konzil von Clérmont zum Ersten Kreuzzug auf

1096
Massaker an Juden entlang des Rheins durch brutale Kreuzfahrerhorden

1099
Eroberung Jerusalems

1118
Gründung des Templerordens

1122
Suger wird Abt des Klosters von Saint-Denis

um 1140/45
Baubeginn der Kathedrale von Sens

1144
Chorweihe der ersten gotischen Kirche, der Abteikirche in Saint-Denis bei Paris

1145
Aufruf zum Zweiten Kreuzzug

1163
Baubeginn der Kathedrale Notre-Dame de Paris

1164
Rainald von Dassel bringt die Gebeine der Heiligen Drei Könige nach Köln

1170
Ermordung Thomas Beckets

1175
Baubeginn der Kathedrale von Canterbury

1187
Sultan Saladin erobert Jerusalem zurück

1189
Dritter Kreuzzug

1194
Baubeginn der Kathedrale von Chartres

1195
Baubeginn der Kathedrale von Bourges

1198–1215
Deutscher Thronstreit um die Herrschaft im Heiligen Römischen Reich

um 1200
Blütezeit der mittelhochdeutschen Minnedichtung

1202–1204
Vierter Kreuzzug mit Eroberung Konstantinopels

1208
Baubeginn des Magdeburger Domes (erste gotische Kathedrale auf deutschem Boden)

1211
Grundsteinlegung für den Neubau der Kathedrale von Reims

1212
Kinderkreuzzug

1216
Gründung des Dominikanerordens

1215
Offizielle Gründung der Universität von Paris

1220
Baubeginn Kathedrale von Amiens

ab 1225
Umbau Straßburger Münster im gotischen Stil

1226
Baubeginn Kathedrale von Toledo

1229
Fünfter Kreuzzug endet mit der friedlichen Übergabe Jerusalems an Kaiser Friedrich II.

1248
Grundsteinlegung des Kölner Domes

1248
Beginn eines „Studium Generale" des Dominikanerordens in Köln (Vorläufer der Kölner Universität)

1248
Sechster Kreuzzug

1265
Asienreise Marco Polos

1270
Siebter Kreuzzug

1284
Chorgewölbe von Beauvais stürzt ein

1291
Rückeroberung Akkons – Ende der christlichen Herrschaft im Heiligen Land

1322
Chorweihe des Kölner Domes

1337–1453
Hundertjähriger Krieg zwischen Frankreich und England

1344
Grundsteinlegung für den Neubau des Prager Veitsdomes

1347
Die Pest erreicht Europa

1356
Die Goldene Bulle regelt deutsche Königswahl

1385
Baubeginn des Mailänder Domes

1520
Fertigstellung des Magdeburger Domes

1560
Arbeiten am Kölner Dom werden eingestellt

1842
Grundsteinlegung zur Vollendung des Kölner Domes

1880
Kölner Dom vollendet

Eine Gesellschaft in Bewegung

❖ 17 ❖

Vorzimmer zum Paradies: Ihre Erbauer wollten mit der Abteikirche St.-Denis einen Himmel auf Erden schaffen

1.1

Das Königreich des Himmels

Glaube und Aberglaube der Menschen im Mittelalter

Die Reise zur Geburtsstunde der Gotik ist eine Reise in eine Welt der Magie. Und vielleicht ist die höchste Hürde auf dem Weg zum Verständnis vergangener Epochen das Unvermögen, die eigenen Vorstellungen, Werte und Wege des Denkens einen Moment zu vergessen, um sich auf das Abenteuer der Unvoreingenommenheit einzulassen. Zumindest den Versuch zu unternehmen, in eine Welt abzutauchen, deren Vorstellungen und Gesetze so gar nichts mit der unseren gemein haben wollen.

Natürlich gab es schon vor 800 Jahren einzelne Persönlichkeiten, die mit ihrer Weitsicht, ihrem Verständnis der Dinge wie Leuchttürme aus dem Meer der Menschen ragten, doch das Gros war ungebildet, unberührt von den Wissenschaften, gefangen in einer Welt, die nicht durch die Gesetze der Natur, sondern durch die Regie konkurrierender Mächte gesteuert wurde.

Der schnellste Weg in die Welt der Gotik ist die Suche nach unseren eigenen kindlichen Erinnerungen. Suchen wir in Gedanken Erinnerungen an unsere Kindheit, als wir glaubten, dass feenartige Wesen durch Weihnachtsstuben wehen, Geschenke bringen, Kerzen entzünden, dass der Nikolaus die guten Kinder beschenkt, große Hasen Eier verstecken oder dass leer gegessene Speiseteller das morgige Wetter beeinflussen.

In unserer Kindheit haben wir Magie wie selbstverständlich akzeptiert, den meisten Menschen ist sie auf dem Weg in das Erwachsenenalter abhandengekommen, den Menschen der Gotik hat sie bis zum Tod begleitet. In ihnen ist sie fest verwurzelt: die Vorstellung vom direkten Wirken Gottes, von Wundern, von christlicher Magie, verbunden mit einem unerschütterlichen Glauben an die Existenz von Gut und Böse, von Himmel und Hölle. Es sind keine abstrakten, schwer greifbaren Visionen, die die

Menschen des 12. und 13. Jahrhunderts bewegen, es sind einfache klare Bilder, die sie in Angst, mitunter sogar in Panik versetzt haben müssen. Beginnen wir mit der Hölle: Grausame Folter und Strafe gehören zur Gegenwart des mittelalterlichen Menschen. Sie zu ertragen in höchster Potenz – auf ewiglich – das ist eine Vorstellung, die selbst den Tapfersten erschauern lässt.

Wie keine andere prägte eine Schrift die Vorstellung von dem Ort ewiger Verdammnis und Qual, eine Schrift, die über zwei Jahrtausende das Bild der Hölle in die Köpfe der Christen brannte, für den mittelalterlichen Menschen vielleicht *die* Quelle aller Ängste – das Evangelium des Petrus.

Was soll das sein?, mag sich mancher Leser fragen, denn es gibt nur vier Evangelien – Johannes, Lukas, Matthäus und Markus, die Autoren des Neuen Testaments. Doch das war nicht immer so. Vor Ende des 5. Jahrhunderts gab es

Allgegenwärtige Angst: Nichts fürchtet der mittelalterliche Mensch so sehr wie die Strafen der Hölle

eine Vielzahl von Evangelien, religiöse Geschichten und Aufzeichnungen, die sich um das Leben Jesu, der Apostel, der Kinderjahre des Christentums, drehten und das Thomas-, Johannes- und Petrus-Evangelium gehörten zu den bekanntesten unter ihnen. Papst Gelasius I. schob am Ende des 5. Jahrhunderts der Inflation religiöser Schriften einen Riegel vor. Diejenigen, die mit der offiziellen Lehrmeinung der Kirche nicht in Einklang standen, setzte er auf die Schwarze Liste: Das *Decretum Gelasianum* ist ein Verzeichnis jener im Umlauf befindlichen religiösen Schriften, genannt Apokryphen, die, so das päpstliche Diktat: »Keineswegs gelesen werden dürfen ...«

Dass das Verbot eines Buches es oft erst zum Erfolgsschlager macht, wussten nicht nur sozialistische Parteisekretäre, sondern auch antike Kopisten, und das Evangelium des Petrus stand ganz oben auf der Liste »populärer verbotener Schriften«.

Um einem Missverständnis vorzubeugen: es war nicht der Apostel Petrus, der dieses Evangelium verfasste, auch wenn antike Schriftgelehrte wie Klemens von Alexandrien (140–210) das Evangelium als originale Schrift des ersten Apostels sahen. Historiker vermuten heute, dass das Petrus-Evangelium erst im Jahr 140 entstand, also mehr als 70 Jahre nach Petrus' Tod in Rom. Man benutzte den Namen Petrus wie das Etikett eines Markenartikels, um dem Produkt mehr Glaubwürdigkeit zu verleihen.

Auszüge aus dem Evangelium, vor allem die Petrus zugeschriebenen Höllen- und Himmelsvisionen, geisterten durch die Jahrhunderte, doch umfassende Kenntnis des Evangeliums verdankt die Forschung einem glücklichen archäologischem Fund.

Bei der Aufdeckung des Grabes eines koptischen Mönches in der ägyptischen Totenstadt Achmin finden 1886 französische Archäologen eine Pergamenthandschrift in kleinem Quartformat, darin eine Auswahl von Schriftstücken, die sich mit Tod, Auferstehung und Jenseits beschäftigen: Fragmente aus den sogenannten »Offenbarungen des Petrus«.

Das für die Historiker so Bemerkenswerte an dieser Schrift ist ihr enormer Einfluss auf die Himmels- und vor allem Höllenvorstellung der Christen bis in das späte Mittelalter. Der Verfasser schildert bildstark den höllischen Strafenkatalog für Sünden jedweder Art: Ein spätantiker Vorgriff auf Dantes *Inferno*.

Die erste Kostprobe gilt den Mördern: »Und die Mörder und die mit ihnen gemeinschaftliche Sache gemacht haben, wirft man ins Feuer, an einen Ort, der angefüllt ist mit giftigen Tieren, und sie werden gequält ohne Ruhe, indem sie ihre Schmerzen fühlen, und ihr Gewürm ist so zahlreich wie eine finstere Wolke, und der Engel Ezrael bringt die Seelen der Getöteten herbei; und sie sehen die Qual (derer, die sie) getötet haben«.

Die jedoch drastischsten Höllenstrafen gelten einer ganz anderen Spezies von Sündern, nämlich den Frauen, die ihre Kinder abgetrieben haben:

»(8.) Und bei dieser Flamme ist eine große und sehr tiefe Grube, und es fließt da hinein alles von überall her: Gericht und Schauderhaftes und Aussonderungen. Und die Weiber sind verschlungen bis an ihren Nacken und werden bestraft mit großem Schmerz. Das sind also die, welche ihre Kinder abtreiben und das Werk Gottes, das er geschaffen hat, verderben. [...] Gegenüber von ihnen ist ein anderer Ort, wo ihre Kinder sitzen; aber beide lebendig, und sie schreien zu Gott. Und Blitze gehen aus von diesen Kindern, welche die Augen derer durchbohren, welche durch diese Hurerei ihren Untergang bewirkt haben. [...] Und die Milch ihrer Mütter fließt von ihren Brüsten und gerinnt und stinkt, und daraus gehen fleischfressende Tiere hervor, und sie gehen heraus, wenden sich und quälen sie in Ewigkeit mit ihren Männern, weil sie verlassen haben das Gebot Gottes und ihre Kinder getötet haben.«

Die Offenbarung des Petrus, für die Menschen im Mittelalter so etwas wie ein »Schnappschuss« der Hölle, immer wieder verstärkt durch die Predigten, durch die bildgewaltigen Folterszenarien falscher Visionäre, selbst ernannter Propheten und Ablassmönche, die sich in der Epoche der Gotik überall dort fanden, wo viel Volk zusammenkam. Das sind die Medien des Mittelalters, und die Kirche hat fast so etwas wie ein Monopol darauf.

Man muss kein Psychologe sein, um sich vorzustellen, dass die frommen Zuhörer solcher Horrorstorys buchstäblich eine Höllenangst hatten, dass Sünder jede Gelegenheit auf Erden nutzten, höllische Folterstrafen zu tilgen – und niemand ist ohne Schuld, das war vor 800 Jahren nicht anders als heute. Eine ganze Industrie lebte von der Angst der Menschen, Angst, die das Gros der Menschen zu folgsamen Dienern

Das Land, in dem Milch und Honig fließt: Das Königreich des Priesterkönigs

der Kirche machte. Denn nur die Kirche, ihre Organe und Repräsentanten, konnte den Sündern auf Erden Erleichterung der Höllenqualen verschaffen.

Was sind da die Kosten, Strapazen oder gar Gefahren einer Pilgerfahrt gegen die sichere Erwartung ewiger Qualen?

Die Flucht vor der Hölle und die Suche nach dem Paradies waren mächtige Motivationen im Mittelalter. Wie war es jedoch um die Himmelsvorstellungen bestellt, wie sahen die Menschen das verheißene Himmelreich, die ewige Herrlichkeit Gottes?

Der Apostel Paulus berichtet in seinem zweiten Brief an die Christengemeinde von Korinth von »Erscheinungen und Offenbarungen, die mir (allein) der Herr geschenkt hat (2. Korinther 12,1), als er »bis in den dritten Himmel entrückt wurde« und dabei »unsagbare Worte, die ein Mensch nicht aussprechen kann«, hörte. Die Idee, dass es »drei Himmel« gibt, hat Paulus der jüdischen Jenseitslehre entnommen. Sie sieht über dem Sternenzelt den ersten Himmel, die Seligen »wohnen« darüber, im Himmel

Das Hochland von Äthiopien: Herrschaftsgebiet des Presbyters Johannes?

Nummer Zwei. Der dritte Himmel ist jedoch die Wohnung Gottes, der wie es (1. Timotheus 6,16; Johannes 1,18) heißt, »in unnahbarem Licht« wohnt.

Im Gegensatz zur schmerzlich konkreten »Reisebeschreibung« der Petrus-Offenbarung ist hier viel Abstraktes im Spiel. Eines jedoch scheint zweifelsfrei, der Himmel ist oben, über den Sternen. Doch diese Vorstellung wird sich im Laufe der Zeiten ändern. Zur Hochzeit der Gotik ist der Himmel ein denkbarer Ort auf Erden. Wie ist das möglich?

Es war die Offenbarung des Johannes aus dem Neuen Testament, die die Visionen der Menschen vom Zeitenende und letzten Gericht schuf. Im Kapitel 21 der Offenbarung wird beschrieben, dass es bei der Apokalypse einen Endkampf zwischen Gott und dem Teufel geben werde und dass es Gott sein wird, der diesen Kampf gewinnt. Daraufhin werden Himmel und Erde erneuert, und eine Stadt wird aus dem Himmel herabfahren, das Neue Jerusalem, oder wie es auch genannt wird, das Himmlische Jerusalem. Und im Gegensatz zur wenig konkreten jüdischen Jenseitslehre gibt sich die Offenbarung des Johannes ähnlich detailverliebt wie die des Petrus:

»Sie soll von gleißendem Licht strahlen, aus glasartigem Gold und von würfelförmiger Gestalt sein. Auf jeder der vier Seiten existieren jeweils drei Stadttore innerhalb der Stadtmauer, auf denen wiederum insgesamt zwölf Engel stehen. Zusätzlich sollen auf den Toren selbst die Namen der zwölf Stämme Israels vermerkt sein. Tore und Mauern sind mit Juwelen und Edelsteinen geschmückt.« (Offenbarung 21,11–15).

Dass diese Himmelsstadt dereinst zu ihnen kommen werde, glauben die meisten Christen des 12. Jahrhunderts, und dass die Eroberung des irdischen Jerusalem aus den Händen des Islam dafür die Grundvoraussetzung ist – ist religiöses Gemeingut. So sind die Kreuzzüge, die Zigtausende von Europäern in den Nahen Osten bewegen, kein politischer Waffengang, sie sind ein kollektiver Gottesdienst – der gemeinsame Kampf für einen Himmel auf Erden.

»Ins Paradies mögen Dich Engel geleiten: Bei Deiner Ankunft sollen Dich die Märtyrer empfangen und Dich in die heilige Stadt Jerusalem führen.« Im letzten Abschnitt des Requiem, »In Paradisum«, verschmelzen Himmlisches Jerusalem und Paradies zu einer Begrifflichkeit. Himmel gleich Paradies, »Himmel-Paradies« wird zu einem möglichen Ort auf Erden. Voraussetzung ist nur, dass das irdische Jerusalem mit all seinen heiligen Orten christlich wird, so verspricht es die Offenbarung des Johannes!

Welche Kraft in dieser Vorstellung steckt! Nicht für Papst und Kirche kämpfen sie, all die Tausende, die im Kreuzzug in die Fremde ziehen, sie ziehen gen Himmel. Nicht wenige haben wohl geglaubt, dass im Heiligen Land nicht nur Gold und schöne Frauen, sondern das Königreich des Himmels wartet.

Von dieser Vorstellung ist es dann nur noch ein kleiner Schritt zu einer regelrechten Verortung des Paradieses, das heißt, aus der Vision wird ein Ort, ein Ort auf der Landkarte.

Sehen wir einen Horizont, so wissen wir, was sich dahinter befindet, egal im welchem Teil der Erde wir gerade sind. In einer Zeit der Militär-, Überwachungs- und Radarsatelliten ist kein Platz für eine »terra incognita«. Die Geografie der Erde ist als Applikation fast überall verfügbar, kaum vorstellbar, dass es auf diesem Planeten noch etwas Unbekanntes gibt.

Als die ersten gotischen Kathedralen in den Himmel wuchsen, war das noch ganz anders. Für den Weitgereisten gab es eine Vorstellung von Geografie, es gab Handelsrouten von Spanien bis China, aber die flächendeckende Kenntnis der Geografie ist eine Errungenschaft der

Ein Stück vom Himmel: So stellt man sich im Mittelalter den Palast des Priesterkönigs vor

Neuzeit. Der mittelalterliche Mensch wusste eben nicht, was sich hinter jedem Horizont verbarg, und so markiert der Rundblick von der über 150 Meter hohen Kathedrale von Chartres das Lebensterritorium eines mittelalterlichen Menschen, also das Gebiet, in dem er sich zu Lebzeiten aufhalten und das er nicht verlassen wird.

Doch wo kein Wissen existiert, hat die Phantasie Raum, die Vorstellung vom »Himmel auf Erden«. Sie ist eng verwoben mit einer eigenartigen Geschichte, die Mitte des 12. Jahrhunderts in Europa die Runde macht.

Bischof Otto von Freising ist ein enger Berater Kaiser Friedrich Barbarossas. Otto gilt als Koryphäe, als großer Geist, als Mann, dessen Glaubwürdigkeit über jeden

Zweifel erhaben ist. Er ist auch Verfasser einer Chronik, die im Mittelalter als Geschichtskompendium gilt, also kein Anekdotenschatz ist, sondern seriöse Berichterstattung historischer Ereignisse bieten will.

Für das Jahr 1145 notiert Otto, dass ein König und Priester namens Johannes die Perser und Meder geschlagen habe und einen Zug gegen Jerusalem unternehmen wolle. Als die Überquerung des Tigris scheiterte, sei er heimgekehrt. So notiert jemand Fakten – nicht Vermutungen.

Berichte von einem allmächtigen Presbyter Johannes, genannt Priesterkönig, hat es immer wieder gegeben, Legenden von einem Herrscher, dessen Macht alle Monarchen der Welt auf die Plätze verweist, ein unsterblicher Superkaiser, mächtiger Bundesgenosse der Christen im ewigen Kampf um Jerusalem. Doch was Otto von Freising 1145 in seiner Chronik notiert, hat den Status der Tatsache, und der Bischof gilt nicht als Geschichtenerzähler, sondern als kaiserlicher Staatsmann.

Wir schreiben das Jahr 1165. Während in Sens der Chor der Kathedrale vor seiner Vollendung steht, befindet sich Papst Alexander im italienischen Viterbo in höchster Not. In den Kreuzfahrerstaaten steht die Sache schlecht. Den Ordenskriegern fehlt es an Ausrüstung und den notwendigen Truppen, Sultan Nur ad-Din sammelt die muslimischen Truppen des Mittleren Ostens, um endlich die verhassten Besatzer aus dem Land zu jagen. Eine christliche Bastion nach der anderen fällt, die Lage wird immer verzweifelter. Noch steht Jerusalem, noch sind die heiligen Stätten in christlicher Hand – aber wie lange noch?

Der Westen ist müde, die Kreuzzüge haben einen ungeheuren Blutzoll unter der Ritterschaft, der Elite Europas, gefordert. Das vom Papst geforderte christliche Entsatzheer wird nie aufgestellt, die Fürsten der christlichen Welt verweigern dem Papst die Gefolgschaft. Vom mächtigsten Mann des Kontinents, Kaiser Barbarossa, ist keine Hilfe zu erwarten. Er gilt als Widersacher und Intimfeind des italienischen Papstes. Alexander weiß: Fällt Jerusalem, dann fällt auch er – eine verzweifelte, scheinbar ausweglose Situation.

In diesem Moment höchster Not erreicht den Papst ein geheimnisvoller Brief. Sein Verfasser nennt sich Priesterkönig Johannes, zugestellt wird ihm der Brief von keinem Geringeren als Kaiser Manuel von Byzanz, an dessen Hof der Brief zuerst gelangte. Über sein Reich schreibt der Verfasser, der sich selbst als »König der Könige« und »Herr der Herrscher« bezeichnet, dass es sich »von dem jenseitigen Indien, in dem der Leib des heiligen Apostels Thomas ruht, über die Wüste hinweg bis zum Aufgang der Sonne« erstreckt und »im Westen bis zum verlassenen Babylon nahe dem Turmbau von Babel« reicht. Weiter schreibt der geheimnisvolle Großkönig: »Unser Land aber ist das, in dem Milch und Honig fließt. In einem unserer Gebiete schadet kein Gift noch quakt ein schwatzhafter Frosch, da ist kein Skorpion noch windet sich eine Schlange im Gras. Giftige Tiere können an diesem Ort nicht existieren noch andere verletzen.«

Und weiter, »in einer unserer Provinzen (fließt) der Fluss mit Namen Ydonus. Dieser kommt aus dem Paradies und zieht seinen Bogen hin in verschiedenen Win-

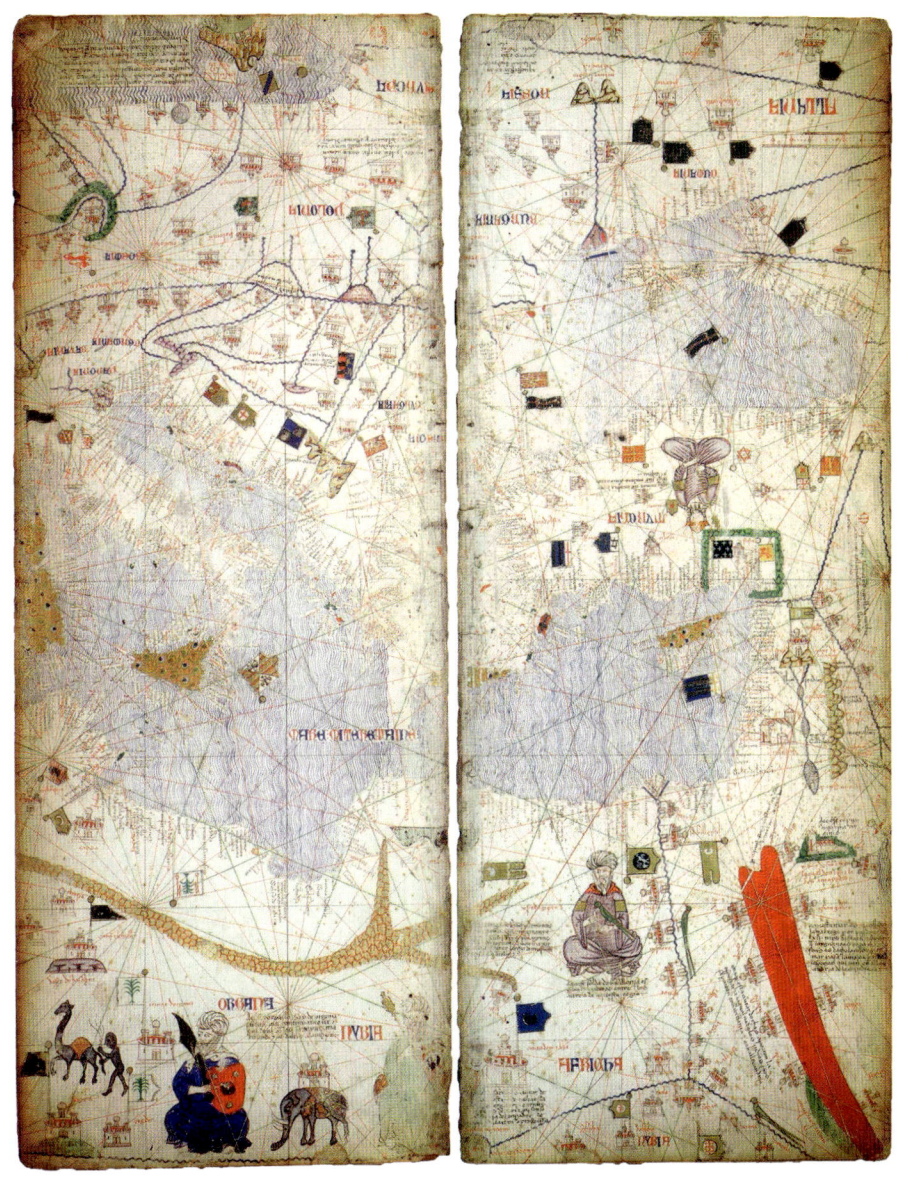

Das Paradies – ein Ort auf der Erde, irgendwo in Indien: Landkarte aus dem Hochmittelalter

dungen über jene ganze Provinz, und dort werden als Natursteine Smaragde, Saphire, Karfunkel, Topase, Goldtopase, Onyxe, Berylle, Amethyste, Sarder und andere Edelsteine gefunden.«

Da ist es, das Paradies! Nicht im Himmel, sondern auf Erden soll es sich befinden, irgendwo zwischen dem heutigen Irak und Indien. Von einer wundersamen Quelle berichtet der Potentat, die »kaum drei Tagesreisen von der Stelle, wo Adam aus dem Paradies vertrieben wurde«, hervorbricht, »wenn jemand dreimal nüchtern von der Quelle kostet, wird er von jenem Tag an nicht mehr krank, und solange

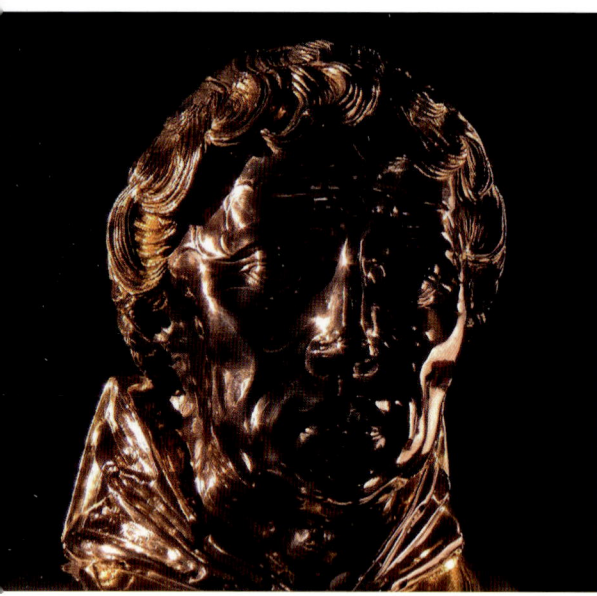

Das Kopfreliquiar des Heiligen Gregors von Spoleto

er lebt, wird er wie ein Zweiunddreißigjähriger bleiben.«

Der Papst erhält also von dem Repräsentanten einer östlichen Großmacht, Kaiser Manuel, die Botschaft des Souveräns einer Supermacht, Priesterkönig Johannes, der an den westlichen Höfen aufgrund seiner Kriege im Mittleren Osten bestens bekannt war. Gute Gründe, nicht an der Glaubwürdigkeit dieses Briefes zu zweifeln! Und dieser Souverän schreibt, dass sein Reich in direkter Nachbarschaft zum Paradies liegt, das ist nun wirklich eine Sensation. Was Papst Alexander III. jedoch zu wahren Freudenausbrüchen veranlasst haben dürfte, ist die Zusage des Megamonarchen, den christlichen Truppen aus ihrer Mittelost-Misere zu helfen. Er verspricht Waffenhilfe mit gewaltiger Truppenmacht: »Wenn wir gegen unsere Feinde zu Felde ziehen, lassen wir uns 13 große und emporragende Kreuze, hergestellt aus Gold und Edelstein, je an den einzelnen Wagen an Stelle von Bannern vor unserem Angesicht hertragen, und jedem von ihnen folgen 10.000 Ritter und 100.000 bewaffnete Fußsoldaten, abgesehen von denjenigen, die für Lastentransport und Lebensmittelversorgung des Heeres zuständig sind.«

Es ist nicht überliefert, ob Papst Alexander tatsächlich an den Wahrheitsgehalt des Briefes oder überhaupt an die Existenz eines Priesterkönigs geglaubt hat. Historisches Faktum jedoch ist, dass er Kopien dieses Angebotes für militärischen Beistand an alle Höfe Europas senden ließ. Indes ließen sich die Fürsten und Könige der christlichen Welt auch durch derart vollmundige Versprechen nicht bewegen, für Papst und Kirche in den Krieg zu ziehen. Die Truppen des Priesterkönigs blieben aus. Hätte der Papst von der Quelle der Unsterblichkeit getrunken, würde er wohl noch heute auf sie warten.

Ganz offensichtlich handelt es sich bei dem ominösen Brief des Priesterkönigs um eine Fälschung, aber um eine solche mit weit reichender Wirkung für das Mittelalter.

Die fixe Idee von Quellen der Unsterblichkeit werden die Köpfe der Menschen über Jahrhunderte nicht verlassen. Noch mehr als drei Jahrhunderte später gehört die Auffindung dieser »Wunderquelle« mit zu den Aufgaben, die das portugiesische Königshaus dem aufbrechenden Kolumbus mit auf seine Entdeckungsreise gibt. Das Paradies auf Erden wird von nun an zum Traumziel zahlloser Abenteurer. Wichtiger noch: die Legende vom Paradies auf Erden wird zu einem wissenschaftlichen Faktum.

Schätze im Kölner Dom: Reliquien in der Domschatzkammer. Links die Kettenglieder, die Petrus im römischen Kerker fesselten

Im Kloster Ebstorf in der Lüneburger Heide lagert einer der größten Wissensschätze des Mittelalters. Er stammt aus dem 13. Jahrhundert und gehört zu den eindrücklichsten Belegen dafür, was man im Mittelalter wusste und was selbst die Gebildetsten dachten. Ebstorf ist im frühen 13. Jahrhundert ein Hort der Wissenschaft. Probst Gervasius von Tilbury gilt als Mastermind dieser Epoche, er berät die hohe Geistlichkeit, sogar Könige. Gervasius ist der Auftraggeber der sogenannten Ebstorfer Weltkarte. Das Abbild des Wissens seiner Zeit.

Schon auf dem ersten Blick wird deutlich, dass die Schöpfer der Karte den Brief des Priesterkönigs sehr ernst genommen haben müssen: denn auf ihrem Entwurf der Welt liegt Indien im äußersten Osten, direkt neben den Gärten des Paradieses. Auch Darstellungen von Monstern und Überwesen, die der Priesterkönig in seinem Brief erwähnt, finden sich als direktes Bildzitat auf der Karte: Beweis dafür, dass die Künstler, die dieses Werk schufen, jede Zeile des Briefes kannten. Das Zentrum der damaligen Welt jedoch bleibt Jerusalem – im Zentrum der Karte. 13 Quadratmeter groß ist die Ebstorfer Weltkarte, der größte, vor allem aber am reichsten illustrierte Atlas des Mittelalters. Er zeigt uns eindrücklich, was die Menschen glaubten und wie wenig sie von den tatsächlichen geografischen Gegebenheiten ihrer Welt wussten. Davon jedoch waren sie überzeugt: Das Paradies ist ein Ort auf Erden.

❖ ❖ ❖

1.2

Die Kreuzzüge

Begegnungen von Orient und Okzident

Was, um Himmels willen, haben die Kreuzzüge mit den gotischen Kathedralen zu tun? Die Antwort liegt schon in der Frage: Gottes »himmlischer« Wille lag den einen wie den anderen zugrunde, davon waren Kreuzfahrer wie Kathedralenbauer als tief religiöse Menschen des Mittelalters überzeugt. Der Motor, der alle antrieb, war der Glaube.

»Deus lo vult – Gott will es!«, hieß der Schlachtruf, mit dem die Kreuzfahrer loszogen, um die heiligen christlichen Stätten von den »Ungläubigen« zu befreien. »Deus lo vult!«, riefen die Ritter, die 1099 Jerusalem eroberten und fast alle muslimischen und jüdischen Bewohner brutal ermordeten. Sie gründeten in »Outremer«, »jenseits des Meeres«, wie sie den Vorderen Orient mit den heiligen Stätten Palästinas nannten, vier christliche Kreuzfahrerstaaten: die Grafschaft Edessa, das Fürstentum Antiochia, die Grafschaft Tripolis und das Königreich Jerusalem. Doch die Herrschaft der Europäer im Orient war nicht stabil, 200 Jahre lang folgte ein blutiger Krieg dem anderen, wobei sich besonders der muslimische Sultan Saladin als politisch klug und menschlich barmherzig zeigte, als er bei der Rückeroberung Jerusalems alle Christen verschonte und gegen Lösegeld ziehen ließ. Mit der Rückeroberung Akkons im Jahr 1291 verschwand der letzte christliche Herrscher aus »Outremer«.

Eine friedliche »Eroberung« des Himmlischen Jerusalem strebten dagegen die Erbauer der Kathedralen an. Eine Berührung, ja schon allein die Nähe der heiligen Reliquien verband dort die Gläubigen mit ihren himmlischen Fürsprechern an der Seite Gottes.

Kirchenbau im Namen Gottes, Krieg im Namen Gottes – darüber hinaus haben die Kreuzzüge aber wohl auch ganz konkret mit dazu beigetragen, die Voraussetzungen für den Bau der neuen gotischen Kathedralen zu schaffen. Denn die Begegnung von Orient und Okzident fand nicht nur auf den Schlachtfeldern statt. Die Europäer lernten in den Kreuzfahrerstaaten des Orients die arabische Hochkultur kennen, die ihnen weit voraus war, in Technik und Wissenschaft, Medizin, Kunst und Kultur.

Deus lo vult! »Gott will es!«: Mit diesem Motto ruft Papst Urban II. am 27. November 1095 die Christenheit zum Ersten Kreuzzug auf

Wie können diese Begegnungen ganz konkret ausgesehen haben? Wer waren die Menschen, die ihre Heimat verließen, um weit weg in einem unbekannten Land für die Befreiung einer Stadt zu kämpfen, von der sie fast nichts wussten?

Vielleicht war es ja so wie in der Geschichte vom alten Mann und der blauen Madonna. Eine Geschichte, wie sie sich vor rund 900 Jahren durchaus hätte zutragen können …

❖ ❖ ❖

Der alte Mann und die blaue Madonna

Chartres, um die Mitte des 12. Jahrhunderts

Der alte Mann blickte nach oben. Das Sonnenlicht warf leuchtend bunte Streifen auf Säulen und Boden der Kathedrale und tauchte auch das braungraue Gewand des Mannes in die Farben des Regenbogens. Ich hatte ihn schon oft hier gesehen, wenn ich bei Maria um das Kind betete, das mein Leib einfach nicht tragen wollte. Aber erst heute kam ich näher, um ihn anzusprechen. »Sie ist wunderschön, die Muttergottes, nicht wahr?«, sagte ich. Er nickte. »Ja, das ist sie, meine Tochter. Dieses Blau des Gewandes, strahlend wie der Himmel eines Sommertages im Süden …« Dann drehte er sich um und sah mich an. Ich zuckte: Sein Blick war leer, seine Augen trüb. Der alte Mann war blind. »Erschrecke nicht, meine Tochter«, sagte er und legte mir eine

Nach dem Aufruf Papst Urbans II. zum Kreuzzug bilden sich mit päpstlichem Segen die Ritterorden: Mönchskrieger Gottes

Hand auf die Schulter, die er ohne zu tasten fand. »Meine Augen sind alt, sie haben so viel gesehen, dass sie sich jetzt von all den Blicken eines langen Lebens ausruhen.«

»Aber«, sagte ich zögernd und auch etwas verlegen, »wie könnt Ihr um die Farben der Madonna wissen, wenn Ihr blind seid?«

»Setzt Euch, meine Tochter«, erwiderte er und führte mich zu einem steinernen Mauervorsprung. »Ich war nicht immer blind. Und doch war ich es auch zu Beginn meines Lebens ...« Das verstand ich nicht. Wie konnte das sein? Der alte Mann musste meine Verwirrung gespürt haben. »Habt Ihr ein wenig Zeit?«, fragte er. »Dann will ich Euch eine Geschichte erzählen.«

❖ ❖ ❖

KÖLN, 1096, im April

»Die Geschichte beginnt in einer Stadt, viele Tagesreisen entfernt von hier, in Köln am Rhein, im Jahre des Herrn 1096. Ihr seid noch jung, Tochter, aber sicher wisst Ihr, was wenige Monate zuvor geschehen war: Im November 1095 hatte Papst Urban II. in Clérmont zur ersten heiligen Pilgerfahrt aufgerufen, um die Stadt Jerusalem von den Ungläubigen zu befreien. Wanderprediger verbreiteten den Aufruf. Sie warben auf Messen und Märkten, Jahrmärkten und Festen oder einfach am Wegesrand für den großen Zug ins Heilige Land. Am Ostersamstag kam auch nach Köln ein solcher Wanderprediger: Peter aus Amiens, »der Einsiedler« genannt. Er sah ungewaschen und ungepflegt aus, hatte wirres und struppiges Haar. Er trug einen groben Mantel über einem wollenen Rock, aus dem knochige, bloße Arme ragten. Aber seine Worte waren geschickt gewählt, mal waren sie sanft und mal beherzt, gerade so, wie es für seine Zuhörer nötig war. Und die Menschen verehrten ihn. Wie er da auf seinem Esel ritt, erschien er ihnen beinahe wie der Erlöser selbst, wie Jesus, als er in Jerusalem einzog. Sogar dem Esel rissen sie die Haare aus und hoben sie auf, denn sie hielten sie für gesegnet. Peter zeigte überall einen Brief herum, den er von Gott selbst erhalten haben wollte: Der Herr habe ihn persönlich dazu aufgefordert, das Heilige Land zu

befreien, hieß es darin. Alle, die ihn begleiteten, würden mit dem Erlass ihrer Sündenstrafen und dem ewigen Frieden im himmlischen Paradies belohnt. Das waren Peters Worte.

In Köln hörte ihn auch Mariele, die Witwe eines Schmieds. Ihr Mann und ihr älterer Sohn waren vor kurzem beim Brand der Werkstatt gestorben, und nun stand sie allein da mit ihrem neunjährigen Sohn. ›Ich habe nichts zu verlieren‹, befand sie, verkaufte, was sie nicht mitnehmen konnte, und schloss sich dem Zug der Pilger an. Es war ein zerlumpter Haufen, der bald darauf loszog, aber Marieles Sohn Bernhard merkte das kaum: Er war begeistert von der Aussicht auf Kämpfe und Abenteuer, denn er hatte schon viele Geschichten von edlen und kühnen Rittern gehört, die mit ihren Schwertern und schweren Rüstungen jeden Feind besiegen konnten. Und nun sollte er selbst Seite an Seite mit diesen tapferen Edelleuten gegen die Heiden kämpfen ... Seine Mutter schalt ihn dumm und einfältig, wenn er laut davon träumte, aber ihm schien es das Schönste auf der Welt. Er hatte sogar schon eine Waffe: ein altes, angelaufenes Rohr, das er in den Trümmern der abgebrannten Schmiede gefunden hatte. Nun verbarg er es unter seinem Hemd.

Kurz darauf setzte sich ein Tross von vielen Tausend Menschen gen Süden in Bewegung. Zum Glück ging es auf den Sommer zu, und die Vorräte konnten mit Beeren und Kräutern ergänzt werden, die am Wegesrand wuchsen. Und auf den Feldern reiften Korn und Feldfrüchte. Manchmal gab es Streit mit den Bauern, aber Peter befahl, dass die Bauern sie versorgen sollten: Wenn sie schon nicht an der heiligen Fahrt teilnähmen, so hätten die Bauern die Pflicht, die Pilger zu verpflegen, sagte er. Die meisten gaben mehr oder weniger freiwillig, andere weigerten sich rundheraus, aber das war am Ende doch einerlei – die Kreuzfahrer fielen wie Heuschrecken über die Felder her und nahmen sich einfach, was sie brauchten. Als Bernhard sah, wie die Männer einen riesigen Berg auf einem Feld gelagerter Rüben einsammelten und die Bauersleute, die ihre Ernte verteidigten, einfach erschlugen, war er entsetzt. ›Du sollst nicht stehlen‹, hatte Vater Meinrad doch von der Kanzel herunter gerufen und auch:

›Du sollst nicht töten!‹ Aber vielleicht war das nun erlaubt, sie waren ja schließlich Gottes eigene Krieger. Dennoch, Bernhard verstand es nicht ganz. Denn inzwischen hatte er auch gemerkt, dass unter den Männern um ihn herum keine edlen Ritter waren. Die meisten Menschen, die Peter dem Einsiedler folgten, waren genauso arm und abgerissen wie er selbst. Auch Bernhards Mutter war entsetzt von den Grausamkeiten, aber sie versuchte, es sich nicht anmerken zu lassen. Bernhard merkte es trotzdem. All die anderen Schandtaten, die die Menschen auf dem weiteren Weg begingen, möchte ich Dir, liebe Tochter, ersparen – wisse nur, dass Bernhard, der so frohgemut und neugierig aufgebrochen war, vielerlei Dinge sah, die ein neunjähriger Junge nicht sehen sollte.

Aber trotz allem – oder gerade deswegen – freute sich Bernhard von Tag zu Tag mehr auf das sagenumwobene Jerusalem – immer, wenn sie sich den steinernen Mauern einer Ansiedlung näherten, fragte er seine Mutter gespannt, ob dies denn nun endlich die Heilige Stadt sei. Nie war sie es.

❖   ❖   ❖

Konstantinopel / Nikäa, 1096, im Spätsommer

Woche um Woche zog der Tross weiter, immer mehr Menschen schlossen sich ihm an. So ging es an der Donau entlang durch Ungarn bis nach Konstantinopel, das im August desselben Jahres erreicht wurde. Konstantinopel war eine prächtige Stadt, die größte der Welt, und das, liebe Tochter, ist sie ja noch immer. Bernhard war fasziniert: Gegen die Farben der vielen Häuser, Türmchen und Kuppeln mit ihren Dächern aus glänzendem Blei, die in einen tiefblauen Himmel aufragten, war seine schöne Heimatstadt Köln grau und trist gewesen. Und über allem thronte die goldene Kuppel der Hagia Sophia, die in der Sonne glänzte. Er roch den Duft fremder Kräuter und Gewürze, und auf den Märkten und Basaren gab es feine, farbenprächtige Tuche mit bunten, verschlungenen Mustern, Klingen aus Silber mit bunten Perlen, prächtigen Schmuck, so fein ziseliert, wie er es noch nie gesehen hatte. Wo doch sein Vater auch Schmied gewesen und er ihm in der Werkstatt schon tatkräftig zur Hand gegangen war!

Die Kreuzfahrer wurden vom griechischen Kaiser Alexios Komnenos freundlich empfangen. Aber es war

Der Kreuzzug der Kinder: Unabhängig voneinander brechen in Frankreich und Deutschland Tausende von Kindern nach Jerusalem auf

eine disziplinlose, wilde Horde, die nun Konstantinopel stürmte. Die Menschen waren hungrig und rücksichtslos, plünderten die Paläste und rissen die Bleiplatten von den Dächern der Häuser, um sie gegen Essen, Schmuck oder Waffen einzutauschen. Schließlich zogen sie weiter über den Sankt-Georgs-Meeresarm (heute Bosporus). Dort, jenseits der Meerenge, herrschten die Seldschuken. Kaiser Alexios hatte sie gewarnt, aber die Männer hörten nicht auf ihn. Alle Krieger, auch alte Männer, Frauen und Kinder, zogen Richtung Nikäa. Sie brannten darauf, endlich gegen die Ungläubigen zu kämpfen. Bei Civetot besetzten sie eine von den Seldschuken aufgegebene Burg und versuchten, einen Hinterhalt zu legen. Aber das misslang – die Krieger der Seldschuken verfolgten die schlecht ausgerüsteten Männer und töteten sie alle. Dann belagerten sie die Burg, wobei sie auch die Wasserzufuhr aus einem kleinen Bach vor den Toren abschnitten. Die Eingeschlossenen litten nun grausamen Durst. Sie waren so verzweifelt, dass sie Pferden und Eseln die Adern aufschnitten und das Blut tranken. Männer urinierten in die Hände ihrer Gefährten und tranken davon. Wieder andere warfen Lappen in die Latrinen und drückten sie in ihrem Mund aus. Auch Bernhards Kehle brannte in der Sommerhitze wie Feuer, sie war so trocken, dass er kaum schlucken konnte. Verzweifelt grub er mit seinem Eisen, das er immer noch bei sich trug, tiefer und tiefer den Boden auf, bis er ein Loch gegraben hatte, in dem er fast verschwand. Aber vergeblich, auf Wasser stieß er nicht. Noch nie hatte er solch schrecklichen Durst gelitten wie in diesen Tagen.

Ein Marsch in den Untergang – nur wenige Hundert von mehr als zehntausend Kindern überleben den Kreuzzug

Bitte um »Befreiung von den Ungläubigen«: In Clérmont übergibt Peter »der Einsiedler« Papst Urban II. einen Brief des Patriarchen von Jerusalem (Szene rechts unten, Buchmalerei aus dem 15. Jahrhundert)

Doch es sollte noch schlimmer kommen.

Denn bald griffen die Seldschuken die Burg an. Die Sehnen der Bogenschützen surrten und Bernhard hörte die wütenden Kampfschreie der Krieger immer lauter werden. Die alten Männer, Frauen und Kinder hatten keine Chance gegen die gut bewaffneten Krieger, die nun das Heerlager stürmten. Als Mariele den ersten Schopf über der Mauer aufragen sah, zerrte sie Bernhard zu seinem wasserlosen Brunnenloch. ›Rasch, rasch, hinein!‹, rief sie und packte den Jungen, der sich heftig wehrte: Er wollte sich nicht verstecken, er wollte kämpfen und seine Mutter verteidigen. Da schlug sie ihn mit aller Kraft ins Gesicht und stieß ihn hinunter. Sie warf ein paar trockene Äste über ihn und bedeckte alles mit Erde. Gelähmt vor Scham und Angst hockte Bernhard in der engen Erdhöhle. Kurz darauf hörte er seine Mutter schreien: ›Gott steh' mir bei!‹, und dann einen dumpfen Aufprall, dem ein schleifendes Geräusch folgte. Fest drückte er beide Hände auf die Ohren und kniff die Augen zu. Dennoch dröhnten die Schreie und das Stöhnen der Sterbenden noch lange gedämpft zu ihm in seine Erdhöhle hinunter. Erst nach einer endlos scheinenden Weile verstummten sie schließlich. Die ganze Zeit über hatte sich Bernhard nicht gerührt, nur einmal, als es ihm die Brust zuschnürte, weil die Luft knapp wurde, hatte er vorsichtig ein Loch gebohrt und seine Waffe, das eiserne Rohr, nach oben geschoben. Gierig sog er die Luft ein, wagte es aber lange nicht, die Erde über seinem Kopf beiseitezuschieben. Als er sich schließlich traute, war es Nacht geworden. Das fahle Mondlicht beschien einen Albtraum: Es war totenstill und überall lagen Leichen, alte Männer, Frauen, Kinder, viele von ihnen waren enthauptet worden. Seine Mutter fand Bernhard nicht und vielleicht war das ja ein Glück, meine Tochter. Denn ob er dann die Kraft gefunden hätte, diesen Vorhof der Hölle zu verlassen?« Der alte Mann verstummte, und in seinem Augenwinkel sah ich eine Träne glitzern. Ich hatte seine Hand ergriffen und drückte sie leicht. »Erst später erfuhr Bernhard, dass auch die zweite Welle der Kreuzfahrer, dieses Mal gut bewaffnete Ritter, an diesen Ort des Todes gekommen war, im Sommer des nächsten Jahres. Von den vielen Tausenden, die Peter dem Einsiedler gefolgt waren, war nur noch ein Hügel aus gebleichten Gebeinen geblieben. Peter selbst aber war dem Morden entkommen – noch vor der Schlacht hatte er die Burgruine verlassen und war nach Konstantinopel zurückgekehrt.«

✥ ✥ ✥

Nikäa und Damaskus, 1096 bis 1148

»Blind vor Tränen und stumm vor Trauer stolperte Bernhard durch die Nacht, orientierungslos und ohne Ziel. Immerhin hatte er endlich seinen Durst stillen können: Die Quelle vor dem Burgtor war ja wieder frei. Geistesgegenwärtig hatte er dort auch noch einen kleinen Schlauch mit Wasser gefüllt und mitgenommen. Wie lange mag er dann gewandert sein, durch die trockene Wüste, wo ihm die Augen flirrten? Bernhard wusste es nicht, er hatte jegliches Gefühl für Raum und Zeit verloren. Schließlich näherte er sich den Mauern einer Stadt. Ausgemergelt, völlig am Ende seiner Kräfte schleppte er sich auf das Tor zu, wo ihn die Wächter ergriffen. Das war das Letzte, woran er sich erinnern konnte.

Irgendwann erwachte er in einem kargen und dämmrigen Raum, einen Krug Wasser neben sich, aus dem er gierig trank. Die Laute einer fremden, unverständlichen Sprache klangen warm und tröstlich, und bald schlief er wieder ein. Einer der Torwächter hatte ihn mit in sein Haus genommen und pflegte ihn gesund – um ihn wenig später auf dem Sklavenmarkt zu verkaufen. Ein großer, in lange Gewänder gekleideter Mann kaufte den stummen Jungen mit den ungewöhnlichen blauen Augen. Er nahm ihn mit auf eine Reise, die viele Wochen andauerte, endlose Tage auf Eseln und Kamelen, die ihm kaum

Die Befreiungsarmee Gottes: Fast 60.000 Menschen umfasst das Heer des ersten Kreuzzuges

Krak des Chevaliers: Die bekannteste unter den Kreuzfahrerburgen

in Erinnerung blieben. Schließlich erreichten sie eine große Stadt, deren hell aus der Wüste aufragende Lehmhäuser schon von Weitem zu sehen gewesen waren. Auch das Haus, in das Bernhard nun geführt wurde, war aus festem, hellem Lehm und hatte elegant geschwungene, bogenförmige Fenster. Im Innenhof plätscherte friedlich ein Springbrunnen, der von einer blumengeschmückten Bank mit leuchtend blauen Kacheln umsäumt wurde. In blauen glasierten Töpfen wuchsen kleine Palmen, die Schatten spendeten. Dieses Blau! Eine schönere Farbe hatte Bernhard noch nie gesehen. In den Innenräumen lagen bunt gemusterte Teppiche, in deren tiefem Flor die Zehen wohlig versanken. Auf einem niedrigen Tisch mit bleigefassten Mosaiksteinchen stand eine silberne Teekanne, daneben kleine, bauchige Becher aus buntem Glas.

Bisher hatte Bernhard alles teilnahmslos über sich ergehen lassen, aber nun regte sich doch ein wenig Neugier in ihm. Das musste doch endlich Jerusalem sein! Oder war es gar das himmlische Paradies? War er etwa gestorben? Denn jetzt näherte sich ihm mit weichen Bewegungen ein leibhaftiger Engel mit einem luftigen, zarten Schleier über dem Gesicht, unter dem warme, dunkelbraune Augen hervorleuchteten. Der Engel flößte ihm in kleinen Schlucken köstlichen, süßen Tee ein.

Die »Kreuzfahrerarchitektur« – eine Mischung aus armenischen, arabischen, byzantinischen und europäischen Elementen

Der Baustil der Kreuzfahrer beeinflusste die Architektur in ganz Europa

Es war nicht das Paradies. Es war die Stadt Damaskus. Bernhard war im Haus eines wohlhabenden arabischen Kaufmannes und seiner Frau angekommen. Beide behandelten ihn fortan wie den eigenen Sohn, der dem Paar verwehrt geblieben war.

In Damaskus wuchs Bernhard zu einem jungen Mann heran, umsorgt von zwei Menschen, die ihn offensichtlich innig liebten. Warum taten sie das? War er dieser Liebe überhaupt würdig? Schließlich war er als Kreuzfahrer gekommen, mit dem Ziel, so viele Araber wie möglich zu töten und Jerusalem für die Christen zu erobern. Und andererseits: verriet er, wenn er diesen Menschen freundlich begegnete, nicht auch das Andenken seiner Mutter, die ihm das Leben gerettet hatte? Lange quälte er sich mit diesen Fragen, die er mit niemandem besprechen konnte. Doch mit der Zeit wurde das Grübeln weniger, und Antworten fand er ohnehin nie. Was er auch tat, ob er willig war oder bockig, seine Zieheltern umhüllten ihn mit ihrer nie endenden Liebe und Fürsorge. Und so kehrte eines Tages sogar seine Stimme zurück – in einer Sprache voller kehliger, melodischer Laute, von der er nicht gewusst hatte, sie überhaupt gelernt zu haben. Keiner war davon mehr überrascht als Bernhard selbst.«

Ich sah, dass der alte Mann erschöpft war von der langen Erzählung. Draußen wurde es dunkel, und ich hätte schon längst gehen müssen. Ich fragte ihn, ob er wohl morgen wieder käme, um mir den Rest der Geschichte zu erzählen. Er nickte. Und so trafen wir uns am nächsten Tag in der Kathedrale wieder.

✣ ✣ ✣

Reise nach Al-Andalus

»Bernhard war zu einem Mann herangewachsen. Er hieß nun Ahmad und hatte bei seinen Zieheltern das Geschäft eines Kaufmannes erlernt. Und nicht nur das: wie viele gebildete Araber lernte er rechnen, lesen und schreiben, in Arabisch, Latein, Griechisch und – seit die Kreuzfahrer ›Outremer‹, die neuen Kreuzfahrerstaaten, erobert hatten – auch etwas Französisch. Nie hatten seine Zieheltern ihn gezwungen, den Glauben der Muslime anzunehmen, aber schließlich hatte er es selbst so gewollt. Doch er lebte so, wie es seine Eltern ihm vorlebten: in Achtung vor allen Religionen. Ahmad heiratete die Tochter einer berühmten Glasmacher-Familie aus Damaskus und erlernte so auch die Geheimnisse dieses Handwerks. Besonders begeisterte er sich für die vielen Möglichkeiten, farbiges Glas herzustellen: Die richtige Wahl der Zutaten konnte Schmuck und Perlen, Gläser, Flaschen, Vasen und Schüsseln in allen Farben des Regenbogens zum Leuchten bringen. Aus Bernhard, dem Sohn eines Schmieds aus Köln, war ein erfolgreicher arabischer Händler und Kaufmann geworden, dessen Waren von Damaskus bis Córdoba, von Kairo bis Venedig gehandelt wurden. So vergingen Jahrzehnte, und vielleicht hätte er bald einen ruhigen Lebensabend im Kreis seiner Kinder und Enkel in Damaskus verbringen können. Aber Allah hatte anderes mit ihm vor.

Es war die letzte große Reise, die er noch persönlich begleiten wollte, denn schon spürte er, wie sehr ihn die langen Tage an Bord schaukelnder Schiffe ermüdeten. Und seit der Niederlage der ägyptischen Flotte gegen die Venezianer 1123 war das Mittelmeer für muslimische Schiffe immer gefährlicher geworden. Aber dieses Mal hatte er besonders wertvolle Waren an Bord: die überall begehrten Stahlklingen aus Damaskus, dazu Schmuck und Glaswaren, Gewürze und Zucker.

Die Heilige Stadt: Ein »Stadtplan« Jerusalems aus dem Spätmittelalter

HIEROSOLIMA · Porta vall' yosaphat.

TEPLVM · SALOMOIS ·

Porta phatie piscine

Porta sancte

In Jerusalem gründen die Kreuzfahrer das »Königreich Jerusalem«

Das Ziel der Reise war Al-Aschbouna, Lissabon, in Al-Andalus. Es lag im äußersten Westen der islamischen Welt – eine waghalsige Reise und eine lange dazu, denn wegen der allgegenwärtigen Seeräuber konnte man nur an den Küsten entlangsegeln. Als er das Schiff bestieg und sich von den inzwischen erwachsenen Söhnen verabschiedete (seine geliebte Frau war vor einiger Zeit gestorben), war ihm weh ums Herz, und dunkle Träume beherrschten die unruhigen Nächte auf See. Seine bösen Ahnungen trogen ihn nicht. Denn kaum hatte sein voll beladenes Handelsschiff im Sommer 1147 Lissabon endlich erreicht, fiel ein Heer von Kreuzfahrern über die Stadt her. Wenige Jahre zuvor hatte Papst Eugen III. den Zweiten Kreuzzug ausgerufen, und diesmal sollten auch die arabischen Besitzungen auf der iberischen Halbinsel zurückerobert werden. Die Kreuzritter belagerten Stadt und Hafen, so dass Ahmads Schiff nicht mehr auslaufen konnte. Im Oktober fiel die Stadt. Sein Schiff wurde von den siegreichen Rittern geplündert, Ahmads kostbare Waren zerstört oder geraubt. Wieder einmal gelang ihm in letzter Minute die Flucht – und wieder einmal blieb ihm nichts als das nackte Leben. Aber auch dieses Mal hatte er großes Glück, denn unter seinem Gewand hatte er einen Beutel mit Golddinaren an den Leib gebunden. So konnte er zumindest bis nach Toledo reisen, wo er einen jüdischen Kaufmann kannte: David ben David war ein toleranter und großzügiger Mann, mit dem er schon viele gute Geschäfte gemacht hatte. Der bot ihm sofort ein Bett in seinem gastlichen Haus an. Zwar war Toledo seit einem halben Jahrhundert wieder unter christlicher

Herrschaft, aber hier lebten Christen, Juden und Muslime so friedlich zusammen, wie sonst nirgendwo auf der Welt. Ahmad, dessen Interesse für die Künste und Wissenschaften schon immer groß war, hatte viel von der berühmten Übersetzerschule von Toledo gehört. Das war kein konkreter Ort, vielmehr eine Gruppe von Gebildeten, die die Werke griechischer und arabischer Autoren ins Lateinische übersetzten. David führte ein offenes Haus, in dem Gäste immer willkommen waren. So manchen Abend verbrachte er mit Freunden, Besuchern und Reisenden, die Nachrichten aus der ganzen Welt in sein Haus brachten. Eines Tages war auch ein junger Steinmetz zu Gast, der auf seiner Gesellenwanderung halb Europa durchquert hatte. In gemütlicher Runde saß man beim Abendessen, als David den jungen Mann, Gilles mit Namen, nach seiner Heimatstadt fragte. Fröhlich lächelnd erzählte der, dass er aus dem Norden komme und in einer Stadt geboren sei, die Köln hieße und am großen Fluss Rhein liege.

Ahmad wurde blass, und seine Hände fingen an zu zittern. Ihm war heiß und kalt zugleich. Zwar hatte er so viele Städte gesehen, in Ägypten und Al-Andalus, war in Konstantinopel und Venedig gewesen und einmal sogar in Masquat im fernen Indien. Von den fränkischen Kreuzfahrern hatte er sich möglichst ferngehalten, aber aus dem Weg gegangen war er ihnen auch nicht. Das wäre auch gar nicht möglich gewesen, denn sie hatten den größten Teil der Küste zwischen Antiochia und Jerusalem und auch die Stadt Jerusalem erobert. Aber nie wieder hatte er jemanden aus seiner Geburtsstadt getroffen. Und nun saß ihm ein junger Mann gegenüber, der ihm ohne Arg und Scheu fröhlich zuprostete. David, sein Gastgeber, hatte das Zittern seiner Hände bemerkt und sorgte sich. ›Ahmad, mein Freund, was hast Du? Möchtest Du Dich zurückziehen, oder soll ich einen Medikus rufen?‹ Ahmad schüttelte den Kopf. Langsam kehrte die Farbe in sein Gesicht zurück. Er war kein junger Mann mehr, hatte viel erlebt und einiges erlitten, zuletzt den Tod seiner über alles geliebten Frau, die ganz plötzlich an einem Fieber gestorben war. Und trotz aller Schicksalsschläge: es waren mehr gute als schlechte Jahre gewesen, dachte er. Deinen Söhnen hast Du ein erfolgreiches Geschäft hinterlassen, die Töchter in den Schutz guter, liebevoller Ehemänner gegeben. Du hast gottgefällig gelebt, gebetet, gefastet und den Armen gegeben und sogar die heilige Pilgerfahrt nach Mekka unternommen. Nun, Ahmad, ist Dein Leben erfüllt – und es wird Zeit, nicht weiter vor Dir

Köln im Mittelalter: Der unfertige Dom mit dem Baukran prägt über Jahrhunderte das Stadtbild

selbst davonzulaufen. ›Zum Wohl, Gilles, und Gott zum Gruß‹, sagte er in der Sprache der Kölner, ein wenig holprig zwar, aber doch klar und deutlich. Dem jungen Mann blieb vor Erstaunen der Mund offen stehen, saß ihm doch ein sonnengebräunter Mann in arabischem Gewand gegenüber – und der begrüßte ihn in seiner Mundart! Ahmad atmete tief aus. Es waren die ersten Worte in seiner Muttersprache, die er als erwachsener Mensch gesprochen hatte. Die ersten, seit ihn seine Mutter im leeren Brunnen vergraben hatte. Ahmad nahm einen tiefen Schluck aus seinem Wasserglas. Er hatte ein zweites Mal die Sprache wiedergewonnen, die Sprache seiner Heimat. Doch als ihn der junge Gilles begeistert fragte, wo er die Sprache der Rheinländer gelernt habe, merkte er, dass er noch nicht bereit war. Nach all den Jahren dachte er jetzt zum ersten Mal wieder an seine Mutter, die ihm das Leben gerettet hatte. Zu gerne hätte er jetzt alles erzählt, aber es ging einfach nicht, die Worte ballten sich in seiner Kehle zusammen wie Klumpen zähen Brotes. Und nicht einmal seiner geliebten Frau hatte er das Geheimnis seiner Herkunft enthüllt. Wie hätte er das nun vor Fremden tun können? Schließlich sagte er Gilles, er habe ein paar Brocken dieser Sprache von den Kreuzfahrern in Damaskus aufgeschnappt.«

Ich lauschte gebannt, wahrscheinlich stand mir genauso der Mund offen wie dem armen Wandergesellen. Die Strahlen der tiefstehenden Sonne ließen die Farben der Madonna in ihrem himmelblauen Gewand noch einmal hell aufleuchten. Es wurde langsam spät, aber ich wollte den alten Mann auf keinen Fall noch einmal unterbrechen.

»Im Verlauf des Abends erzählte Gilles davon, dass in Frankreich eine merkwürdige Krankheit ausgebrochen sei: ein regelrechtes Fieber, immer größere und schönere Kirchen zu bauen, mit hohen Gewölben, die von schlanken Säulen getragen wurden. Kirchen, die Platz für riesige Fenster ließen, voller Licht und bunter Farben. Er, Gilles, habe in Al-Andalus die Techniken der arabischen Baumeister studiert und würde nun nach Frankreich zurückkehren, die Zeit seiner Wanderung sei vorüber. Dort suche man gute Handwerker, Steinmetzen, Zimmerleute und Schmiede, aber auch Bildhauer und Glasmacher. Ahmad horchte auf. Schließlich war er ja nicht nur Kaufmann, sondern hatte auch das Glasmacher-Handwerk gelernt, wobei er sich auf die Kunst der Farben besonders gut verstand. Noch bevor er sich in seine Schlafkammer zurückzog, stand sein Entschluss fest. Noch einmal würde er sich von Menschen, die sein Herz berührt hatten, verabschieden müssen. Aber er wollte dem großzügigen David und seiner Familie auch nicht länger zur Last fallen. Er war neugierig geworden – und jetzt hatte er nichts zu verlieren. Ahmad würde mit Gilles ins Reich der Franken ziehen.

Ihr Ziel war die Stadt Chartres. Ahmad hatte seine arabischen Gewänder gegen europäische Kleidung getauscht, um weniger aufzufallen. Seine fünf täglichen Gebete verrichtete er lautlos und in Gedanken, er war überzeugt davon, dass Allah dafür Verständnis hatte. Gilles, der junge Steinmetz, fand Arbeit bei den Bildhauern in der

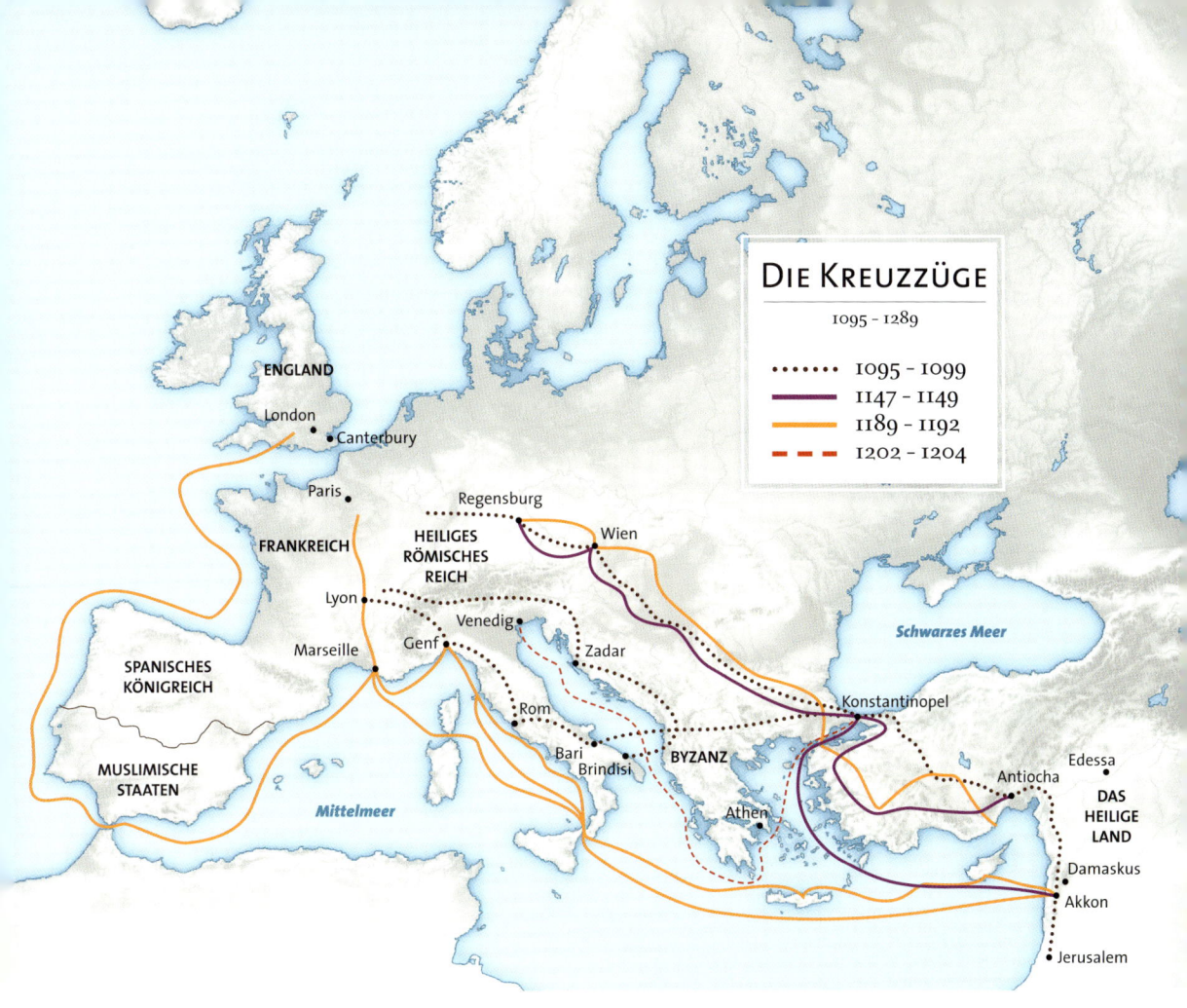

Zwei Jahrhunderte der Kreuzzüge: Der vierte Waffenzug endet mit der Eroberung der christlichen Stadt Konstantinopel – groteske Verdrehung der eigentlichen Kreuzzugidee

Bauhütte. Und auch Ahmad wurde gebraucht. Er war zwar schon ein reifer Mann, aber noch lange nicht alt. Niemand sonst kannte sich so gut mit den Farben des Fensterglases aus wie Ahmad. Noch nie hatten die Glasmacher ein Rot so glühen und das Himmelblau so leuchten gesehen. Viele Jahre arbeitete Ahmad in der Werkstatt der Glasmacher. Und diese Arbeit wurde zum Licht und Glück seiner letzten Jahre, erinnerte ihn an seine Kindheit, seinen Vater und seinen Bruder. Und das schöne Gesicht der Mutter, die ihm das Leben gerettet hatte. Hier schloss sich der Kreis seines Lebens.«

Mit einem Seufzer hob der alte Mann das Gesicht den bunten Strahlen entgegen, die durch das Fenster drangen. »Das war die Geschichte meines Freundes Ahmad«, sagte der alte Mann. Dann schwieg er. Er war in sich zusammengesunken und sah plötzlich uralt und zu Tode erschöpft aus. »Was ist aus ihm geworden?«, fragte ich, denn die Geschichte schien mir irgendwie noch nicht ganz beendet zu sein. »Wir haben uns aus den Augen verloren«, sagte er. Vielleicht täuschte ich mich, aber dabei sah ich seine Mundwinkel ganz leicht zucken.

Im Kirchenschiff war es kühl und dämmrig geworden. »Zeit zu gehen«, sagte der alte Mann. Ich bot ihm meinen Arm und geleitete ihn nach draußen. »Werdet ihr morgen wieder zur blauen Madonna kommen?«, fragte ich ihn. Er wiegte den Kopf: »So Gott will, meine Tochter – Inschallah.« Langsam verschwand er in der Gasse zwischen den Häusern. Nachdenklich ging ich nach Hause. Als ich am nächsten Tag wieder in die Kathedrale kam, traf ich ihn nicht an. Auch an den folgenden Tagen wartete ich vergebens. Ich sah den alten Mann nie wieder. Aber nicht viel später merkte ich, dass die blaue Madonna meine Gebete erhört hatte. Unseren ersten Sohn nannten wir Bernard.

✣   ✣   ✣

Kreuzzüge

»Deus lo vult – Gott will es«! In den zwei Jahrhunderten nach Papst Urbans Aufruf auf dem Konzil von Clérmont am 27. November 1095 machten sich Christen immer wieder auf den Weg gen Süden. Ihr Ziel: Jerusalem und die heiligen Stätten der Christenheit von der Herrschaft der »ungläubigen« Muslime zu befreien. Sieben große Kreuzzüge in den Vorderen Orient gab es zwischen 1096 und 1270. Während zunächst die Eroberung des Heiligen Landes im Vordergrund stand, richteten sich die bewaffneten Eroberungszüge rasch auch gegen andere Gruppen: die Muslime in Spanien, die Albigenser und später die Hussiten und sogar zum Kreuzzug gegen italienische Städte wurde aufgerufen. »Bewaffnete Pilgerfahrten« nannten die Zeitgenossen diese Züge übrigens, der Begriff »Kreuzzug« wurde erst im 13. und 14. Jahrhundert verwendet.

Als erstes brachen im Frühjahr 1096 die Teilnehmer des »Volkskreuzzuges« auf – kaum bewaffnete, unorganisierte Gruppen, Männer, Frauen und Kinder, die von Wanderpredigern wie Peter dem Einsiedler und Walter Habenichts in religiösem Eifer aufgestachelt worden waren. Die Volkskreuzzüge erreichten Palästina gar nicht erst, die unorganisierten Horden wurden kurz nach der Überquerung des Bosporus von den gut ausgerüsteten seldschukischen Soldaten geschlagen. Vorher aber hatten

»Königreich des Himmels«: Das Königreich Jerusalem

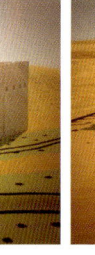

Vier Staaten errichteten die Kreuzfahrer: Das Königreich Jerusalem, das Fürstentum Antiochia, die Grafschaften Edessa und Tripolis

sie schon in ihren Heimatländern gewütet: Gewalttätige, entfesselte Kreuzfahrer waren u. a. für die grausamen Judenpogrome in Köln, Mainz und Worms verantwortlich.

In einer zweiten Welle brachen im August 1096 gut organisierte bewaffnete Ritterheere gen Süden auf. Ihnen gelang es 1099, Jerusalem zu erobern und vier Kreuzfahrerstaaten in »Outremer« zu gründen: die Grafschaft Edessa, das Fürstentum Antiochia, die Grafschaft Tripolis und das Königreich Jerusalem. Die Kreuzritter als Kämpfer für Christus verkörperten das Ideal des Ritters schlechthin, auch Geistliche konnten mit dem Schwert Gott dienen. So entstanden während der Kreuzzüge im Heiligen Land auch drei Ritterorden mit »kämpfenden Mönchen«: die Johanniter, der Templerorden und der Deutsche Orden.

Immer wieder kam es im Namen Gottes zu grausamen Massakern, wie schon bei der Eroberung Jerusalems 1099, bei der fast alle muslimischen und jüdischen Einwohner ermordet wurden. Der fünfte Kreuzzug wurde 1229 allerdings mit einem diplomatischen Meisterstück beendet: Der weltoffene, arabisch sprechende Kaiser Friedrich II. überredete Sultan al-Kamil, ihm die Stadt freiwillig zu übergeben. Nach rund 200 Jahren endete 1291 mit der Rückeroberung Akkons die christliche Herrschaft im Vorderen Orient.

✣ ✣ ✣

1.3

Wandern für das Seelenheil

Die Pilger

In dem Satz: »Der ist doch noch nie aus seinem Dorf herausgekommen«, paart sich Mitleid mit Verachtung – in einer Gesellschaft, die hohe Mobilität zur Tugend erklärt, ist die Immobilität beinahe eine Schande und überhaupt ein Anachronismus. Aber natürlich gibt es sie heute noch, Menschen, die nicht viel weiter als bis zur nächsten Kreisstadt gekommen sind – aber sie sind die Ausnahme. Wir leben im Zeitalter des Chartertourismus und der Pauschalreise, des mobilen Menschen.

Mobilität im Mittelalter beschränkt sich für die erdrückende Mehrheit auf einen »Lebens-Aktions-Radius« von vielleicht 50 Kilometern, das entspricht damals zwei Tagesreisen. Die Meisten leben von Ackerbau und Viehzucht, eine buchstäblich bodenständige Arbeit, und wenn sie einmal das eigene Dorf verlassen, dann um ihre wenigen Waren zu verkaufen: eine Reise zum nächsten Marktplatz, selten mehr als ein paar Stunden entfernt.

Natürlich gibt es schon damals Reisende, Fernhändler, die gehobenen Stände, aber man reist, weil man muss. Reisen ist gefährlich. Wildnis allerorten, in den Wäldern leben Wölfe und Bären, und das Transportmittel der ersten Wahl sind die eigenen Füße, Schusters Rappen! Die

Arbeiten für Gotteslob: Pilger sind die preiswertesten Arbeitskräfte

Der Ablass der Sündenstrafen ist die »Belohnung« für die freiwillige Arbeit der Pilger

Straßen sind schlecht, die Zeiten, in dem ein Europa überspannendes Straßensystem existiert, sind seit dem Untergang des Römischen Reiches vorbei. Wer gut zu Fuß ist, bewältigt 25 bis 30 Kilometer pro Tag. Was heute ein Tagesausflug ist, war damals eine Wochentour.

Gereist wird – wenn überhaupt – vor allem in Gruppen. Die Gruppe bietet Gesellschaft, Schutz vor wilden Tieren und solchen auf zwei Beinen, denn damals gab es noch richtige Räuber ... und das waren selten edle Helden vom Schlage eines Robin Hood, sondern Galgenstricke und Halsabschneider.

Viele Märchen, mündliche Überlieferungen aus jener Zeit, strotzen nur so von den schauerlichen Erlebnissen derjenigen, die durch Wald und Wiesen zogen, in finsteren Wäldern ihr Nachtlager fanden – einer feindlichen, fremden Welt schutzlos ausgeliefert. Natürlich sind die Plots dieser Geschichten phantastisch, aber der Kern ist real. Und immer wieder der dunkle Wald, in dem gefährliche Tiere, Räuber, Dämonen, der Leibhaftige selbst, nur darauf warten, dass ein leichtfertiger Reisender daherkommt. Doch dann ...

✣   ✣   ✣

Eine Gesellschaft macht mobil

Als die Gotik geboren wird, sind Zigtausende auf der Straße. Die Menschen machen mobil, eine mittelalterliche Gesellschaft auf Tour, und es ist nicht Handel, es sind keine dringlichen Geschäfte, die sie in die Fremde führen. Die meisten sind ganz freiwillig unterwegs, mitunter Wochen und Monate, begeben sich nicht selten auf eine Reise ohne Wiederkehr. Sie sind gewissermaßen uniformiert: Tragen breitkrempige Hüte zum Schutz gegen die Sonne, lange dunkle Kleider und seltsamerweise Muscheln, Jakobsmuscheln, festgesteckt an den Hüten oder an einem Band um den Hals.

Ziel der Träume und Hoffnungen: In der Kathedrale von Santiago de Compostela ist das Grab des Apostels Jakobus

Sie nennen sich Pilger, was ursprünglich von dem lateinischen Wort »peregrinus« – Fremdling – stammt, im mittelalterlichen Kirchenlatein nennt man sie »pelegrinus«, eine Person, die aus religiösen Gründen in die Fremde zieht. Und diese religiös motivierten Fremdlinge bevölkern in der Epoche der Gotik die Plätze, Straßen und Wege, sind allgegenwärtig, in nur zwei, drei Generationen entwickelt sich das Pilgerwesen zu einer regelrechten Volksbewegung, die vom Osten Polens bis in das westliche Santiago de Compostela reicht. Bis es schließlich zu einer regelrechten Plage wird ... aber dazu später.

Es ist die Hochzeit einer religiösen Tradition, die ihre Wurzeln im frühen Christentum hat.

✣   ✣   ✣

Eine Kaiserin sucht das Kreuz

Die Idee des Pilgerns erfährt ihre ganz frühe Inspiration durch eine Reise, die man mit etwas Wohlwollen als eine der ersten wissenschaftlichen Expeditionen bezeichnen kann, unternommen von einer der schillerndsten Persönlichkeiten des Abendlandes – Kaiserin Helena. Sie ist die Mutter Konstantins des Großen, jenes Kaisers, der das Christentum aus der verfolgten Illegalität auf den Weg zur Staatsreligion führen wird. Dem Gott der Legende nach ein Zeichen sendete, ein leuchtendes Kreuz am Himmel. »In diesem Zeichen wirst Du siegen«, so sprach die Stimme zu Konstantin, und er siegte tatsächlich. Konstantin der Heide, wandte sich dem Christentum zu, obschon niemand wirklich weiß, ob er sich taufen ließ.

Seine Mutter ist im Frühling 324 eine rüstige knapp 80-Jährige. Und sie hat Großes vor. Ihr Ziel ist Jerusalem, um dort das wahre Kreuz Christi zu finden. Jeder, der sie kennt, weiß, was diese Frau sich vornimmt, das geschieht. Ihre Karriere begann sie als einfaches Schankmädchen, jetzt ist sie die mächtigste Frau des Reiches. Zeitgenossen bezeichnen sie als sehr fromm, glaubenseifriger sogar als ihr Sohn. Helena ist auf der Jagd nach Reliquien – heiligen Gegenständen, die mit Jesus oder den Aposteln in Berührung gekommen waren.

Die *Legenda Aurea* überliefert Helenas heilige Suche. Sie berichtet von einem Leviten namens Juda, der den Ort des Kreuzverstecks zu kennen scheint, der aber Geheimhaltung schwor. Doch die Kaisermutter ist nicht zimperlich, sie lässt den Geheimnisträger in einen trockenen Brunnen werfen. Nach sieben Tagen gibt Juda auf. Auf dem Berg Golgatha, wo Kaiser Hadrian einen Venus-Tempel hatte errichten lassen, soll das Kreuz verborgen sein – so Juda. Helena lässt das eindrucksvolle Bauwerk Stein für Stein abtragen, um am Ende tatsächlich fündig zu werden.

Doch sie findet nicht ein Kreuz – sondern derer drei! Welches ist nun das tatsächliche, das Kreuz Christi? Ein Wunder soll Erleuchtung bringen. Helena lässt die gefundenen Kreuze nacheinander auf einen Leichnam legen, der gerade aus der Stadt getragen wird. Und dann geschieht das Unglaubliche: Kaum dass ihn eines der Kreuze berührt, schlägt der Tote die Augen auf. Es ist dieses Kreuz, das fortan – so die *Legenda Aurea* – als das »wahre Kreuz Christi« verehrt wird. Zur ewigen Erinnerung lässt Helena am Fundort ein großes Denkmal aus Gold und Edelsteinen errichten – die »Crux gemmata«. Es wird zum Vorbild für sämtliche Edelsteinkreuze des Mittelalters und zum Monument der Macht ihres Sohnes, der »in diesem Zeichen« siegte.

Schließlich ist sie es, die die Grabeskirche erbauen lässt, Splitter des »wahren Kreuzes Christi« nimmt sie mit nach Rom, wo sie angeblich noch heute, in der ehemaligen Palastkirche Helenas, Santa Croce in Gerusalemme, gezeigt werden.

Helena ist das, was wir heute einen Kommunikator nennen würden – ihre Geschichte macht die Runde. Sie wird zum legendären Stoff, der an den Herrscherhöfen ihrer Welt kolportiert wird. Konstantin sorgt dafür, dass die Kunde der wundersamen Reise seiner Mutter in alle Teile des Reiches getragen wird. Erste Nacheiferer machen sich auf ins Reich des Himmels, nach Jerusalem, die Geburtsstätte des Christentums. Sie wollen Wunder sehen, den magischen Orten ihres Glaubens ganz nah sein. Helenas Reise eröffnet den Reigen der Wallfahrten, durch sie wird Jerusalem zur Pilgerstätte, mit ihr nimmt das Pilgerwesen seinen Anfang.

Es ist ein Glücksfall der Geschichte, dass das erste Reisetagebuch eines Pilgers erhalten blieb. Es ist mehr als 1.600 Jahre alt. Das *Itinerarium Burdigalense* erzählt die Geschichte eines Pilgers, der im Jahre 333 über den Landweg von Bordeaux nach Je-

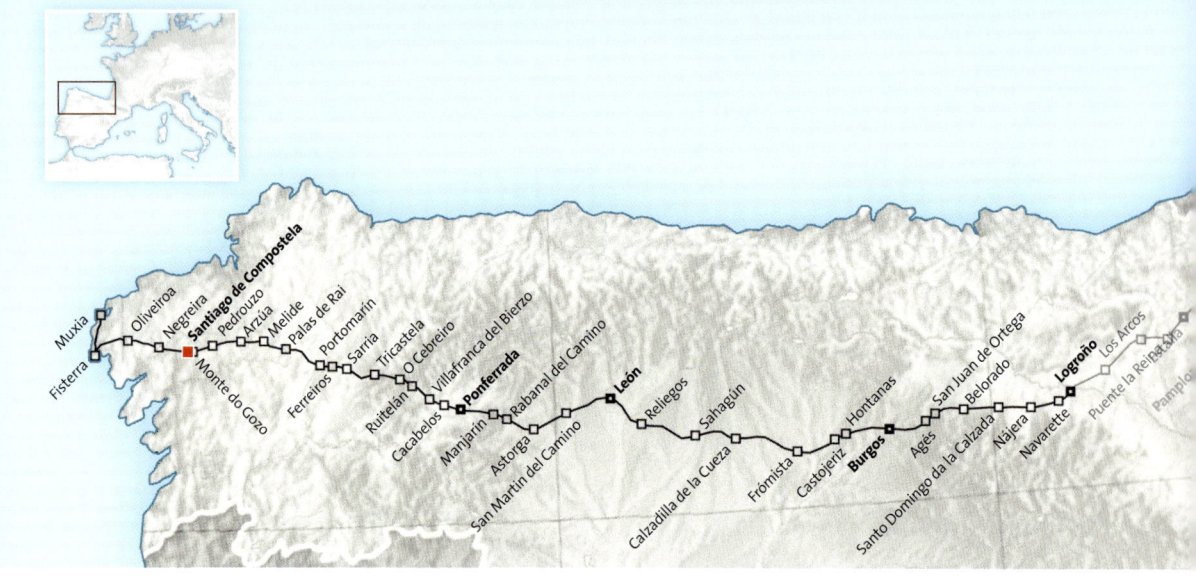

Der Pilgerweg – die »heilige Hauptverkehrsader« des Mittelalters

rusalem reist. Und der fromme Held dieser ersten Reisebeschreibung einer Wallfahrt begibt sich keineswegs auf den direkten Weg zu den heiligen Stätten. Aus den Entfernungsangaben und Etappenbeschreibungen lässt sich schließen, dass er 20 römische Provinzen durchquerte und 10.000 Kilometer zurücklegte. Allein zwischen Konstantinopel und Jerusalem war er zwei Monate unterwegs. Ich schreibe »er«, obschon sich die Quelle, die so penibel jede einzelne Wegstrecke dokumentiert, bei dem Wichtigsten ausschweigt. Wer war nun dieser Mensch, der solcherlei Strapazen auf sich nahm? Wir wissen nicht einmal, ob es ein Mann oder eine Frau war. Vielleicht – so mutmaßen einige Historiker – ein Mitglied des römischen Magistrats, das sich der hervorragenden Infrastruktur des römischen Riesenreiches bedienen durfte.

Nach diesem – zumindest was die geografischen Fakten anbelangt – peniblen Protokoll einer Pilgerreise verliert sich die weitere Entwicklung des Pilgerwesens im frühmittelalterlichen Nebel der Geschichte.

❖ ❖ ❖

Die Geburt einer Pilgerstätte

Es soll fast ein halbes Jahrtausend dauern, bis Pilger und Heilige wieder zum Thema in den Urkunden der Schriftgelehrten werden. Es ist die Zeit des ersten westlichen Kaisers nach den Cäsaren, ein Mann den seine Zeitgenossen schon zu Lebzeiten »den Großen« nennen; Kaiser Karl führt sein Reich zu neuer Blüte und sorgt für die Erfüllung der wichtigsten Voraussetzung für die religiöse Wanderschaft: sichere Straßen. In seiner Regierungszeit beginnt der Siegeszug eines Heiligen zur Pilgerikone der christlichen Welt, ihm verdankt die Pilgeruniform die Muschel gleichen Namens: Jakobus.

Jakobus der Ältere, einer der zwölf Apostel Jesu, Held zahlreicher religiöser Geschichten, Legenden und Mythen, schließlich Märtyrer, kündet im Osten wie im Westen vom Evangelium. Nach der Kreuzigung Jesu verschlägt es ihn als Missionar nach Hispanien, in die westlichste der römischen Provinzen. Doch im Jahre 44 kehrt er in seine Heimat Palästina zurück. Eine für ihn verhängnisvolle Entscheidung, denn König Herodes Agrippa will seinen Tod, er lässt Jakobus ergreifen und dann enthaupten.

Der Legende nach gelingt es seinen Anhängern, zumindest den Leichnam des Apostels zu entführen und ihn auf ein Schiff zu bringen. Es soll ein Engel gewesen sein, der den Steuermann des Schiffes bis an die Küste des heutigen Galizien in Spanien geleitete.

Jahrhunderte lang galt sein Grab als verschollen, doch dann wird es 813, zur Regierungszeit Karls des Großen wiederentdeckt. Ihm zu Ehren wird eine Kapelle errichtet – und am 25. Juli 816 werden seine Gebeine umgebettet. Der 25. Juli wird von nun an der Jakobstag. Jakobus' sterbliche Überreste werden zum Ziel erster Pilgerwanderungen, von Heilungswundern ist die Rede …

899 schließlich wird in Santiago eine Kirche zu Ehren des Apostels eingeweiht, Tribut an die wachsenden Pilgerzahlen. Doch noch ist das Grab des heiligen Jakobus eher ein regionaler Geheimtipp unter Gläubigen.

Nach dem Tod des großen Karolingers zerfällt sein Riesenreich, unsichere Zeiten brechen an. Die Raubzüge der Sarazenen, Ungarn und Normannen im 9. Jahrhundert dämpfen die Lust der Menschen auf Reiseabenteuer. Das Pilgerwesen kommt fast völlig zum Erliegen.

Erst Mitte des 10. Jahrhunderts wandern die ersten Pilger aus Mitteleuropa von Frankreich über die Pyrenäen nach Santiago de Compostela. Den Jakobsweg nennt man nun »Camino Francés« – Weg der Franken, oder französischer Weg – Jako-

Erkennbar an Jakobsmuschel, Pilgerstock und Hut: Die »Uniform« der frommen Wanderer

bus ist längst kein Regionalphänomen mehr. Vom 11. Jahrhundert an ist Santiago de Compostela eines der bedeutendsten Wallfahrtszentren des Abendlandes. Mittlerweile gibt es in ganz Europa ein Netz fester Wege, die alle zum Jakobsgrab im Nordwesten Spaniens führen.

Doch die überbordende Popularität des Jakobus unter den Heiligen ist nicht ganz zufällig. Dahinter verbirgt sich – salopp formuliert – eine erfolgreiche Publicity und eine geschickte Fälschung.

✤ ✤ ✤

DER HEILIGE MUSELMANENMÖRDER

Jetzt wird es verworren: Eine Urkunde – Historiker datieren ihre Entstehung auf den Zeitraum zwischen 1155 und 1172 – berichtet von einer Schlacht, Christen gegen Mauren, die sich am 23. Mai 844 bei Clavijo ereignet haben soll. Wie der Urkunde zu entnehmen ist, bringen die Mauren das christliche Heer in arge Bedrängnis, doch dann ereignet sich ein Wunder: Der heilige Jakobus höchst selbst, so wird attestiert, greift in die Schlacht ein und kann sie für die christlichen Krieger gewinnen. Das zitierte Dokument macht Jakobus als Heiligen ungemein populär und bringt ihm gar den Ruf eines Maurentöters ein. Die Sache hat nur einen Haken: Historiker entlarven diese Urkunde als Fälschung, es ist fraglich, ob diese »Schlacht von Clavijo« überhaupt jemals stattgefunden hat. Dass Urkunden im Mittelalter gefälscht wurden, ist nichts Neues, doch erst in den vergangenen Jahrzehnten deckten die Historiker das wahre Ausmaß mittelalterlichen Fälscherwesens auf. Heute geht man davon aus, dass annähernd

Ein Stein für Gottes Haus: Pilger schleppen Gesteinsbrocken für die großen Kathedralenbaustellen

die Hälfte aller Urkunden Fälschungen sind. Und den Fälschern geht es dabei fast immer nur um das Eine: Pfründe, Erträge, Besitztümer – mit einem Wort: Geld. Da macht auch Santiago keine Ausnahme. Denn Jakobus' militärische Intervention bietet von nun an die Basis für eine Pflichtabgabe, genannt »votos«, an die Kathedrale von Compostela.

❖   ❖   ❖

Die Pilgerfahrt – Abschied vom Leben

Wer im Mittelalter eine Wallfahrt unternimmt, verabschiedet sich formell von seinem früheren Leben. Er verfügt seinen Nachlass, verabschiedet sich von seinen Lieben und Freunden, versöhnt sich mit seinen Feinden, legt die Beichte ab und empfängt seinen Pilgersegen. Es ist fast so, als verabschiede sich der zukünftige Pilger von den Lebenden für eine Reise ohne Wiederkehr, und so schwer es auch heute vorstellbar sein mag – ein wenig ist es wirklich so.

Traditionell beginnt die Pilgerreise im Frühling oder Frühsommer, wenn das Wetter beständig, die Tage lang, die Gebirgspfade und Wege passierbar sind. Um es den Pilgern einfacher zu machen, wurde sogar das Hauptfest des heiligen Jakobus vom 30. Dezember auf den 25. Juli vorverlegt. Schon im Mittelalter können die Pilger auf eine beeindruckende Infrastruktur zurückgreifen. Klöster entlang der Pilgerrouten gewähren Unterkunft und Verpflegung. Reichen die Kapazitäten nicht aus, werden sogar Kirchen als Schlafsäle geöffnet.

Reisen im Mittelalter ist ein gefährliches »Himmelfahrtsunternehmen«

Ende des 12. Jahrhunderts hat das Pilgerwesen eine Dimension erreicht, die die bisherigen Möglichkeiten der Klöster einfach sprengt. Es entstehen Pilgerhospize, die eigens für die Wanderer Gottes errichtet werden.

Trotz aller Organisation: Pilger leben gefährlich. Wilde Tiere, Schlechtwetterperioden, miserable Wege, gefährliche Übergänge an reißenden Fluten, riskante Gebirgspfade, und immer wieder Infektionskrankheiten in überfüllten Herbergen. Doch auch für die fromme Wanderschaft gilt: Der Mensch ist dem Mensch ein Wolf, denn die gefährlichsten Feinde der Seelen-Touristen sind nicht die Gewalten der Natur, sondern der Mensch. Eine ganze Betrugsbranche hat sich auf sie spezialisiert: hinterlistige Geldwechsler, betrügerische Zöllner, Fährleute, raffgierige Wirte, Kuppler, Huren, Diebe und Räuber.

Die Wallfahrtsorte wimmeln nur so von Menschen, die als Pilger gekommen sind und als Bettler bleiben. Schätzungen, wie vielen Pilgern nun wirklich die Rückkehr in die Heimat gelang oder wie groß die Todesrate unter den frommen Wanderern ist, sind natürlich immer mit Vorsicht zu genießen. Eine Schätzung sagt, dass 30 Prozent der Pilger, die im Heiligen Jahr 1350 nach Rom pilgerten, auf ihrer Reise starben. Friedhöfe entlang der Pilgerrouten erzählen die traurige Geschichte derjenigen, die den Strapazen der Wallfahrt erlagen.

✣ ✣ ✣

Wallfahrt ins Himmelreich

Wer sich die Mühe machen will, diese Menschen zu verstehen, der muss sich ein Stück weit in ihre Gedankenwelt versetzen. Schon aus den Zeiten des großen Brandes in Rom, Mitte des 1. Jahrhunderts, berichten Protokolle von Christen, die sich freiwillig als Brandstifter stellen. Sie waren es nicht, sie waren unschuldig. Die Brandursache war vermutlich ein Unglück, und dennoch bezichtigen sie sich einer Tat, die ganz sicher mit dem Tode bestraft wird. Ein qualvoller Tod, denn sie werden bei lebendigem Leib verbrannt – die Strafe für Brandstifter im alten Rom. Warum nur? Weil sie als Märtyrer sterben wollen, als Opfer ihres Glaubens. Denn, so lehren es die frühen Prediger, wer als Märtyrer stirbt, wandert direkt in den Himmel. Ohne Umweg.

Wir müssen uns nicht durch Jahrtausende kämpfen, um dieser Idee nahe zu sein. Selbstmordattentäter sind ein Übel unserer Zeit. Auch der Pilger kann zum Märtyrer werden. Wer auf der Pilgerreise stirbt, warum auch immer, wird vom heiligen Schutzpatron seiner Reise direkt in den Himmel geleitet. Daran glaubten die Menschen.

Ist es das, was Menschen dazu bewegt, Tausende von Kilometern zu reisen, Entbehrungen und Gefahren auf sich zu nehmen oder gar das eigene Leben zu riskieren? Die Aussicht auf das Himmelreich? Pilger sind die Goldesel der Wallfahrtsorte, den Dombauhütten sind sie unentgeltliche Steinschlepper oder Arbeiter, die für »Gotteslohn« ohne Bezahlung ackern. Eine ganze Industrie lebt von den frommen Touristen, die Reise macht den Pilger arm, aber den Ort seiner Wallfahrt reich.

❖ ❖ ❖

Von Höllenangst und Himmelshoffnung

Mit den Höllenqualen kennt sich der mittelalterliche Mensch aus. Beschreibungen der Hölle und Alltagsbeschreibungen ihrer »zwangsinhaftierten« Bewohner finden sich allerorten, in Gemälden, in der Bibel, in den zitierten Apokryphen, vor allem in den bild- und wortgewaltigen Schilderungen der Priester und Prediger, die ihre Zuhörer mit Ängsten geißeln, wann und wo immer sie können.

Das Leben des mittelalterlichen Menschen ist überschattet von der tief verwurzelten Angst vor dem Fegefeuer, vor den Höllenqualen, die er für seine begangenen Sünden erleiden muss. Und frei von Sünde ist niemand. Die Pilgerfahrt gilt als Ablass, als eine Möglichkeit der Reduzierung und Milderung von Sündenstrafen schon auf Erden. Der Pilger kann sich gleichsam durch eine sogenannte Ablassleistung schon auf Erden von den Qualen des Fegefeuers »loskaufen«. Durch eine Spende an die Kirche oder den Kauf einer Reliquie oder durch eine Wallfahrt.

Wer pilgert, »verabschiedet sich vom Leben«

Auch die Teilnahme an Kreuzzügen wird als Pilgerfahrt propagiert. Und es ist nicht nur die Aussicht auf Abenteuer in schillernden Ländern, auf unermessliche Reichtümer, die Flucht aus einem bedrückenden und armseligen Umfeld, es ist auch und vor allem die Aussicht auf den Ablass der Sündenstrafen, der viele die große Reise antreten lässt. Somit ist einer der Motoren der großen Wallfahrtsbewegung sicherlich die Angst.

Natürlich machen sich auch Kranke, Gebrechliche und Behinderte auf den Weg. Sie alle sehnen sich nach einem Wunder, nach einem magischen Ort, der ihre Körper und Seelen heilt.

Angekommen, erfrischt, von den Strapazen der langen Reise erholt, tritt der Pilger an das Heiligtum, das Ziel seiner Sehnsüchte: eine Reliquie, die sterblichen Überreste eines Heiligen oder ein Ort, an dem etwas Heiliges geschah. Er wird beten, betteln, die Befreiung von Krankheiten oder Gebrechen erflehen oder Segnung erbitten.

An einem Heiligen- oder Märtyrergrab ist – so formuliert es der Historiker und Religionsforscher Arnold Angenendt, »der Himmel offen«. Eine Standleitung aus spiritueller Energie, die von den Gebeinen des Heiligen direkt zu Gott führt. Hier kann der Pilger unmittelbar die Seele seines Patrons berühren, der im Himmel direkt bei Gott steht, um ihn um Gnade und Fürsprache zu bitten.

Somit werden die Heiligen zum Mittler zwischen den Lebenden und Gott selbst, und je bedeutender je wirkkräftiger ein Heiliger ist, desto gefragter ist der Aufbewahrungsort seiner Gebeine oder Reliquien.

✣   ✣   ✣

Schwerverbrecher auf Pilgerschaft

Doch es gibt auch eine ganz andere Klientel, die sich in diesen Zeiten kollektiver Frömmigkeit auf Pilgerreisen begibt. Verbrecher – um nicht zu sagen: Schwerverbrecher. Die neuere Forschung stößt immer wieder auf Fälle, in denen Städte darauf

Eine Gesellschaft in Bewegung

verzichten, Todesurteile zu vollstrecken, um die Täter stattdessen auf Pilgerreise zu schicken. Arnold Angenendt: »Die Pilgerschaft ist in schweren Kriminalfällen der Ersatz für die Tötung, für die Hinrichtung. Sie ist eine neue Lebenschance.«

Angenendt berichtet von dem Fall eines Kindermörders in einem kleinen rheinischen Dorf. Statt ihm der weltlichen Gerichtsbarkeit zu übergeben, muss der Mörder als Buße für seine Tat die Pilgerreise nach Santiago antreten. Wenn er – sicherlich nach mehr als einem Jahr – mit dem Zertifikat der vollbrachten Wallfahrt an den Ort seines Verbrechens zurückkehrt, ist er frei.

Die Pilgerreise als Teil des mittelalterlichen Strafvollzugs. Die Chance für einen Neuanfang. Doch der stärkste Motor des Pilgerwesens bleibt die Angst, die allerorten geschürt wird und die sich in den folgenden Jahrhunderten zu einer wahren Hysterie auswächst. Das Ablasswesen, die Möglichkeit, sich schon zu Lebzeiten seiner Sündenstrafen zu entledigen, wird zu einer gigantischen Geldmaschine. Berühmt wird der Satz des Dominikanermönchs Johann Tetzel: »Wenn das Geld im Kasten klingt, die Seele aus dem Fegefeuer springt.« Wir schreiben das Jahr 1516, und der Papst braucht Geld für den Bau des Petersdoms. Tetzel wird zum Symbol für die Perfidie des Ablasshandels. Nach wahren Panikpredigen, die den Gläubigen in drastischsten Bildern die Qualen der Hölle vorführen, lassen sich Ablassbriefe umso besser verkaufen.

Die großen Reformatoren wie Luther, Zwingli und Calvin geißeln Roms Geschäft mit der Angst, und ihre Kritik richtet sich auch gegen das Pilgerwesen. Der Theologe Thomas von Kempen prägt ein Jahrhundert zuvor den Satz: »Wer viel pilgert, wird selten heilig.« Die Reformatoren predigen gegen den wachsenden religiösen Aberglauben und – heute würde man sagen – die Kommerzialisierung des Glaubens.

Der Zorn der Protestanten gegen das Pilgerwesen geht schließlich so weit, dass 1537 das Pilgern im protestantischen Norwegen mit dem Tode bestraft wird ... Noch 300 Jahre zuvor konnte eine Pilgerfahrt selbst Mörder vor der Todesstrafe bewahren – ein Treppenwitz der Geschichte.

✣   ✣   ✣

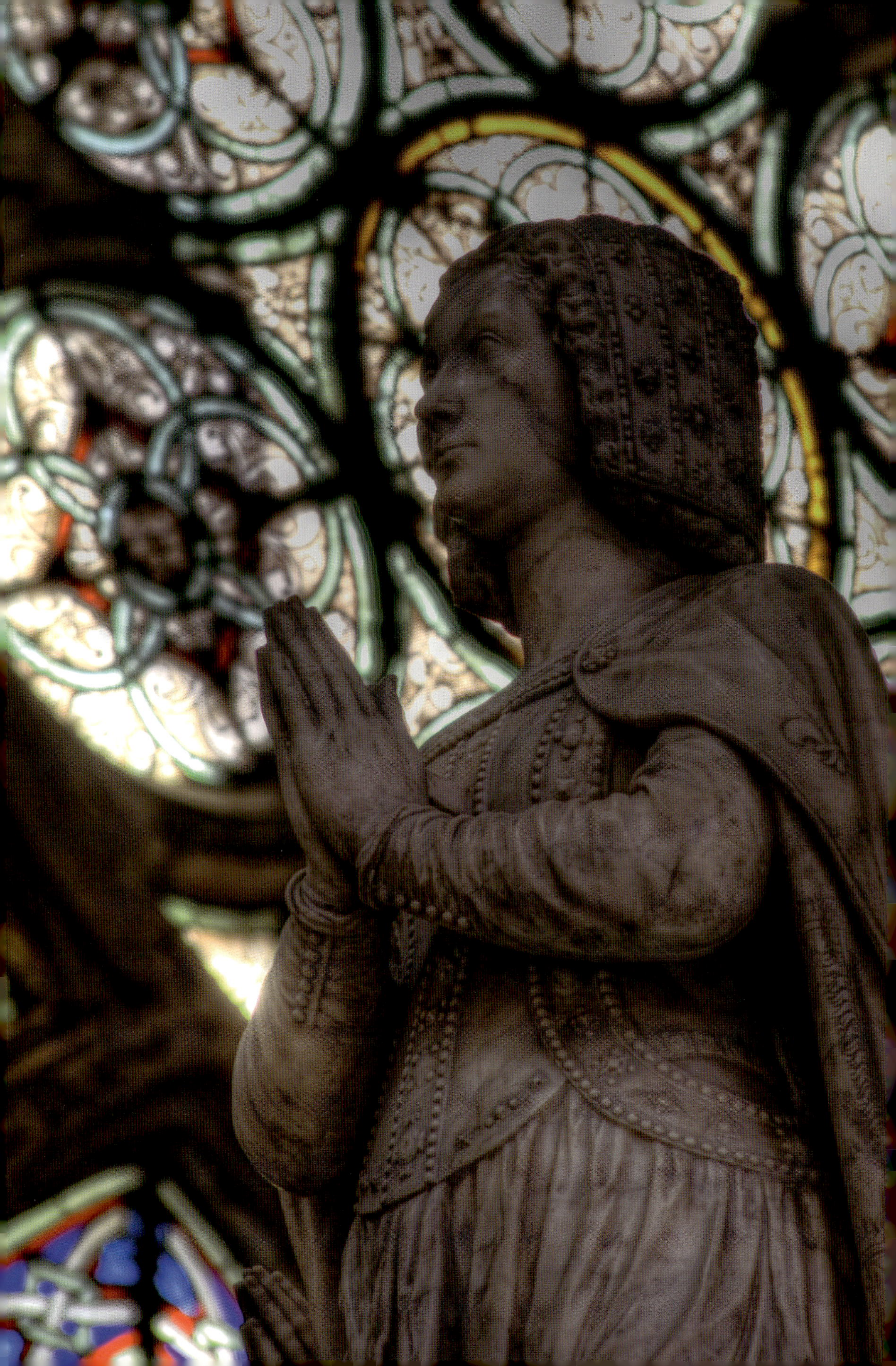

Das Goldene Zeitalter

✣ 59 ✣

Beten in Ewigkeit: Grabmonument in der Abteikirche von St.-Denis

2.1

Sonne, Frieden, Wachstum

»Leben wie Gott in Frankreich«
Eleonore und das 12. Jahrhundert

Traumhochzeit in Südfrankreich

Der 25. Juli 1137 ist ein Sonntag. Schon morgens ist es heiß, und die Sonne gleißt vom Himmel. Als das junge Brautpaar strahlend durch das Portal der Kathedrale St.-André von Bordeaux tritt, brandet begeisterter Jubel auf: Es sind Eleonore, die schöne Herzogin von Aquitanien, und Ludwig, der französische Thronfolger. Er ist ein schlaksiger 16-Jähriger, sie gerade erst 15 geworden. Noch ahnen die Teenager nicht, welche Herausforderung sie in wenigen Tagen erwarten wird – und über die Zukunft denken sie an diesem Tag wohl kaum nach. Jetzt wird erst einmal gemeinsam gefeiert, nach lauter und fröhlicher südfranzösischer Art, so wie man es am aquitanischen Hof kennt und liebt. Denn Eleonore ist die Enkelin des lebenslustigen und für seine Frauengeschichten berüchtigten Wilhelm IX. von Aquitanien, genannt »der Troubadour«. Troubadoure und Musikanten sorgen auch im Schloss l'Ombrière für Stimmung, wo ein üppiges Festtagsbankett die Hochzeitsgesellschaft nach der Trauung erwartet.

Anmutige arabische Tänzerinnen drehen sich zu den Klängen der Flöten und Mandolinen, die Schläge der Tambourine geben den Takt an – Instrumente, die ursprünglich aus der arabischen Welt stammen. Von Südfrankreich ist es nicht weit bis zu den arabischen Gebieten auf der spanischen Halbinsel, viele Christen haben die arabische Kultur kennen- und schätzen gelernt. Nicht immer auf friedliche Weise: So soll Eleonores Urgroßvater, der Vater Wilhelms des Troubadours, ein Arabermädchen von einem Kreuzzug mitgebracht haben – als Beute eines Frauenraubes.

Auch das einfache Volk vor den Toren wird nicht vergessen: zur Feier des Tages gibt es nach alter Sitte reichlich Braten und Wein. Ludwig findet die lockeren Sitten am Hof der Südländer befremdlich. Er ist im Kloster erzogen worden, ein Mann der Bücher und Gebete, kein Freund fröhlich-frivoler Liebeslieder. Es ist die hohe Zeit der Minnesänger, der Troubadoure, und so erklingen in Bordeaux sicher auch die Verse Cercamons, des berühmtesten unter ihnen. Cercamon – cherche-monde, der die Welt sucht – schon der Name klingt verheißungsvoll, lässt hoffen auf spannende Geschichten von Rittern und Abenteurern, von Liebe und Verrat, von Helden und tragischen Schicksalen, die Troubadoure von ihren Reisen von Stadt zu Stadt und Burg zu Burg mitbringen. Sein wirklicher Name ist nicht bekannt, aber das Pseudonym hat er geschickt gewählt, nicht anders als erfolgreiche Popstars heutzutage. Eines seiner berühmtesten Lieder hat er Eleonores Vater Wilhelm X.

Bordeaux, 25. Juli 1137: In der Kathedrale Saint-André heiratet Eleonore von Aquitanien den französischen Thronfolger Ludwig

gewidmet, der wenige Monate vor Eleonores Hochzeit auf einer Pilgerfahrt nach Santiago de Compostela gestorben war. Haben auch das Brautpaar und die Gäste, die hohen Lehensträger und Prälaten Aquitaniens, die dem Königssohn den Lehnseid geschworen haben, Cercamons poetischen provençalischen Versen gelauscht?

»Aqesta don m'auzetz chantar	»Diese Frau, von der ihr mich singen hört,
Es plus bella q'ieu no sai dir;	Ist schöner als ich sagen kann
Fresc'a color e bel esgar	Von frischer Farbe und klarem Blick
Et es blancha ses brunezir;	Mit weißer Haut, die niemals dunkelt,
Oc, e non es vernisada,	Und weder ist sie geschminkt,
Ni om de leis non pot mal dir,	Noch gibt es jemand, der schlecht von ihr spricht
Tant es fin' et esmerada.«	So fein und edel ist sie.«

Gottes Segen scheint auf dieser Ehe zu liegen, mögen die Feiernden denken an diesem strahlenden Sommertag. Aber nicht nur heute ist das Wetter den Menschen gewogen, schon eine ganze Zeit lang erleben die Europäer ein äußerst günstiges Klima. »Mittelalterliches Wärmeoptimum« nennen die Meteorologen die Wärmeperiode vom 10.

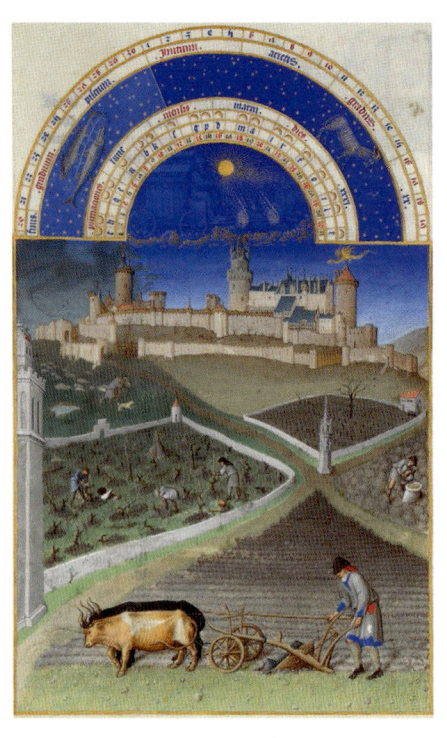

Das milde Klima im 12. Jahrhundert beschert den Bauern vielerorts reiche Ernten (Darstellungen aus dem Stundenbuch des Duc de Berry aus dem 14. Jahrhundert)

bis 14. Jahrhundert. Die Sommer sind bis weit in den Norden so mild, dass in Schottland Weinstöcke und im Rheinland Feigenbäume und Dattelpalmen gedeihen. Bauern können große Waldstücke roden und das Land urbar machen: Roggen, Hafer, Dinkel, Hirse und andere Getreide werden auf den Feldern angebaut, in Gemüsegärten wachsen Rüben, Bohnen, Rettich, Kohl und Zwiebeln. Die Ernten sind gut, Hungersnöte selten, die Bevölkerung wächst stetig. Denn auch von großen Seuchenwellen bleiben die Menschen noch eine ganze Weile verschont, erst Mitte des 14. Jahrhunderts wird die Pest halb Europa entvölkern. Die Kindersterblichkeit sinkt, immer mehr Menschen werden erwachsen oder erreichen sogar das Greisenalter – wie Eleonore, die bei ihrer Hochzeit noch nicht ahnt, dass sie die meisten ihrer Mitmenschen überleben wird.

❖   ❖   ❖

Hochzeitsreise durchs »süsse Aquitanien«

Fröhliche Menschen säumen die mit bunten Tüchern und Wimpeln geschmückten Wege, als Eleonore und Ludwig Ende Juli Richtung Paris aufbrechen, zum Sitz der französischen Könige. Der königliche Tross zieht durch die Erblande Eleonores, das »süße Aquitanien«, dem der Mönch Heriger literarisch huldigt: »Du bist reich an saftigen Weiden und prächtigen Wäldern, quillst über von Früchten und wirst durch deine Weinberge süß wie Nektar«. Die Bauern sind schon erfahren darin, die Böden optimal zu nutzen, und bewirtschaften ihre Äcker nach dem Prinzip der Dreifelderwirtschaft: Abwechselnd werden verschiedene Sorten Feldfrüchte angebaut, dann liegt das Land eine Ernteperiode zur Schonung brach. Meist verwenden sie Eisenpflüge, mit denen man auch schwere Böden bestellen kann, an denen die alten Pflüge aus Holz scheiterten. Immer wieder begegnen den Reisenden Pferde- oder Ochsengespanne, die schwer beladene Wagen ziehen: Auch das Kummet für Pferde und das Stirnjoch für Ochsen sind neuere Errungenschaften, die den Bauern das Leben erleichtern. Es ist eine Zeit des Wandels, der Entdeckungen und Erfindungen: Von 1100 bis 1280 verdreifacht sich die Zahl der Berufe, Gewerbe wie das Schmiedehandwerk spezialisieren sich: Es gibt Kupfer- und Goldschmiede, Hufschmiede, Kessel- und Waffenschmiede, die mit ganz unterschiedlichen Materialen arbeiten. Die wichtigste technische Neuerung der Zeit aber ist die Wassermühle. Sie verbreitet sich vom 10. bis 13. Jahrhundert überall in Europa, denn sie spart Zeit und menschliche Arbeitskraft. Und mit Wassermühlen kann man nicht nur Korn vermahlen, sondern auch Oliven oder Papier pressen und sogar Tuche walken.

Immer wieder begegnen der Hochzeitsgesellschaft andere Reisende. Nie zuvor sind so viele Menschen unterwegs gewesen: die allgegenwärtigen Pilgergruppen, Kreuz-

Spielleute und Gaukler, Dichter und Minnesänger: fröhliches höfisches Leben. Eleonores Großvater war »Wilhelm, der Troubadour« Bilder aus der Großen Heidelberger Liederhandschrift, dem Codex Manesse, 14. Jahrhundert)

ritter oder Händler, die ihre Waren auf den Märkten und Messen feilbieten. Immer mehr Orte erhalten das Marktrecht und wachsen zu Städten an, in denen nicht nur Waren, sondern auch Ideen gehandelt und Neuigkeiten ausgetauscht werden. Das 12. Jahrhundert ist geprägt von großer Mobilität – und die wird möglich, weil die Wege und Straßen immer besser ausgebaut werden, Fähren und einfache Brücken die Grenzen zwischen Flussufern aufheben. Dennoch, auch im Hochmittelalter ist das Reisen beschwerlich und gefährlich, immer wieder werden Reisende überfallen und ausgeraubt. Doch der königliche Tross ist gut bewacht und bleibt unbehelligt, von Überfällen berichten die drei Chronisten nichts. Aber etwas anderes wird penibel beobachtet: Wo fand die Hochzeitsnacht statt? Nicht in Bordeaux, erst auf dem Weg nach Poitiers sei die Ehe vollzogen worden, heißt es in den Schriften. War es in Saintes oder auf Schloss Taillebourg? Das weiß keiner genau. Ihr »erstes Mal« ist das Geheimnis der Brautleute geblieben.

❖ ❖ ❖

Eine traurige Nachricht

Am 8. August erreichen Ludwig und Eleonore Poitiers, die Residenz der Herzöge von Aquitanien, Eleonores Erblande. Hier wird Ludwig die aquitanische Krone aufgesetzt. Und hier, im Bankettsaal des Herzogspalastes, mitten im Trubel der Spielleute und unter den schnellen

Schlägen der Tambourine, schlägt die fröhliche Feierstimmung jäh um: Denn ein Bote aus Paris ist gekommen und flüstert einem der prächtig gekleideten Geistlichen etwas ins Ohr. Der Geistliche ist einer der höchsten Würdenträger des Reiches: Abt Suger von Saint-Denis. Er ist der wichtigste Vertraute, Berater und rechte Hand König Ludwigs VI., der ihm den Königssohn für diese Reise anvertraut hat. Suger ist es auch, der die Ereignisse in seiner *Vita Ludovici*, der Biografie Ludwigs, schildert. Aber jetzt muss er der ausgelassenen Hochzeitsgesellschaft eine traurige Nachricht verkünden: Der Vater des Bräutigams, Ludwig VI., ist tot. Tief bewegt beugt Suger das Knie. Nun sind die blutjungen Brautleute König und Königin von Frankreich.

Den Thronfolger mit Eleonore von Aquitanien zu verheiraten, war eine kluge Entscheidung des verstorbenen Königs Ludwig gewesen. Die Vereinigung der kleinen kapetingischen Kronlande zwischen den Flüssen Loire und Seine mit dem reichen und mächtigen Aquitanien, das vom Atlantik bis zum Zentralmassiv reicht, vergrößert den Einflussbereich des französischen Königs enorm. Die Ehe von Ludwig und Eleonore ist langfristig ein wichtiger Schritt auf dem Weg zu einem starken französischen Nationalstaat.

Die so viel versprechend begonnene Verbindung des jungen Paares wird allerdings nur 15 Jahre halten; 1152, nach einem missglückten gemeinsamen Kreuzzug, wird sie annulliert werden und Eleonore Heinrich Plantagenet, den zukünftigen König Englands, zum Mann nehmen. Sie wird Königin von England werden und später Mutter zweier englischer Könige: des berühmten Richard Löwenherz und seines Bruders Johann Ohneland.

❖ ❖ ❖

Die königliche Residenz Paris

Doch das liegt noch in ferner Zukunft, als die Reisegesellschaft Mitte August 1137 weiter Richtung Paris zieht. Paris hat im 12. Jahrhundert noch nichts von einer Weltstadt: Es ist ohne bedeutende antike Tradition wie Marseille, Toulouse oder Bordeaux, kirchlich ist es abhängig vom Bistum Sens. Aber schon deutet sich an, dass hier einmal ein Zentrum der Wissenschaften entstehen wird: In der Île-de-France, um Paris, blüht das geistige Leben. Vor allem in den Klöstern, wie St.-Denis, dessen Abt Suger sich an der Seite des Königspaares der Stadt nähert. Im französischen Einflussbereich liegen auch die Klöster von Cluny und Cîteaux, die wichtigsten Zentren der klösterlichen Reformbewegung. Denn in vielen Klöstern waren äußerst weltliche Sitten eingezogen, Prunk und Reichtum wichtiger geworden als Gebete und Ordensregeln. Die neuen Mönchsorden der Cluniazenser und Zisterzienser dagegen wollten zurück zu den religiösen Werten und lebten Arbeit, Armut und Askese vor. Bernhard von Clairvaux, der Abt des Klosters Cîteaux, ist der wichtigste Vertreter des Reformmönchtums gewesen.

Von der Kleinstadt zur Metropole: Paris erlebt im Mittelalter einen unerwarteten Aufschwung.

Ob Eleonore enttäuscht war von der Stadt, die da vor ihr lag, fernab vom weiten Meer und dem Licht des Südens? Welche Gedanken und Sorgen sind ihr wohl durch den Kopf gegangen, als sich die Gruppe zwischen sanften Hügeln mit grünen Weinbergen und üppigen Gemüsegärten den Stadtmauern nähert, die Brücke über die Seine zur Île de la Cité erreicht, die sich, von hohen Mauern umgeben, in eine Krümmung des Flusses schmiegt?

Die Hitze des Hochsommers ist vorüber, als der König und die Königin von Frankreich Anfang September Paris, das Ziel ihrer Reise, erreichen. Hier werden sie nun leben.

❖ ❖ ❖

In der Region um Paris, der Île-de-France, beginnt der Siegeszug der Gotik: In rund 100 Jahren entstehen hier über 20 Großkirchen

BLICK IN DIE ZUKUNFT

Auch der 11. Juni 1144 ist ein Sonntag. Sieben Jahre sind seit der Hochzeit vergangen, und wieder steht ein rauschendes Fest an – eine der seltenen Gelegenheiten für Eleonore, sich in kostbarste Gewänder zu hüllen und ihren schönsten Schmuck zu tragen. Auch der Gastgeber mag es pompös und prunkvoll: Es ist Abt Suger von St.-Denis, der – zu Eleonores Missfallen – auch dem jungen König Ludwig als Berater zur Seite steht. Suger hat die wichtigsten Würdenträger Frankreichs in seine Klosterkirche geladen, um ihnen feierlich zu präsentieren, was hier in allerkürzester Zeit gewachsen ist. Mit den hohen Herren kommt auch das einfache Volk nach St.-Denis, Bauern, Händler und Handwerker, ganze Familien mit Frauen und Kindern, Pilger und Ritter; sie alle wollen keinen der drei Festtage verpassen, denn wenn die hohen Herrschaften feiern, fällt meist auch für sie etwas ab. Jubel brandet auf, als das Königspaar erscheint: Eleonore glitzernd und strahlend mit ihrem Brokatkleid und dem Perlendiadem, daneben Ludwig, der zur allgemeinen Verwunderung ein graues Büßergewand und schlichte Sandalen trägt. Es ist der Tag, an dem der neue Chor der Klosterkirche St.-Denis geweiht wird.

Auf dem Hauptaltar steht ein sieben Meter hohes, mit funkelnden Edelsteinen besetztes goldenes Kruzifix, insgesamt werden zwanzig Altäre im halbkreisförmigen Chor geweiht. Doch das ist es nicht allein, was die Anwesenden staunen lässt: Sie alle blicken nach oben, zur Decke, zu einem Gewölbe, in dem sich steinerne Rippen sanft in die Deckenmitte schwingen. Auch Eleonore wird voller Bewunderung an den Säulen hinaufgeschaut haben, auf die Spitzbögen und die riesigen Fenster, die die Sonnenstrahlen in bunte Lichtflecke verwandeln. Mit ihr bewundern auch die anderen Gäste die imposanten, gen Himmel strebenden Säulen des Chores, auch sie wenden den Blick ehrfürchtig nach oben: Gott ist groß, der Mensch winzig klein, das Himmelreich weit, kaum erreichbar mit menschlichem Streben – das scheinen die schier endlosen Säulen den Menschen unten aus himmlischen Höhen zuzurufen. Dazu die feierlichen Gesänge der Psalmen – für alle, die diesen Tag erlebt haben, wird er als Moment tiefen Glaubens und inniger spiritueller Erfahrung in Erinnerung geblieben sein.

Auch Erzbischof Theobald von Canterbury ist gekommen, in ein kostbares Bischofsgewand mit der goldbestickten Mitra gekleidet. Ihn und die anderen Besucher wird der kühne neue Baustil so sehr beeindrucken, dass sie in ihrer Heimat davon berichten, und nicht wenige Städte und Gemeinden werden bald selbst Kirchen in diesem neuen, eleganten Stil bauen. In den nächsten Jahrzehnten werden im Umkreis von 150 Kilometern um Paris mehr als zwanzig Großkirchen in diesem erst viel später »Gotik« genannten neuen Stil entstehen, darunter die Bischofskirchen von Chartres und Beauvais, von Rouen, Amiens, Soissons und Reims, von Troyes, Sens und Orléans. Die Städte wird ein regelrechtes »Baufieber« erfassen, ein Wettbewerb um die schönste, größte und höchste Kirche wird beginnen. Von einem »Kathedralenkreuzzug« und »Wettbewerbsfieber« spricht der französische Historiker Jean Gimpel treffend, ganz ähnlich dem im ausgehenden 19. Jahrhundert, als in den Vereinigten Staaten die ersten Wolkenkratzer gebaut wurden. Warum gerade jetzt? Warum hier? Diese Frage können auch Historiker bis heute nicht abschließend beantworten.

Vielleicht lautet die Frage besser: Wo – wenn nicht hier? Denn im Frankreich des 12. Jahrhunderts, Eleonores Jahrhundert, sind die Bedingungen wohl einfach besonders günstig: Die politische Lage ist relativ stabil und das Klima mild, Mobilität, wirtschaftliches Wachstum und eine gewisse geistige Aufgeschlossenheit fördern Erfindungen und Entwicklungen. Es ist eine Zeit des Wandels, ein Jahrhundert, das in die Zukunft weist, ein Vorbote der Moderne. Das Jahrhundert, in dem nicht nur die Gotik geboren wird, sondern auch die schönen Künste blühen, Troubadoure der höfischen Liebe huldigen, Pilger und Kreuzritter in ferne Länder reisen, Händler auf Märkten orientalische Stoffe, Düfte und Gewürze feilbieten, man an Universitäten disputiert und in Klöstern diskutiert; als am heimischen Kamin die Artussage erzählt wird und Ritter ausziehen, um Turniere zu gewinnen und Heldentaten zu vollbringen, und für ihre Herzensdamen ihr Leben aufs Spiel setzen. Eleonore ist mitten im Zentrum des Geschehens.

Eleonore blickt noch einmal an den schlanken, filigranen Säulen empor. Die junge Frau ahnt nicht, welch bewegtes Leben ihr noch bevorsteht. Als Eleonore von Aqui-

Der Chor der Abteikirche von St.-Denis mit dem sieben Meter hohen goldenen Kruzifix

tanien viele Jahrzehnte später, am 1. April 1204, in der Abtei Fontevrault stirbt, mit über 80 Jahren, ist der Siegeszug der neuen Bauweise, die sie einst in der Klosterkirche von St.-Denis bewundert hat, längst unaufhaltsam geworden.

✥ ✥ ✥

2.2

Helden, Kämpfe und Intrigen

Politik im Mittelalter
Von König, Adel, Klerus und Volk

Ein Mythos, der die Menschen seit Jahrhunderten begleitet: die Legende von einem edlen Volk, von Elfen oder Elben, die, hochgewachsen und wunderschön, Helden und Heldinnen mit den Gesichtern von Engeln, verborgen vor uns Menschen, in einer zauberhaften Parallelwelt leben. Für dieses Volk hat Zeit keine Bedeutung, Elben und Elfen sind unsterblich oder erreichen ein biblisches Alter. Es gibt sicherlich ungezählte Interpretationsversuche, warum die Vorstellung von einer Art Supermenschen bis heute so faszinierend ist. Wie sehr muss es das im Mittelalter gewesen sein!

❖ ❖ ❖

Der erste Kaiser

»Er war sieben Maße seines eigenen Fußes groß«, schreibt der Gelehrte Einhard im 9. Jahrhundert. Einhard ist kein Geringerer als der Chronist des wohl legendärsten Kaisers nach den Cäsaren Roms: Karls des Großen. Karl, der Schöpfer der fränkischen Großmacht, einte Europa und ist so etwas wie der Urvater Frankreichs und gewissermaßen auch Deutschlands. Beide Länder streiten sich, ob er französischer oder deutscher Kaiser war. Wie auch immer, jedenfalls war er ein Riese – der Geschichte und von Gestalt: Das ist das Ergebnis der im 19. Jahrhundert vorgenommenen Öffnung des Karlsschreins im Aachener Dom. Karl müsse, so die Pathologen, 1,92 Meter groß gewesen sein. Eine jüngere Untersuchung Ende der 90er Jahre des 20. Jahrhunderts kam auf etwas bescheidenere 1,87 Meter. Das ist auch heute noch ein beachtliches Gardemaß. Seinen Zeitgenossen im Mittelalter jedoch muss der Herrscher wie ein Titan erschienen sein, betrug die Durchschnittsgröße der meisten Menschen im 9. Jahrhundert doch lediglich 1,60 Meter.

Aber was hat der legendäre Herrscher mit dem phantastischen Volk der Elben gemein? In den Augen seiner Untertanen, den einfachen Menschen, war Karl mehr als nur ein Herrscher, er war eine Lichtgestalt, ein Heilsbringer.

Schließen wir die Augen und stellen uns vor, wie er hoch oben auf seinem schweren fränkischen Schlachtross, mit wehendem Haar, mächtiger Gestalt, hochgerüstet und gepanzert, umgeben von einem furchterregenden Tross von Kriegern in stählernen Rüstungen durch ein Dorf reitet. Am Wegrand die Schar kleinwüchsiger, oft unterernährter Bauern, gekleidet in erdfarbene grobe Stoffe, die Haare wenn nicht geschoren, doch deutlich kurz. Über ihnen die Männer des Adels, langes Haar, glänzendes Metall, farbenfrohe Gewänder, mit ihren Furcht einflößenden Pferden wie zu einem Wesen verschmolzen. Doch auch zu Fuß waren die Edlen deutlich größer als ihre Untertanen, vielleicht nicht ganz so groß wie ihr König, doch im Mittel überragten sie das einfache Volk um mehr als zehn Zentimeter.

»Prototyp« des weisen Herrschers: So sah Albrecht Dürer Karl den Großen

❖ ❖ ❖

WAS MACHT UNS GROSS?

Die Körpergröße eines Menschen hängt von zwei Faktoren ab: von seiner erblichen Veranlagung und von seiner Ernährung. Dabei spielt die ausreichende Zufuhr von Proteinen eine ganz entscheidende Rolle. Hauptproteinträger ist Fleisch. Doch die Hauptnahrungsmittel der Landbevölkerung sind Rüben, Kraut, Bohnen, Brot, Brei aus Mehl, Milch und Honig, Fleisch gibt es nur bei den Schlachtfesten, vielleicht zwei-, dreimal im Jahr. Nach heutigen Maßstäben waren die meisten Menschen auf dem Land unterernährt, dementsprechend klein und schmal.

Fruchtbares Frankreich: Eine Epoche des Wohlstands und der Blüte (Bilder aus den »Tacuinum Sanitatis«, mittelalterlichen Bilderkodizes)

Anders die Adeligen, sie bilden gleichsam das Ende der Nahrungskette, ihnen gehört das Monopol der Jagd, die Pfründe der Landwirtschaft, auf ihren Gütern herrschen sie fast wie autonome Kleinkönige. Sie können sich bedienen aus dem Besten, was Scholle, Stall und Wald zu bieten hat.

Heute wissen wir um den Zusammenhang zwischen Ernährung und Körpergröße, den Menschen des Mittelalters war diese Erkenntnis verborgen. Natürlich ist auch ihnen der signifikante Unterschied zwischen den Untertanen und ihren Herren aufgefallen, aber sie haben ihn anders interpretiert.

Schon die Natur, also der Schöpfer selbst, hat den Edlen zu höherem Wuchs verholfen – kann es einen besseren Beweis für ihre Vorrangstellung geben? Den einfachen, ungebildeten Menschen müssen die Adeligen wie die Vertreter einer anderen, viel edleren Art erschienen sein. Und die Herren auf ihren Burgen und in ihren Palästen haben sie ganz sicher nur allzu gern in diesem Glauben gelassen.

Frankreich zum Jahrtausendwechsel: Die Bauern, die Bevölkerung auf dem Land, sind ihren Herren, dem Adel, nicht viel mehr wert als das Vieh auf den Weiden. Natürlich sind Allgemeinplätze immer unwissenschaftlich und womöglich gab es Vertreter des Adels, die es gut mit ihren Bauern und Pächtern meinten, aber die Geschichte lehrt, dass wenn Menschen Macht über andere haben, sie diese nach besten Kräften ausnutzen.

❖ ❖ ❖

Die mordlüsterne Schwiegermutter

Doch dann wird alles ganz anders ... nicht nur die Monumente werden größer: die Menschen werden es auch – selbst wenn sie nicht von Adel sind.

Es ist wahrlich eine Epoche des Umbruchs. Das Klima verbessert sich, zu den Fortschritten in der Landwirtschaft mit ertragreicheren Ernten und besserer Ernährung kommen politische Veränderungen, Machtverschiebungen und so etwas wie eine erste aufkeimende politische Moral.

Begeben wir uns ins späte 11. Jahrhundert in die Île-de-France, die Region um Paris. Philipp I. ist König von Frankreich, ein Sprössling aus der Familie der Kapetinger, die den Karolingern als französisches Königsgeschlecht nachfolgen. Im Vergleich zu den Königen des französischen Barock und Rokoko ist Philipp I. ein Schattenherrscher, angewiesen auf die Gefolgschaft seiner Barone, ein etwas ›Gleicherer unter Gleichen‹. Das französische Königtum hat seinen Tiefpunkt erreicht. Philipps Vasallen machen auf ihren Gütern, was sie wollen, pressen ihre Bauern aus, erheben Zölle nach Belieben, und auch gewaltsame Überfälle sind nicht selten. Kurzum, sie regieren ihr Lehen wie Lokaldespoten. Es sind die Barone, die die Straßen kontrollieren, Reisende überfallen oder zumindest schröpfen. Es herrscht Willkür.

Doch dann – im Herbst 1081 – wird dem Königspaar ein Sohn geboren. König Philipp und seine Frau Bertha von Holland lassen den kleinen Thronfolger auf den Namen Louis Thiébaut taufen. Ludwig, so die deutsche Version seines Namens, wird der einzige von vier Söhnen des Königspaares bleiben, der überhaupt das Erwachsenenalter erreicht. Erzogen wird der kleine Ludwig in der Schule Saint-Denis de l'Estrée, die zu der Abtei St.-Denis im Norden von Paris gehört. Hier lernt er einen Menschen kennen, der im hohen Mannesalter zu der Lichtgestalt der Gotik werden wird. Dem kleinen Ludwig ist er einfach nur ein gleichaltriger Freund, Suger. Ludwig und Suger werden ihr ganzes Leben verbunden bleiben.

Schon als 11-Jähriger wird Ludwig vom Vater mit der Grafschaft Vexin belehnt und erhält die Städte Mantes und Pontoise. Im gleichen Jahr wird der königliche Teenager mit einem Ereignis konfrontiert, dass ihn jahrelang in Lebensgefahr und sein Land an die Grenze des Abgrundes bringen wird. Sein Vater Philipp verstößt im Jahr 1192 Ludwigs Mutter Bertha, um Bertrada von Montfort zu heiraten.

Das Drama für Ludwig – und auch für Frankreich ist, dass Bertrada eigene Söhne hat. Sie will, dass einer ihrer Söhne König von Frankreich wird, koste es, was es wolle ... wenn es nach ihr ginge,

Ludwig VI. – Restaurator der französischen Königsmacht

zu allererst das Leben des jungen Ludwig. Zunächst versucht Bertrada mittels politischer List den Stiefsohn bei einem Englandbesuch in London festzuhalten. Doch Ludwig gelingt es heil nach Frankreich zurückzukehren. Schließlich lässt Bertrada alle Hemmungen fahren: Sie wirbt drei Geistliche als Meuchelmörder des Stiefsohns an – doch das Attentat wird aufgedeckt. Danach versucht sie es mit Gift – mit Erfolg! Ludwig wird schwer krank, doch ein jüdischer Arzt rettet sein Leben.

Die »Krönung Ludwig VI.« – Um ihren König zu demütigen, blieben viele mächtige Vasallen der Krönung des jungen Königs fern

Ludwig hat gute Berater, den Intrigen seiner Stiefmutter begegnet er mit einer politischen Heirat. Als 23-Jähriger ehelicht er Lucienne von Rochefort, Tochter des mächtigen Guido von Rochefort, genannt »Der Rote«. Er ist das Oberhaupt eines der wohlhabendsten und sicherlich aus Ludwigs Sicht auch gefährlichsten Adelsgeschlechter der Île-de-France.

Dass die Rocheforts der Joker im Machtspiel um die Königswürde sind, hat schon Bertrada erkannt, die ihren Sohn Philipp, Ludwigs Konkurrent im Kampf um den Thron, zuvor mit einer Cousine Lucienne de Rocheforts verheiratet hat. Da nun beide – Ludwig und sein Halbbruder Philipp – mit einer Rochefort verheiratet sind, steht das Spiel zunächst unentschieden. Ludwig, öffentlich ganz Grandseigneur, versöhnt sich mit seiner mordlustigen Stiefmutter und verspricht ihrem Sohn seine Grafschaft Mantes.

1108 stirbt König Philipp. Am 3. August desselben Jahres wird Ludwig in aller Eile von Bischof Daimbert von Sens zum König von Frankreich gekrönt und gesalbt. Sens ist die mächtigste Diözese in der Île-de-France, knapp drei Jahrzehnte später soll hier die erste gotische Kathedrale aller Zeiten entstehen.

❖ ❖ ❖

Krieg den Baronen

Kaum einer der Großen des Königreichs nimmt an der Krönung des neuen Souveräns teil: ein offener Affront gegen Ludwig. Ausdruck der Macht und Unabhängigkeit seiner Vasallen, der mächtigen Barone.

Ludwig ist zwar nun der König, nominell der Herr seiner Vasallen, Herrscher Frankreichs, tatsächlich jedoch beherrscht er lediglich seine Krondomäne in der Île-de-France mit ihren Zentren Orléans, Paris und Senlis ... und selbst dieses, sein ureigenstes Territorium, hat er nicht hundertprozentig unter Kontrolle. Denn auf den Straßen zwischen den Städten herrscht Mord und Totschlag, sie werden kontrolliert von den Baronen auf ihren Burgen, die sich aufführen wie Raubritter.

Ganz zu schweigen von den Lehnsfürstentümern, die Ludwigs Kronland umgeben, der Normandie und Flandern, dem Anjou und der Bretagne im Westen, der Champagne im Osten und dem reichen und mächtigen Aquitanien im Süden. Die Grafen und Fürsten sehen in Ludwig bestenfalls ihren Lehnsherrn, aus Tradition, ihr Herrscher ist er nicht. Sie betreiben ihre eigene, unabhängige Politik. Ludwigs Kampf um die Königsmacht bietet genug Stoff für ein eigenes Buch, konzentrieren wir uns auf die wichtigsten Triumphe und Niederlagen, die treuesten Freunde und gefährlichsten Widersacher.

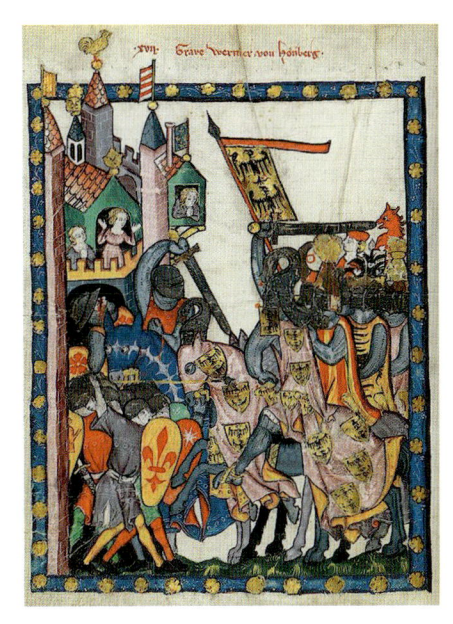

Frankreichs Ritterherrlichkeit – Eine zeittypische Szene aus dem »Codex Manesse«

Den Reigen von Schlachten, Scharmützeln, endlosen Belagerungen, Gefangennahmen, Rachaktionen gegen die eigenen Vasallen beginnt Ludwig mit einer bösen Beleidigung und Demütigung: mit der Auflösung seiner Ehe mit Lucienne von Rochefort! Wir schreiben das Jahr 1108. Die Reaktion des verletzten Vaters, Guido des Roten, und seines Sohnes Hugo von Crécy lässt dann auch nicht lange auf sich warten. Beide proben den Aufstand, und Ludwig erobert eine ihrer Burgen. Beide Parteien weben ein Geflecht von Bündnissen und Intrigen, dennoch kann sich lange Zeit keine Partei durchsetzen. Es soll ganze sechs Jahre dauern, bis Ludwig eine wirkliche Chance bekommt, die Rocheforts in die Knie zu zwingen.

1114 steht Ludwig mit seinen verbündeten Truppen vor der Burg Gournay, hinter den Mauern warten seine schlimmsten Feinde: Sein ehemaliger Schwiegervater Guido von Rochefort und sein Ex-Schwager Hugo von Crécy. Noch hoffen die Belagerten auf Entsatz durch das Heer des Grafen Theobald von Blois-Champagne. Doch Ludwig kann den Verbündeten seiner Feinde im Feld schlagen. Die Rocheforts haben keine Chance mehr, sie öffnen die Burgtore und unterwerfen sich dem König. Das ist der Moment, für den Ludwig ein halbes Jahrzehnt gekämpft hat.

Mit diesem Sieg über seine mächtigsten Vasallen zwingt Ludwig die Barone der Île-de-France vor dem Thron Frankreichs in die Knie. Für die Bürger der Île-de-France hat er einen großen Etappensieg erzielt – er hat sie von der Willkür ihrer Feudalherren befreit, von maßlosen Zöllen und Abgaben. Er hat die Straßen sicherer gemacht und damit den Handel gefördert, kurzum, die erste Grundlage für wachsenden Wohlstand geschaffen.

✣ ✣ ✣

Kampf der Könige und Kaiser

Die Belagerung einer Burg – Im 12. Jahrhundert ist Frankreichs Adel auf dem Höhepunkt seiner Macht

Ludwig ist Herr der eigenen Krondomäne, aber längst nicht Herr im Lande. Auf dem Weg zur Alleinherrschaft stört der militärisch stärkste, reichste Fürst Frankreichs, vielleicht sogar ganz Europas, ein wahrer Goliath: Der Normanne Heinrich I. Beauclerc, König von England und der französischen Normandie. Somit ist er französischer Fürst und englischer König in Personalunion. Es war sein Vater Wilhelm, genannt »der Eroberer«, der mit seinen gefürchteten normannischen Kriegern die britische Insel erobert und sich zum König eines anglonormannisches Reiches gemacht hatte. Nominell ist die Normandie ein Lehen des französischen Königs, doch Heinrich Beauclerc ist weit davon entfernt, Ludwig als seinen Herren anzuerkennen.

1110 – Jahre zuvor – kam es vor den Toren von Gisors zwischen Heinrich und Ludwig zum ersten Mal zur Schlacht. Frankreichs König erlebte eine Niederlage mit weit reichenden Konsequenzen: Er verlor die Lehnshoheit über die Bretagne und das Maine sowie die Burg Gisors, das Einfallstor in das Vexin. Alle Versuche Ludwigs, durch Bündnisse und Intrigenspiel verlorenes Terrain zurückzubringen, scheiterten.

Seine Chance sieht Ludwig, als sich 1118 die normannischen Barone gegen Heinrich auflehnen. Noch werden Ludwigs Kräfte durch den Grafen Theobald IV. von Blois blockiert, der ein Neffe Heinrich Beauclercs ist und sich mit ihm gegen seinen eigenen König verbündet hat. Doch im Verwirrspiel der Bündnisse und Intrigen wechselt der Graf schon ein Jahr später auf die Seite Ludwigs.

1119 zieht Ludwig wiederum gegen Heinrich ins Feld, glücklos wie zuvor. Am Ende kann er nur knapp der Gefangenschaft entgehen. Und schon taucht ein neuer, nicht minder gefährlicher Gegner am Horizont auf: Heinrich V., Kaiser des Heiligen Römischen Reiches Deutscher Nation. Kein Freund Ludwigs, denn der hatte die Wahl von Kalixt II. zum Papst unterstützt, ein klarer Affront gegen Heinrich V. und dessen Papst Gregor VIII. Auch Ludwigs Feind Heinrich Beauclerc befindet sich auf der Seite des Kaisers und »dessen« Papstes.

Die Unterstützung Kalixts II. sicherte Ludwig, überhaupt dem Geschlecht der Kapetinger, die Nähe zum Heiligen Stuhl, eine Allianz, die Jahrhunderte überdauern sollte. Realpolitisch jedoch bringt sie Ludwig in eine prekäre Lage, denn Kaiser Heinrich V. schmiedet eine Front gegen Ludwig, die auch nach der Beilegung des Kirchenstreits mit Papst und Gegenpapst 1122 in Worms weiter bestehen wird.

Der Konflikt von Kaiser und König wächst sich 1124 zu einer Katastrophe aus, als Kaiser Heinrich gegen seinen königlichen Feind mit Mann und Pferd in den Krieg zieht. Doch das Duell zwischen Kaiser und König wird zu einer nationalen Sache ... langjährige Intrigen, Bündnisse, Verrat, der immerwährende Machtkampf der Vasallen gegen ihren höchsten Lehnsherrn scheinen vergessen, 1124 geschieht das französische Wunder. Der König ruft – und alle kommen. Genauer gesagt ist es des Königs ebenso genialer wie loyaler Freund und Berater, der dieses »Wunder« erst möglich macht: Abt Suger. Er ist es, der die Fürsten und Barone überzeugt, alle Zwistigkeiten untereinander zurückzustellen, um unter dem Banner Frankreichs gemeinsam dem einen großen Feind entgegenzutreten: Am Ende sind es 60.000 französische Ritter und Krieger, die dem Kaiser gegenüberstehen. Was für ein Bild, die Blüte der französischen Ritterschaft, Adelige und Edle des Landes, selbst die ausgewiesenen politischen Gegner Ludwigs wie der Graf Theobald IV. von Blois oder der Herzog von Aquitanien reiten an der Seite ihres Souveräns. Ludwig selbst trägt die Oriflamme, das Kirchenbanner der Abtei St.-Denis, Symbol des heiligen Dionysius von Paris, die von nun an zur Kriegsfahne des Reiches werden wird. Auch diesen PR-Coup verdankt Ludwig wohl seinem Freund Suger. Der Heilige reitet symbolisch mit und St.-Denis wird zum Monument des französischen Königtums. Angesichts dieser gepanzerten Kriegsmacht zieht es Kaiser Heinrich vor, kampflos das Feld zu räumen. Ein Jahr später stirbt er.

Dieser Moment ist sicherlich einer der bedeutendsten Wendepunkte im Leben Ludwigs. Wie muss er sich gefühlt haben, seit eineinhalb Jahrzehnten kämpft Ludwig um die Oberherrschaft in Frankreich, es ist ein zähes und kraftraubendes Ringen. Aber an diesem Tag vergessen alle »seine« Barone und Fürsten ihr selbstsüchtiges Machtgerangel, um sich unter dem Banner ihres königlichen Lehnsherrn dem feindlichen Usurpator entgegenzustellen. In seiner Biografie Ludwigs VI. hat Suger diesen triumphalen Augenblick verewigt:

»PR-Berater« Ludwigs: Abt Suger von St.-Denis

»Ob man die Gegenwart betrachtet oder weit in die Vergangenheit zurückblickt – niemals vollbrachte Frankreich eine strahlendere Heldentat und zeigte unter Zusammenfassung aller Kräfte seine Macht ruhmreicher als in dem Augenblick, da es, obwohl anderweitig beschäftigt, auf einmal über den römischen Kaiser und den englischen König triumphierte. Als der Stolz der Gegner gebrochen war, legte Frankreichs Anwesenheit der Erde Schweigen auf«.

❖ ❖ ❖

Kaiserin, Königin und Kämpferin: Die erste Queen

Verlassen wir mit diesen heroischen Worten das Kriegstagebuch Ludwigs, behalten wir ihn als furchtlosen Krieger, als Streiter für das französische Königtum in Erinnerung. Er hat die Macht des Souveräns aus den tiefsten Niederungen geführt, hat sich vom Gleichen unter Gleichen zum dominanten Herrscher Frankreichs erhoben. Nach dem Sieg über den Kaiser des Heiligen Römischen Reiches liegen noch Jahre des politischen Taktierens und der Kriege vor ihm – aber am Ende wird er obsiegen. Mehr als ein Jahrzehnt nach der Blamage des deutschen Kaisers, im Jahr 1135, stirbt Ludwigs langjähriger Widersacher Heinrich Beauclerc an den Folgen einer Lebensmittelvergiftung. Es waren wohl verdorbene Neunaugen, eine Fischart aus dem Atlantik, die dem mächtigsten Mann Europas den Tod brachten. Heinrich hatte mehr als 20 uneheliche Kinder, aber nur einen legitimen Sohn – William. Dieser jedoch ertrinkt am 25. November 1120 bei einem Schiffsunglück vor der normannischen Küste. Ohne legitimen männlichen Erben fällt Heinrich eine für jene Zeit ungewöhnliche Entscheidung: Er lässt seine Barone den Treueid auf seine legitime Tochter Mathilde schwören, die Witwe Kaiser Heinrichs V. Somit ist sie Kaiserin durch ihre Ehe und Königin dank Geburt.

Doch noch ist die Zeit nicht reif für eine »Queen«! Als Mathilde dann auch noch einen Mann aus dem Geschlecht der Anjous ehelicht, traditionell Feinde der Normannen, nutzt Heinrichs Neffe Stephan von Blois die Stimmung gegen die Königin. Er kommt nach England und beansprucht als Stephan I. den Thron Englands: der Beginn eines langjährigen Bürgerkrieges, den Ken Follet in seinen *Säulen der Erde* als historischen Rahmen wählt.

Ludwig hat mehr Glück mit seiner Ehepolitik: Ihm gelingt der ganz große Coup! Als Wilhelm X., der wohlhabende Herzog von Aquitanien, im Frühjahr 1137 auf Pilgerreise nach Santiago de Compostela aufbricht, vertraut er seine Tochter und Alleinerbin Eleonore Ludwig an.

Doch dann ereilt den Herzog das Schicksal vieler Pilger, er stirbt auf seiner Reise. Ludwig ergreift die Gelegenheit und verheiratet seinen Sohn mit der reichen Erbin. Damit wird eines der reichsten und mächtigsten Fürstentümer Frankreichs Krondomäne.

Nun hat es Ludwig wirklich geschafft! Aber lange kann er sich nicht im Glanze seiner Königsmacht sonnen ...

❖ ❖ ❖

Der dicke Wohltäter

Ludwig trägt den Beinamen »der Dicke« nicht zu unrecht, der stattliche Krieger und geübte Schwertkämpfer gilt in seinen besten Jahren als geradezu gefräßig, ein Mann, der sich mit unmäßigen Banketten buchstäblich zu Tode prasst.

Als er im Sommer 1137 genau das machen will, was er Zeit seines Lebens tat – räuberischen Baronen mit Waffengewalt zu begegnen –, raten ihm seine Berater ab. Ludwig leidet unter Fettleibigkeit und chronischer Ruhr: Ludwig der Krieger wurde an der Speisetafel besiegt. Und er zeigt sich beratungsresistent. Ludwig bricht zum Kriegszug auf ... um bald darauf schwere Ruhrattacken zu erleiden.

Retter des französischen Königtums: König Ludwig, genannt »der Dicke«

Die Zahl der Kriege, die nicht durch militärische Übermacht und raffinierte Strategie, sondern durch Durchfall entschieden werden, ist Legion. Der durch die Krankheit bedingte Flüssigkeits- und Elektrolytverlust zwingen jeden Krieger in die Knie, und Ludwig ist in denkbar schlechter körperlicher Verfassung. Schließlich schafft es sein Körper nicht mehr. Er stirbt am 1. August 1137 und wird in der Abtei von St.-Denis bestattet.

Die eindringlichste Schilderung der letzten Momente im Leben des Freundes beschreibt wiederum Suger, der Abt: Er schildert, wie Ludwig mit seinem schweren Körper hilflos und steif auf dem Bett liegt, wie er von hier aus mit großer Umsicht den letzten seiner Kriegszüge leitet, um dann die königlichen Gewänder mit der Kutte des heiligen Benedikt zu vertauschen, wie er schwankend aufsteht, um die letzte Kommunion aufrecht zu empfangen. So steht der König vor seinem himmlischen Lehnsherrn.

❖ ❖ ❖

Freund des Volkes, Feind der Vasallen

Dass ihn sein engster Berater und Freund Suger in seiner Königsbiografie nur im besten Licht darstellt, war zu erwarten. Er beschreibt seinen gekrönten Freund als einen frommen, mutigen, mäßigen und gerechten Mann. Er stilisiert ihn zum Rächer der Wehrlosen und Beleidigten, zeichnet ihn als Wohltäter der Armen und Verteidiger der Kirche. Doch auch kritische Biografen stellen Ludwig als gutmütigen, geistvollen und lebensfrohen Mann dar. Obschon er während der ganzen Zeit seiner Regierung die Stärkung der Krone vor Augen hatte, schenkte er seinen Untertanen vor allem in seinem direkten Herrschaftsgebiet, der Île-de-France, eines der wichtigsten Güter, die eine Regierung seinen Bürgern bieten kann: Sicherheit. Sicherheit auf den Straßen Frankreichs, Sicherheit vor adeliger Willkür, vor maßlosen Zöllen, vor gepressten Abgaben. Von nun an können Händler ohne Gefahr, ohne Drangsale oder überflüssige Abgaben fürchten zu müssen, ihre Waren transportieren und in Sens, Orléans oder Paris feilbieten.

Ludwig und seine Nachfolger schaffen die Grundlagen für den Wohlstand eines neuen Standes: den des Bürgers. Die hochsensible Wohlstandsmaschinerie mit den Triebfedern der Warenproduktion und des Handels setzt sich langsam in Bewegung ...

Mit Ludwig erleben die Bürger einen König, der die »Elben und Elfen«, den Adel, auf ein menschliches Maß reduziert. Unter ihm müssen die Barone der Krondomäne den Einladungen des königlichen Gerichts Folge leisten, wollten sie nicht Schaden an Leib und Besitz nehmen. Ludwig schuf somit eine der wichtigsten Grundvoraussetzungen für den Bauboom der Gotik: Wohlstand.

Und er schuf die ersten Bedingungen dafür, dass sich eine wachsende Zahl von Menschen in den Städten, vor allem Handwerker und Händler, ausreichend ernähren konnten.

Ludwig VI., unbestritten einer der faktischen Wegbereiter der Gotik, wird ausgerechnet dort bestattet, wo die Gotik ihren Anfang nimmt: In der Abteikirche von St.-Denis. 1137, in dem Jahr, in dem Ludwig stirbt, beginnen die Arbeiten am Westbau der Abtei: Es soll das erste Bauwerk in diesem völlig neuen Stil werden.

❖ ❖ ❖

St.-Denis – Gralsburg der Franzosen

Wenn es jemals ein Monument gegeben hat, das wie kein anderes das Königtum in Frankreich symbolisiert, dann ist es diese Kirche. Sie ist so etwas wie die Gralsburg der Franzosen, steingewordene Herrschergeschichte. Seit dem Jahr 564 werden in St.-Denis die Herrscher Frankreichs bestattet, das bleibt so bis ins 19. Jahrhundert, eine über 1.000-jährige Tradition. St.-Denis ist unlösbar verbunden mit den drei Geschlechtern, die als Könige Frankreich durch die Jahrhunderte geleiteten, die Merowinger, dann die Karolinger und schließlich die Kapetinger. Als der Hausmeier des Frankenreichs, Karl Martell, verfügt, in St.-Denis – neben all den Merowinger-Königen – bestattet zu werden, war das ein Symbol. Martell, der Kanzler mit königlicher Macht. Sein Sohn Pippin der Jüngere ist der erste Karolinger, der nicht nur die Macht,

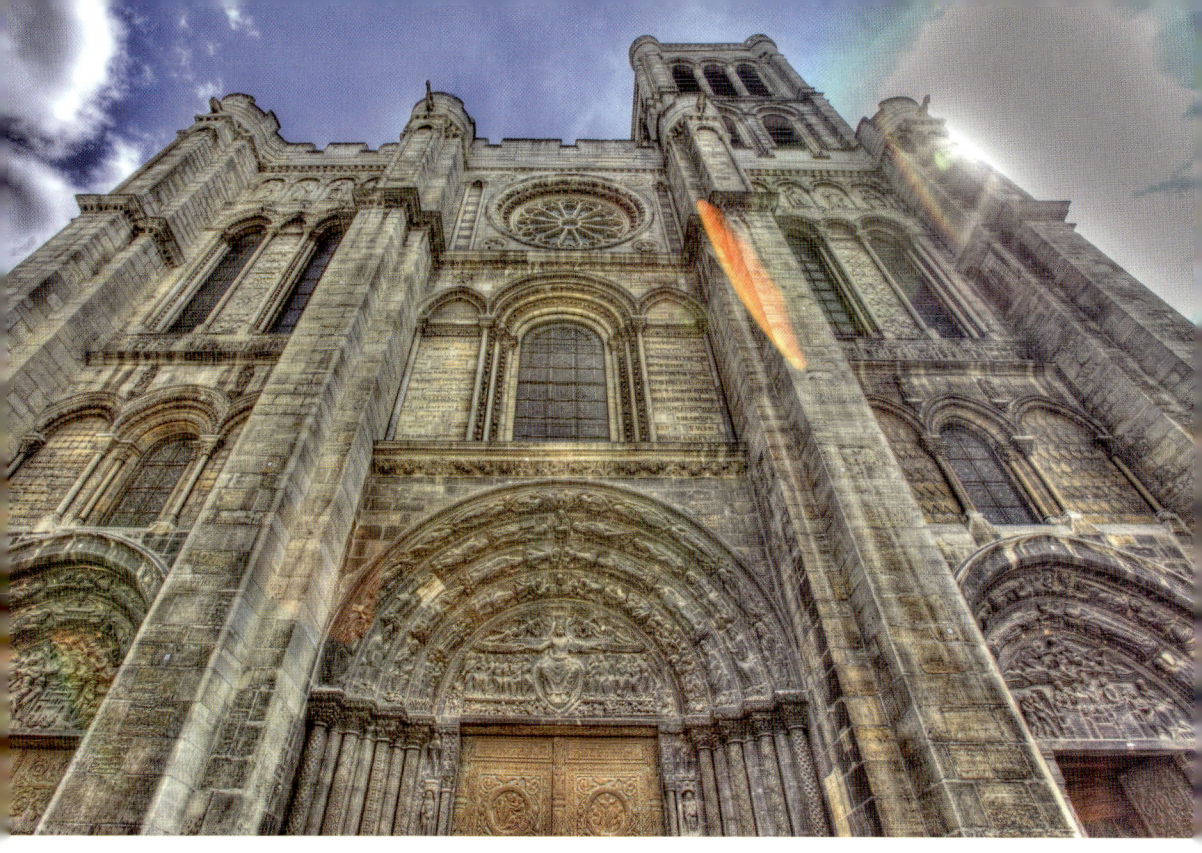

St.-Denis: Die erste Großkirche der Gotik

sondern auch die Insignien des Königs trägt: Papst Stephan II. krönt ihn zum König – in der Abteikirche von St.-Denis.

Es ist Abt Suger, Schulkamerad, Freund und Berater des Königs, der am 9. Juni 1137, wenige Wochen vor dem Tod seines königlichen Kameraden, den Grundstein für die Westfassade legt. Der Beginn eines für die damaligen Verhältnisse revolutionären, gigantischen Bauprojektes im Herzen der Île-de-France – *das* Symbol für das neu erstarkte Königtum.

Der Abt ist mehr als Zeremonienmeister und oberster Hirte der Abtei. Seine Gedanken und Wünsche prägen das Bauwerk. Ein Bauherr, der sich selbst einbringt. Dass die Westfassade aus wenigen Hundert Metern Entfernung wie ein riesiges, prächtig geschmücktes Tor wirkt, ist natürlich reine Absicht: Entsprechend den Worten der Liturgie ist es das »Tor zum Himmelreich«.

Und durch dieses Tor werden im Lauf der Jahrhunderte die sterblichen Überreste der Herrscher Frankreichs getragen, um in dem lichtdurchfluteten Monument »im ewigen Frieden« zu ruhen. Doch schließlich zieht ein Sturm auf im Reich der Kapetinger.

St.-Denis, Grablege der französischen Könige und Monument ihrer Macht, ist dem rebellierendem Mob Symbol für die verhasste Kaste des Königs – und des Adels, die das Volk seit Generationen bis zum letzten Tropfen ausgesaugt hat. Der in Jahrzehnten gestaute Hass der Massen kennt kein Pardon. Nicht gegenüber dem lebenden König Ludwig XVI., nicht gegenüber dessen Frau Marie Antoinette, nicht gegenüber dem Stand des

Adels und selbst die längst Verstorbenen in ihren Gräbern werden nicht verschont.

Die Abteikirche wird 1793 verwüstet, die Gebeine der rund 160 dort bestatteten Könige, Königinnen, Prinzen, Prinzessinnen, Fürsten und Herzöge werden gestohlen oder außerhalb der Kirche in einem Massengrab verscharrt.

Erst 1817, ein Vierteljahrhundert später, werden die geschändeten Gebeine unter dem Bourbonenkönig Ludwig XVIII. wieder in die Kirche gebracht. Doch natürlich ist es unmöglich, die Knochen einzelnen Individuen zuzuordnen. So entstehen in einem Seitenraum der Krypta wiederum zwei Massengräber. Bei den prächtigen Grabmälern und Mausoleen im Kirchenraum und in der Krypta handelt es sich zumeist um sogenannte Kenotaphe, leere Grabstätten. Mit fünf berühmten Ausnahmen. Darunter das Grab des zitierten Ludwig XVIII. und des glücklosen Königspaares Ludwigs XVI. und Marie Antoinette, die vom Friedhof de la Madeleine in Paris überführt werden konnten.

Wer an einem Sommermorgen im Chor von St.-Denis wandelt, der versteht auch ohne Reiseführer und Kunststudium den Geist der Gotik. Sonnenlicht, das wie bunte Kreide das Innere der Kathedrale in ein lebendiges Gemälde verwandelt. Farbiges Lichtspiel auf den Gesichtern und marmornen Gewändern der ungezählten Königs- und Fürstenstatuen. Eine verzauberte Welt, von Menschen geschaffen, doch schon ein Stück vom Himmel.

✣   ✣   ✣

Gralsort Frankreichs: St.-Denis ist die Grablege der französischen Könige

Das Goldene Zeitalter

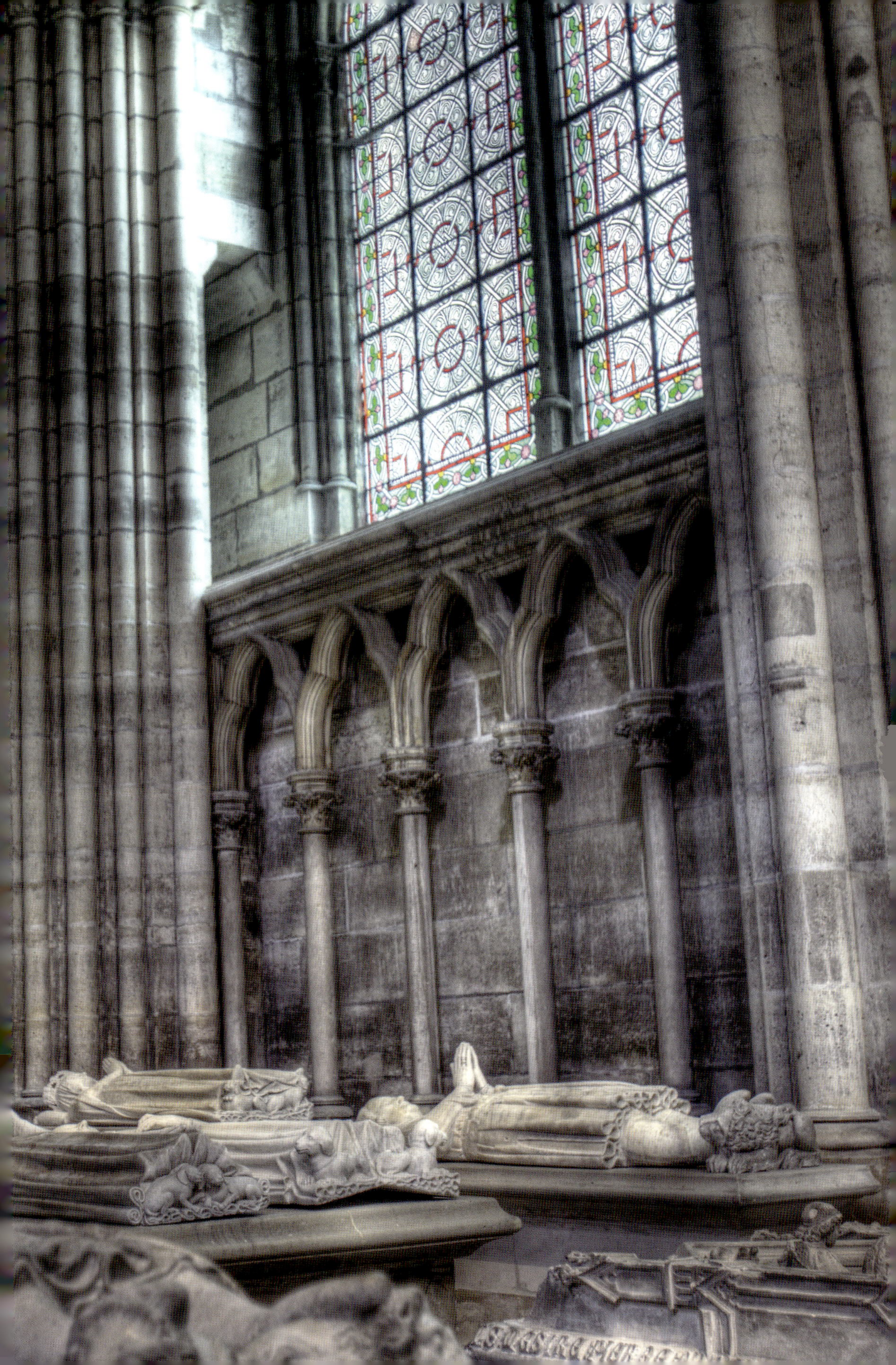

2.3

Abt Suger und die Magie des Lichts

Er ist der kluge Kopf hinter dem Thron zweier Herrscher Frankreichs, gepriesen als »Vater des Vaterlands«, einer der großen Pioniere und ganz sicher ein Gigant der Gotik: der Benediktinerabt Suger.

Geboren wurde Suger in Saint-Omer – im gleichen Jahr wie Ludwig VI., 1081. Er ist kein Fürstensohn, kommt aus eher bescheidenen Verhältnissen, doch er hat das Glück, im Alter von neun oder zehn Jahren als Novize in das Kloster Saint-Denis eintreten zu dürfen. Ein weiterer Segen des Schicksals ist die Freundschaft mit dem Königssohn Ludwig, sie studieren gemeinsam und freunden sich an.

Es ist überliefert, dass Abt Adam von St.-Denis schon recht früh die organisatorische und politische Begabung des jungen Mönches erkennt und ihn alsbald mit anspruchsvollen Aufgaben betraut. Suger wird zum Gesandten des Klosters, bereist die Adelshöfe Frankreichs, knüpft Kontakte. Heute würde man ihn als begabten »Networker« bezeichnen, eine Fähigkeit, die ihn für sein späteres Leben zu einer Schlüsselfigur der Geschichte machen sollte. In den Jahren 1118 und 1121 reist er als offizieller Gesandter des Königs nach Rom, ein Jahr später – im Alter von 41 Jahren – wird er zum Abt des Klosters St.-Denis gewählt.

Motor und Kopf der Gotik: Abt Suger ist Stifter und kreativer Kopf der ersten gotischen Kirche

Das Benediktinerkloster St.-Denis ist ein ganz besonderer Ort, ihm vertrauen die Könige Frankreichs die sterblichen Überreste ihrer Ahnen an, es nimmt innerhalb des französischen Königreiches eine ganz besondere Position ein.

In seinen ersten Jahren als Abt konzentriert sich Suger ganz auf sein Kloster, vor allem auf die wirtschaftliche Stärkung der Abtei. Ihm gelingt es, Besitztümer, die in Zeiten historischer Wirrnisse verloren gegangen waren, zurückzuholen – über das »Wie« kann man nur mutmaßen. Zum einen dürften ihm seine Kontakte zu den Fürstenhöfen hilfreich gewesen sein, unter dem Schutz eines mächtigen Schwertarmes lässt sich besser verhandeln. Doch für einen gelehrten und gewieften Klostervorsteher gibt es auch noch andere, nicht minder effektive Mittel.

Führt seine Abtei zu Reichtum und Macht: Abt Suger

✥ ✥ ✥

Fromme Fälscher

Die wahre Dimension dessen, was im Mittelalter gefälscht wird, ist in der Geschichtswissenschaft erst seit wenigen Jahrzehnten bekannt. Gefälscht wird buchstäblich alles, in Stein beispielsweise Gräber, Grabinschriften, Widmungen – es ist stets der Versuch, ein Gebäude, einen Ort mit einer berühmten historischen Person in Verbindung zu bringen, einen großen Namen für die eigenen Zwecke zu nutzen.

Der fromme Abt Suger scheut auch vor Fälschungen nicht zurück, wenn es seinen Plänen dient

Urkundenfälschung ist im Mittelalter ein probates Instrument, unklare Besitzansprüche richtigzustellen. Dahinter verbirgt sich nicht selten nackte Not. Feuer – im Mittelalter nicht gerade selten – machen es oft notwendig, verloren gegangene Urkunden zu ersetzen. Dabei nutzen Mönche ihre rare Fähigkeit, in einer Welt von Analphabeten Lesen und Schreiben zu können, nutzbringend aus. Im Übergang vom 11. zum 12. Jahrhundert – also exakt zur Lebenszeit Sugers – gibt es z.B. in Köln Fälscherwerkstätten, in denen Kunden – nicht selten Klöster – sich ihre Wunschurkunden regelrecht bestellen können. Dabei bedient man sich gern bedeutender Persönlichkeiten der Geschichte. Karl der Große würde sich im Grabe umdrehen, wenn er wüsste, wie viele Urkunden seinen Namen tragen, die er sicherlich niemals zu Gesicht bekommen, geschweige denn unterschrieben hat. Der große Kaiser, der zu seiner pompösen Unterschrift selten mehr als nur ein kleines Häkchen beitrug, wird gerade im 11. und 12. Jahrhundert gern als Autorität für Besitzungen und Privilegien benutzt. So verbirgt sich hinter dem Kürzel BM.2 Nr. 482 genau eine solche, vorgeblich vom Kaiser unterzeichnete Urkunde, die für die Benediktinerabteil St.-Denis von ganz herausragender Bedeutung ist.

1149, kurz vor seinem Tod, präsentiert der große Abt ein kaiserliches Privileg, das angeblich aus dem Jahre 813 stammt und verfügt, dass die fränkischen Könige fortan in St.-Denis bestattet werden müssten. Als Vorsteher der – wenn man so will – kaiserlich geadelten Abtei, erfährt Suger eine absolute Sonderstellung unter den Prälaten

Frankreichs. Darüber, dass es sich bei dieser Urkunde um eine Fälschung handelt, herrscht unter Historikern kein Zweifel.

Wie gesagt: Fälschungen sind im Mittelalter etwas fast Alltägliches, daraus eine moralische Verurteilung Sugers zu konstruieren, hieße, Geschichte aus dem Blickwinkel von heute zu bewerten. Das Karlsprivileg zeichnet nicht nur St.-Denis und seinen Abt aus, es wertet gewissermaßen auch den französischen König als direkten Nachfolger Karls auf. So oder so ist es das letzte Kettenglied einer sehr stabilen Beziehung zwischen dem Königshof und dem Kloster. Suger ist seinem König und Freund treu ergeben. Seine politischen und diplomatischen Anstrengungen zielen stets auf die Stärkung der Position seines Monarchen.

❖ ❖ ❖

Förderer Frankreichs

Er ist es, der beim Einfall des deutschen Kaisers 1124 in Frankreich die Oriflamme entfaltet, das Symbol des heiligen Dionysius. In der Vorstellung des Mittelalters wird somit ein Heiliger zum Verbündeten, wie weiland Jakobus – und kein Herrscher der Welt, nicht einmal der deutsche Kaiser kann gegen die Kräfte des Himmels obsiegen. Alles das weiß Suger, es mag der König gewesen sein, der an der Spitze seiner Ritterschaft gegen den Usurpator reitet, aber es ist Suger, der dieses diplomatische Wunderwerk vorbereitet.

Suger ist nicht nur ein geschickter Diplomat, sondern er hat auch unverkennbar Managerqualitäten – und das spüren seine Ordensbrüder sehr schnell. Unter Abt Adam hat sich der Schlendrian bei den Benediktinern von St.-Denis eingeschlichen. Nun kommt Suger und greift durch. Er verordnet mönchische Askese bei gleichzeitiger Erhöhung des Klosterertrages und füllt so die Klosterkassen. Es ist diese geschickte Finanzhaushaltung, die die wirtschaftliche Grundlage für eine – nennen wir es ruhig – Revolution der Architektur schafft. Suger ist es, der den Auftrag für das erste Bauwerk der Gotik gibt, Suger ist *der* Pionier der Gotik. Denn er ist nicht nur Auftraggeber, sondern eindeutig auch der Spiritus Rector dieses Bauwerkes, hinter vielen gestalterischen Elementen stehen seine Ideen. »Sein« Baumeister, dessen Name im Schatten des monumentalen Auftragsgebers in Vergessenheit geriet, wird zum ausführenden Arm des Abtes.

❖ ❖ ❖

Burgen Gottes – Romanische Kirchen

Um das Revolutionäre an diesem Bauwerk zu begreifen, muss man sich mit dem Baustil beschäftigen, der vor der Gotik das Mittelalter dominierte: die Romanik. Unternehmen wir einen Ausflug zu einer der vielleicht schönsten noch erhaltenen romanischen Kirchen Europas, zur Doppelkirche von Schwarzrheindorf in Bonn. Ein sonniger Frühlingstag, die Blätter der uralten Eichen, die das Bauwerk umgeben, strahlen fröhlich im hellsten Grün, verborgen hinter den mächtigen Stämmen ruht ein Monument, das vor mehr als einem Jahrtausend errichtet wurde. Und wer es zum ersten Mal sieht, denkt unwillkürlich, dass so die in Stein erstarrte Ewigkeit aussehen muss.

Alles an dieser Kirche wirkt schwer und massiv, sie ist weniger ein Haus als eine Burg Gottes. Tatsächlich baute man in der Romanik so groß wie möglich, wuchtig, gedrungen mit meterdicken Wänden, die die Last des Gewölbes tragen. Wenn wir in das – trotz strahlenden Sonnenscheins – dämmrige Innere treten, dann fühlen wir uns inmitten all dieser Massivität und Schwere unwillkürlich klein. Dieses Bauwerk macht den Menschen still, fast furchtsam. Die kleinen Fenster, verkniffene Öffnungen in den bunkerdicken Mauern, schließen die Sonne aus.

Haben sich die Augen erst einmal an das Halbdunkel gewöhnt, kommt die Überraschung: Das Innere dieser romanischen Kirche ist bunt wie ein Comic, ausgemalt bis zum letzten Quadratmeter. Es sind Motive, ganze Geschichten aus der Bibel, eine Bildergeschichte Gottes, mitunter befremdlich drastisch, grell aggressiv, auf eine berührende Art direkt. Wer jetzt die Gabe hat, sich zumindest ein Stück weit in die Erlebniswelt eines Menschen des frühen Mittelalters zu versetzen, der an einem Wintersonntag inmitten dieser Halle weilt, im Flackerlicht hunderter Kerzen, deren Lichter Leben in die Gesichter der archaischen Bibelgestalten zaubern, lateinische Litaneien im Chor, betäubende Weihrauchnebel unter der wuchtigen Kuppel, der wird zuallererst ein Gefühl wachsen spüren: Angst. Angst angesichts einer zürnenden Göttlichkeit, einer überwältigenden Himmelsmacht, der erdrückenden Schwere, Massivität und Macht der Kirche. Man muss kein Historiker sein um zu spüren: dieser Effekt ist durchaus erwünscht.

❖   ❖   ❖

Palast des Lichts

Ohne nun dem folgenden Kapitel gotischer Architektur und Statik vorgreifen zu wollen: Die Abteikirche St.-Denis, diese steingewordene Vision Sugers, basiert auf einer völlig anderen Philosophie und Strategie der Kräfte. Es sind nicht die mächtigen Mauern, die das Gewölbe tragen, sondern ein raffiniertes System von Kreuzrippen genannten Gewölbeverstrebungen, die auf Pfeilern ruhen, die wiederum von seitlichen Konstruktionen, genannt Strebewerk, getragen werden. Wer im Spanienurlaub jemals eine der beeindruckenden Menschenpyramiden, der Castells, gesehen hat, in Katalonien ein Volkssport, der weiß, was gemeint ist. Auf der untersten Ebene stützen sich Männer und Frauen gegen die Rücken der menschlichen Träger. Sie geben ihnen zusätzliche Stabilität. Ebenso offensichtlich wie die Kraftlinien, die Gewichtsverteilung bei einem Turm aus Menschen, ist sie bei einem gotischen Bauwerk. Doch wo Pfeiler und Stützen

Regent Frankreichs: Während der Kreuzzüge führt Suger die Staatsgeschäfte

die Gewölbe tragen, haben die Mauern ihre tragende Funktion weitgehend verloren. Anders formuliert: die Statik von Sugers Klosterkirche benötigt keine dicken, massiven Mauern, um die Dachkonstruktion zu tragen – und wer keine Mauern benötigt, hat Platz für riesige Fenster – Fenster, hoch wie Wohnhausfassaden, während die Mauerlöcher der romanischen Kirchen nur Zwielicht zulassen. Anschaulich formuliert es der Historiker und Theologe Arnold Angenendt: die Kathedralen der Gotik als ein Vorgriff des Himmlischen Jerusalem auf Erden, beschrieben in der geheimen Offenbarung des Johannes: »Die Stadt, die aus dem Himmel kommt, die Stadt aus Glas mit goldenen Straßen mit zwölf Toren, in der Mitte der Altar, die Himmelsstadt. Und für den mittelalterlichen Menschen ist dies das Ziel des Lebens: das andere Leben, das Leben danach. Und das kann man auf Erden bereits darstellen, indem man das Himmlische Jerusalem kopiert, imitiert, im Vorhinein darstellt.«

Auch wenn es dem Laien so erscheinen mag, die Gotik ist nicht vom Himmel gefallen, einzelne Elemente finden sich schon in romanischen Bauten. Doch in Sugers St.-Denis werden diese Elemente zum ersten Mal in einem Baukörper zusammengefasst. Vor allem die konsequente Konstruktion des Kreuzrippengewölbes und des Spitzbogensystems. »Die Stadt aus Glas« – so muss den Menschen Sugers Bau erschienen sein. Als der Rohbau steht, eine Konstruktion aus Pfeilern, Streben, filigranen Verbindungen und steinernen Verzweigungen, ist das nicht weniger als eine Sensation: ein Bauwerk, das fast ganz ohne Mauern trägt.

❖   ❖   ❖

Ich bin das Licht

Was Suger schuf, war so spektakulär, dass die Geschichtswissenschaft lange glaubte, der arme Abt habe lediglich umgesetzt, was andere längst vorgedacht hatten: Die Harmonielehre des Bischofs und Philosophen Augustinus von Hippo beispielsweise, der im 4. und 5. Jahrhundert lebte und zu den einflussreichsten Theologen des frühen Christentums zählte, oder des unbekannten christlichen Autors, der im frühen 6. Jahrhundert den Namen »Dionysius Areopagita« als Pseudonym benutzte und von Theologen deshalb »Pseudo-Dionysius« genannt wird. Doch ob Suger diese Schriften tatsächlich gelesen hatte, weiß man nicht genau. Aber er brauchte sie auch gar nicht zu kennen, um eine Sinnverbindung zwischen dem Licht und dem Göttlichen herzustellen.

»Ich bin das Licht der Welt.
Wer mir nachfolgt,

der wird nicht wandeln in
der Finsternis,

sondern wird das Licht
des Lebens haben«

– so steht es im Evangelium des Johannes (Johannes, 8,12) eine Bibelstelle, die Suger ganz sicher kannte. Lassen wir ihn selbst zu Wort kommen. Die von Suger 1140 verfasste Inschrift auf den vergoldeten Bronzetürflügeln im Westportal von St.-Denis lautet: »Edel erstrahlt das Werk, doch das Werk, das edel erstrahlt, soll die Herzen erhellen, dass sie durch das wahre Licht zum wahren Licht gelangen, wo Christus die wahre Tür ist.«

Er selbst äußert sich über seinen Anteil an der »Schöpfung« der neuen Klosterkirche in seinem Werk *Libellus de consecratione ecclesiae Sancti Dionysii*.

Philosoph des göttlichen Lichtes: Abt Suger. Rechts: Der Chor von St.-Denis: Das Wunder der Gotik an einem sonnigen Nachmittag

Es ist das Licht, das farbige Licht, das Suger in seinen Bann zieht – und es ist dieses Licht, das zu einem der eindrucksvollsten Merkmale der Gotik wird. Der Kirchenhistoriker Arnold Angenendt findet leidenschaftliche Worte für die Faszination, die die mittelalterlichen Menschen dabei empfunden haben müssen: »Buntglas ist eigentlich dreckiges Glas, im Englischen, stained glass, beflecktes Glas. Halte ich aber beflecktes Glas gegen das Licht, dann wird es zum großen Wunder. Und dieses Wunder wird sich ereignen, wenn Gottes herrliche Kraft und Herrlichkeit am Ende der Tage die ganze Welt durchleuchtet. Selbst mein verwesender Leib wird leuchten in Herrlichkeit, in Gold und Glanz. Dafür bauen wir jetzt ein erstes Zeichen. Das ist die Idee der Gotik.«

Es gilt als erwiesen, dass Suger die Fenster selbst gestaltet hat, in einem wurde er sogar verewigt: In der Hand hält er ein reich geschmücktes Fenster.

❖ ❖ ❖

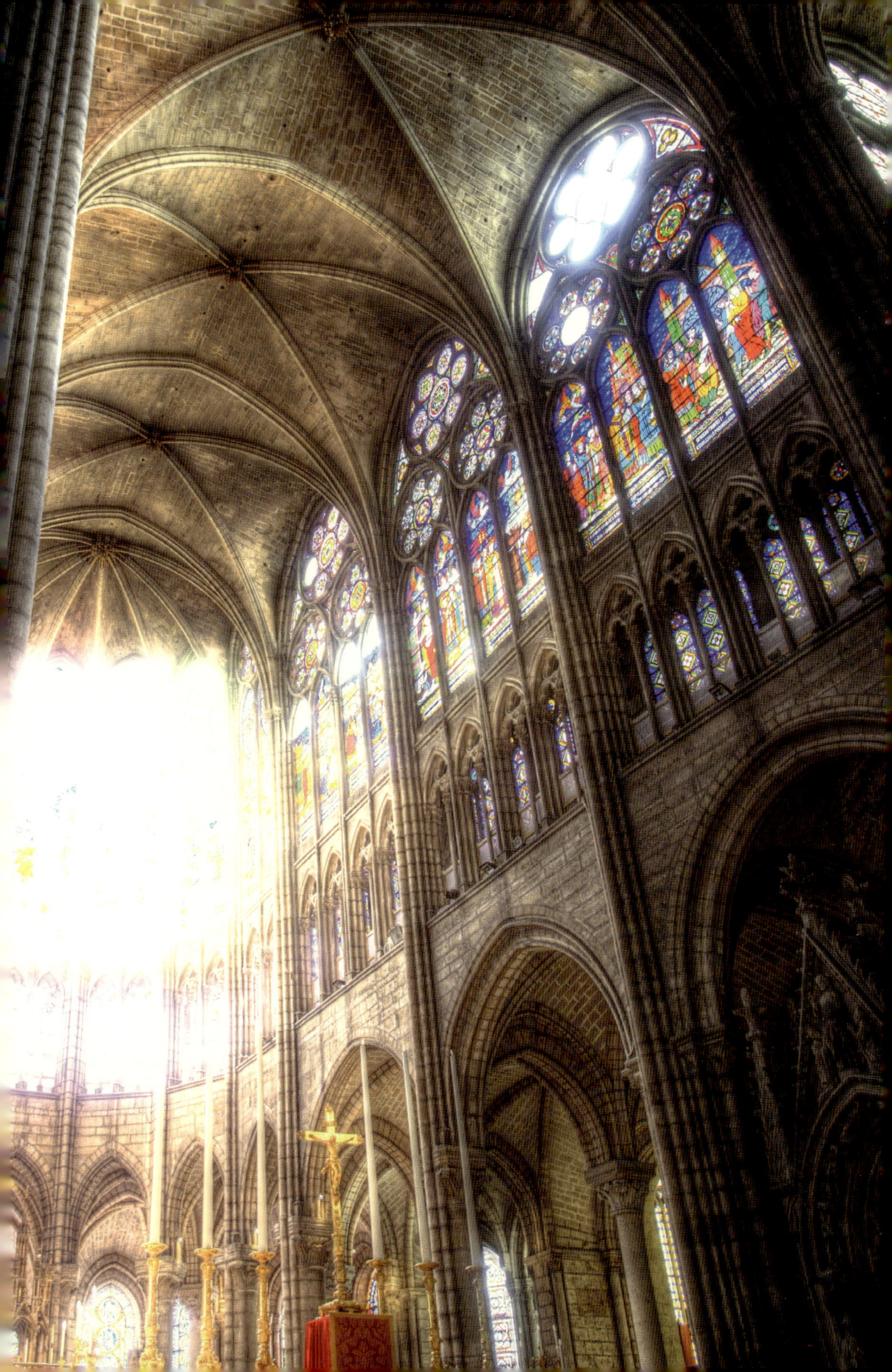

Das Wunder farbigen Lichts

Es waren Ägypter, die vor mehr als 3.000 Jahren ein technisches Verfahren zur Herstellung von Glas erfunden haben: Glas, das wie Metall gegossen und dann auf einem Sandkern zu Gefäßen geformt werden konnte.

Mit der Erfindung der Glaspfeife, vermutlich während des 2. Jahrhunderts v. Chr. in Syrien, eröffneten sich ganz neue Möglichkeiten. Nun konnte Glasmasse aufgenommen und wie eine Seifenblase aufgeblasen werden. Durch immer wiederkehrendes Erhitzen konnten Gefäße wie Schüsseln und sogar Flaschen hergestellt werden. Doch erst im 1. Jahrhundert waren Glasmacher technisch in der Lage, buntes Glas zu fertigen. Ein ebenso aufwendiges wie teures Verfahren. Buntes Fensterglas ist bis in die Neuzeit der Inbegriff von Luxus. Der Chor von St.-Denis mit seinen grellbunten Fensterflächen muss die Menschen in atemloses Staunen versetzt haben, eine solch verschwenderische Fülle eines so überaus kostbaren Materials war in ihrer Welt einmalig. Dabei ist »bunt nicht gleich bunt«, wie ein kurzer Ausflug in die Kathedrale von Chartres beweist.

❖ ❖ ❖

St.-Denis: Die selbsttragende Konstruktion lässt Raum für riesige Fenster

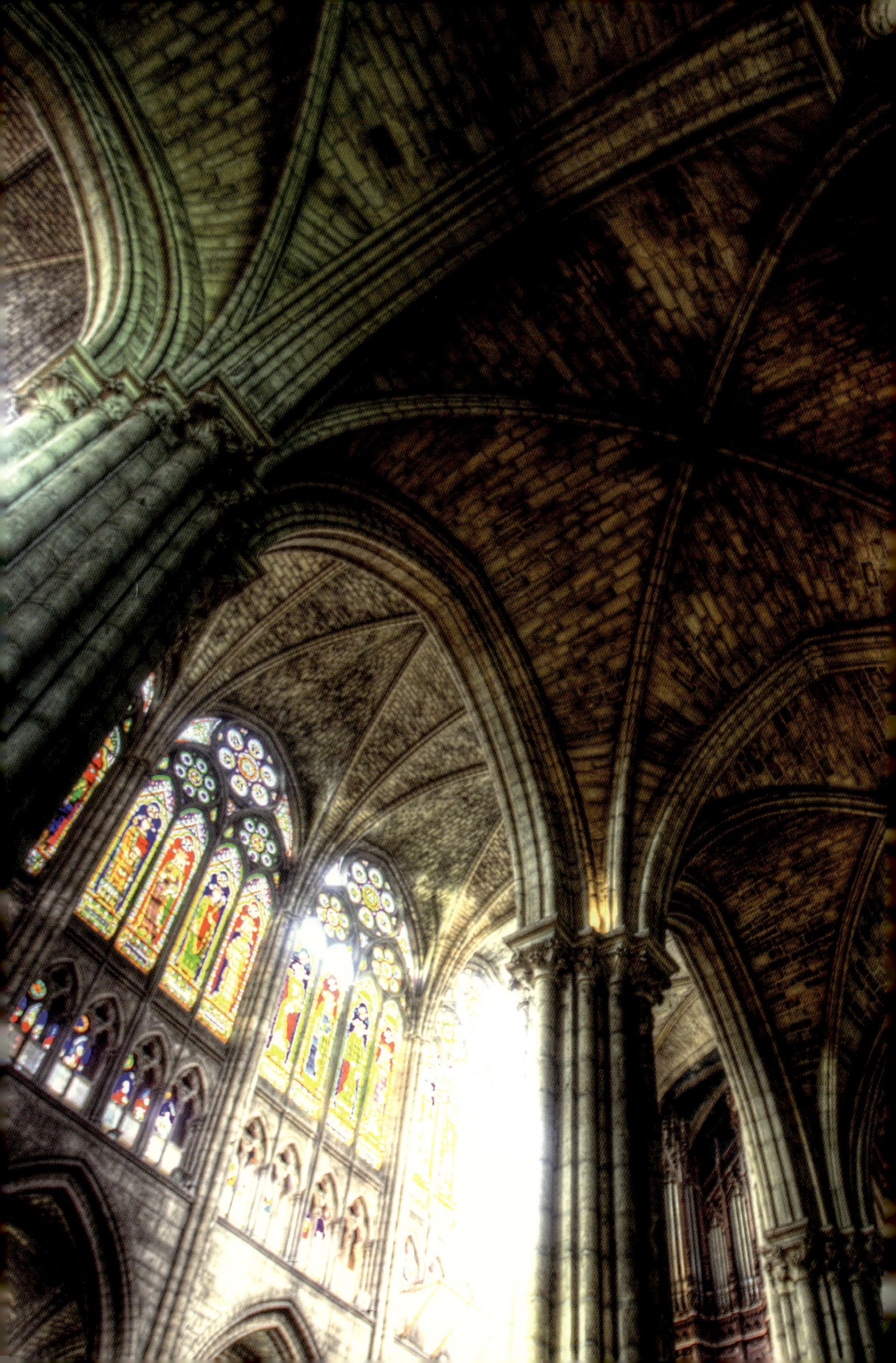

Das seltenste Blau der Welt ist »Chartresblau«

Das seltenste Blau

Die Kathedrale auf dem Hügel kann etwas aufweisen, das selbst in der Welt der Gotik einmalig ist: eine eigene Farbe: Chartresblau.

Kunsthistoriker spötteln, Chartres sei weniger ein Kirchenbauwerk als vielmehr das Gerüst für die vielen Fenster. 176 sind es. Die Summe der Fensterflächen ergibt 6.700 Quadratmeter, das ist nahezu die Größe eines gesamten Fußballfeldes. Von allen gotischen Kathedralen sind in Chartres die meisten Original-Fenster.

Im südlichen Chorumlauf findet sich das Fragment eines Fensters in dieser wohl seltensten aller Farben. Inmitten dunkler Blautöne lässt diese Farbe die Madonna in einem magischen hellen Glanz erstrahlen – das ist Chartresblau.

Wie einen Schatz hüteten die mittelalterlichen Glasmacher die Rezeptur für diese Farbe. Jahrhundertelang galt sie als verschollen: Heute weiß man, welche Substanz die Madonna von Chartres in diesem einzigartigen Ultramarin leuchten lässt, es ist Kobalt. Kobalterze wurden schon im Mittelalter zum Färben von Keramik und Glas verwendet – eine sehr kostbare und seltene Zutat.

Wer heute Glasbläser bei der Arbeit beobachtet, sieht sich um Jahrhunderte in die Vergangenheit versetzt. Doch so archaisch die Arbeit heute auch aussehen mag, ihren mittelalterlichen Kollegen haben die Glasmacher ein ganz entscheidendes Wissen voraus. Heutzutage kann man auch große Glasscheiben so behutsam abkühlen lassen, dass sie nicht reißen. Die Glasmacher zu Lebzeiten Sugers konnten das noch nicht. Wie aber war es ihnen dann möglich, so gigantische Glasflächen zu schaffen? Ihre Technik offenbart sich schon bei näherer Betrachtung. Was aus der Distanz wie eine homogene Fläche aussieht, ist tatsächlich ein riesiges Puzzle winziger farbiger Glasscherben, die durch Bleiruten miteinander verbunden sind. Wie die Pixel eines digitalen Fotos ergeben sie in der Komposition Gemälde aus farbigem Glas. Lebende Gemälde, die bei wechselndem Sonnenstand und bei unterschiedlichem Wetter immer andere Schattierungen und Farbnuancen aufweisen. Die Sonne wird dabei zu einem riesigen beweglichen Projektor, zu einem optischen Instrument, das das Kircheninnere in eine Komposition von Farben, Schatten und wandernden Formen verwandelt.

✥ ✥ ✥

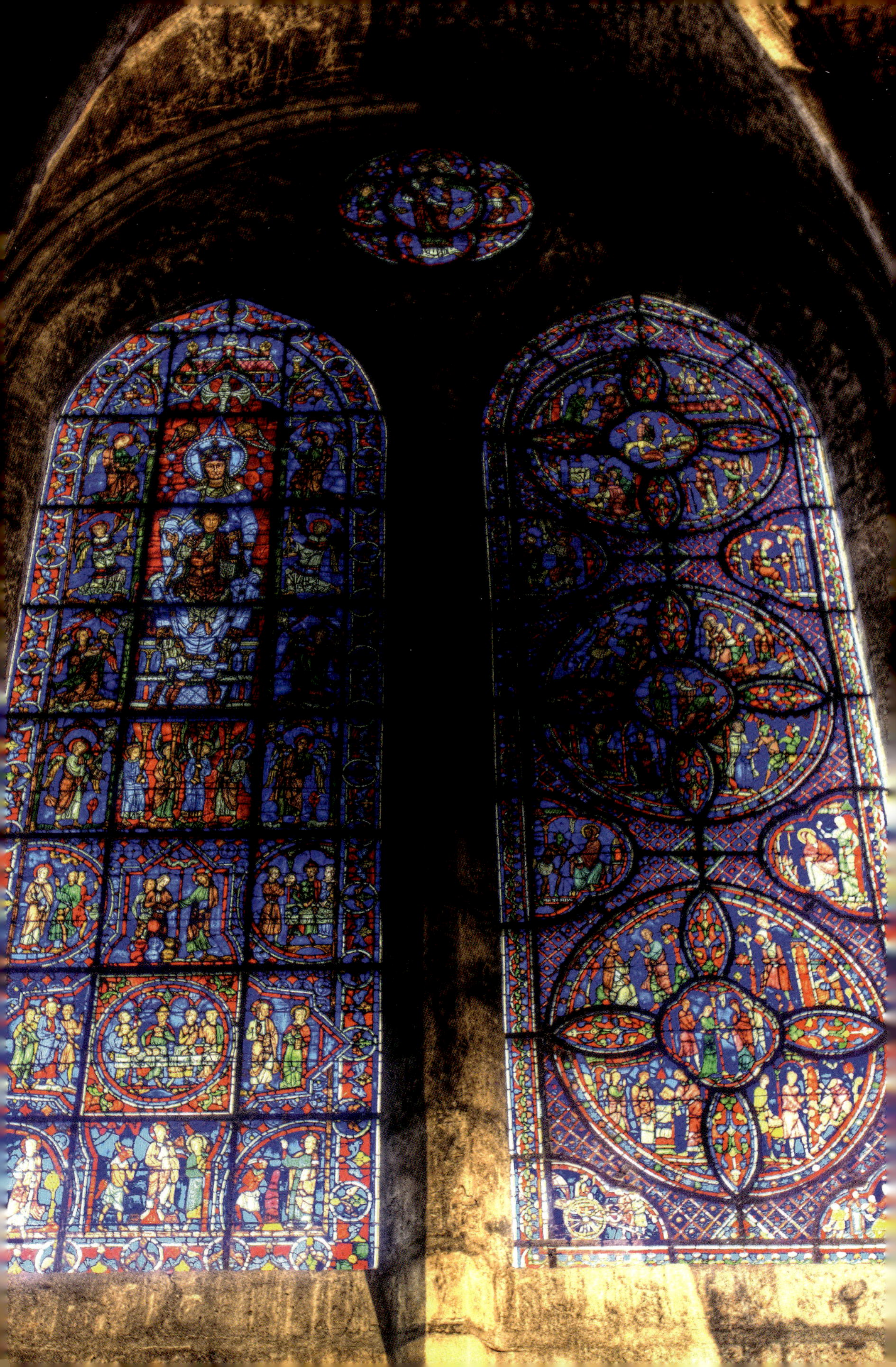

Die meisten Grabmale sind leer – In den Wirren der Französischen Revolution wurden die Königsgräber geplündert

Am 11. Juni 1144 wurde der Chor von St.-Denis geweiht. Abt Suger, der stolze Bauherr, ist umgeben von den Größen Frankreichs. Da steht er nun, im Glanze göttlichen Lichts, inmitten dieser Symphonie von Farben und Formen, der Materialisation seiner Visionen.

»Als mich einmal aus Liebe zum Schmuck des Gotteshauses die vielfarbige Schönheit der Steine von der äußeren Sorge ablenkte, da glaubte ich mich zu sehen, wie ich in irgendeine Region außerhalb des Erdkreises zu jener höheren in hinaufführender Weise hinübergetragen werden könne.« – Worte Sugers.

1144 ist auch in anderer Hinsicht ein bemerkenswertes Jahr für den Benediktinerabt: Es ist das Jahr, in dem er an den Königshof gerufen wird, als Berater Ludwigs VII., Sohn und Nachfolger seines königlichen Freundes.

✤ ✤ ✤

Jerusalem fällt

Dunkle Wolken ziehen auf am Himmel der Christenheit. Im Heiligen Land steht die Sache schlecht. Die vier Kreuzfahrerstaaten, das Fürstentum Antiochia, die Grafschaften Tripolis und Edessa und das Königreich Jerusalem sind christliche Inseln im Meer der muslimischen Mächte. Immer unhaltbarer wird die militärische Situation der Kriegermönche. Schließlich fällt die Grafschaft Edessa.

Papst Eugen III. fordert am 1. Dezember 1145 die christlichen Fürsten zum Zweiten Kreuzzug auf, seine »Kreuzfahrtbulle« *Quantum praedecessores* richtet sich zuallererst an den französischen König sowie das Volk Frankreichs und Norditaliens. Doch der päpstliche Appell verhallt ungehört. Erst als sich der große Kleriker und Gründer des Zisterzienserordens, Abt Bernhard von Clairvaux, als Propagandist des Kreuzzuges einbringt, stößt die päpstliche Forderung nach Entsatz der bedrängten Kreuzfahrerheere auf Gehör. Am 31. März 1146 erklärt Ludwig VII. von Frankreich in Vézelay feierlich seine Teilnahme.

Abt Suger ist zu sehr Staatsmann, als dass er die Idee eines zweiten Kreuzzuges gutheißen könnte, zu groß ist der Aderlass Europas für eine absehbar aussichtslose Sache. Am Ende behält er recht, doch im Klima der Kreuzzugshysterie geht seine Stimme unter. Für Frankreich jedoch sollte sich die Abwesenheit des Königs, unterwegs ins Heilige Land, und die Regentschaft durch Abt Suger als Segen erweisen.

Wie Jahrzehnte zuvor in seinem Kloster nimmt Suger nunmehr als Regent, als erster Mann im Staate, die Sanierung des Königreiches vor. Ihm gelingt es, die Kassen zu füllen, das Justizwesen zu verbessern, Ackerbau, Handel und Gewerbe zu fördern. Gezielt stärkt er auch die Städte und schafft damit die Basis für eine selbstbewusste Bürgerschaft. Er macht seine Arbeit so gut, dass er auch nach der Rückkehr des Königs maßgeblich die Geschäfte in seinem Land führt. Suger stirbt am 13. Januar 1151 in seinem Kloster. Bereits zu seinen Lebzeiten nennt man ihn »Vater des Vaterlandes«. Unbestritten steht er an der Spitze der Persönlichkeiten, denen die Gotik ihren Siegeszug verdankt. Nicht nur als Bauherr und Ideengeber, sondern auch und vor allem als jener Politiker, der die wirtschaftliche Grundlage für den Bau der Giganten der Gotik schuf.

Es ist eines der tragischen Missverständnisse der Geschichte, dass die Männer und Frauen, die 1793 in den Wirren der Französischen Revolution St.-Denis stürmen und verwüsten, Mausoleen aufbrechen und Grabstätten plündern, sich ausgerechnet auch an dem Grab eines Mannes vergehen, der sich als königlicher Berater und Regent wie kein anderer zuvor für das Wohlergehen der einfachen Menschen eingesetzt hat: Abt Suger. Heute weiß man zwar, wo er bestattet war, seine Grabstätte jedoch wurde vom rasenden Pöbel förmlich ausradiert.

✠ ✠ ✠

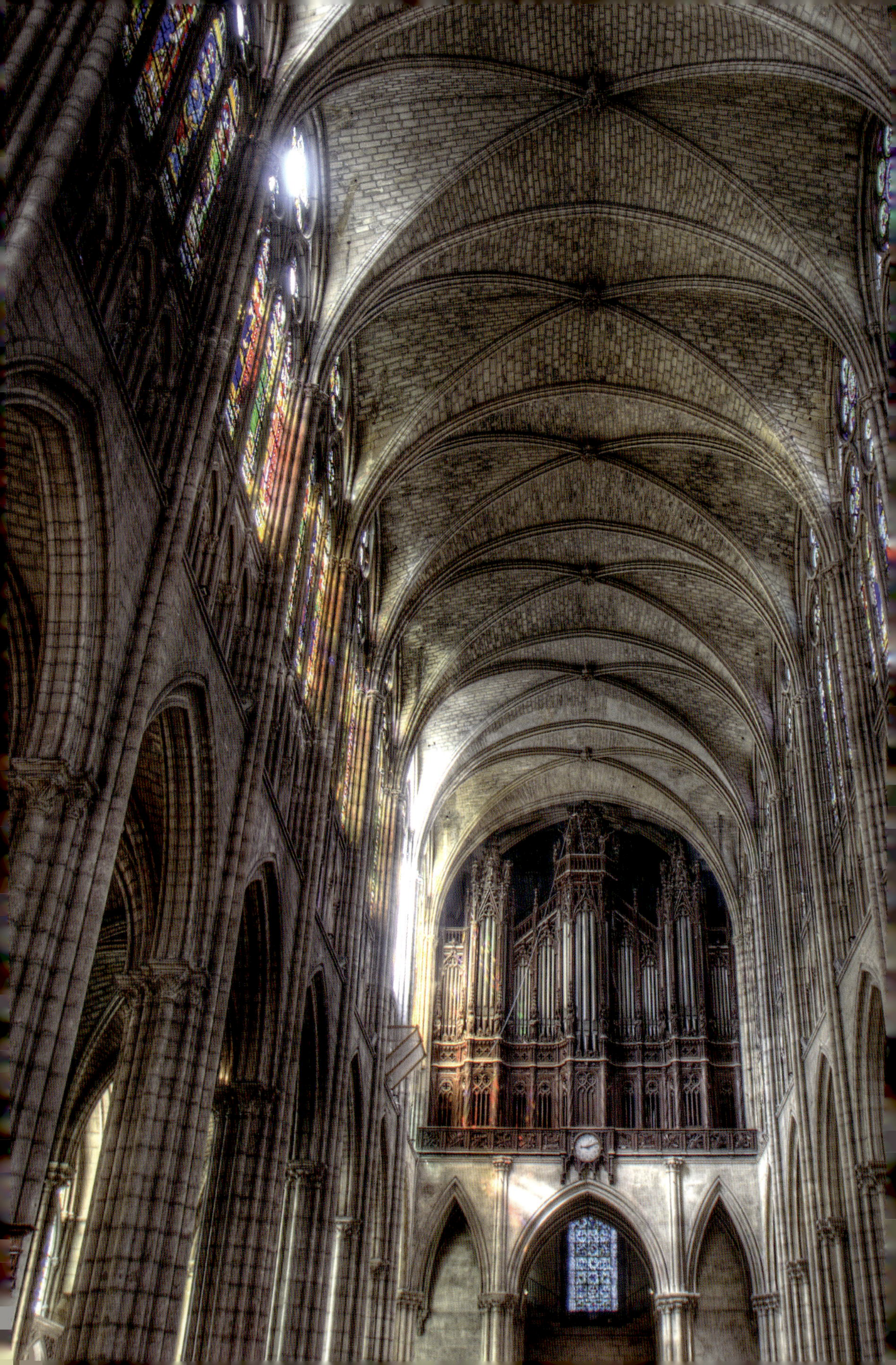

Säulen aus Licht

Die Geburt der Gotik

✠ 99 ✠

Geburtsstätte der Gotik: Die Abteikirche von St.-Denis

3.1

Architektur und Statik

Aus Sicht der Architekten und Baumeister des 12. Jahrhunderts, der Geburtsepoche der Gotik, ist sicherlich das Revolutionärste an diesem neuen Baustil, dass es nicht die Wände waren, die die Konstruktionen stützen. Überspitzt könnte man sogar sagen, dass die gotischen Kathedralen so konstruiert sind, dass sie keine Wände mehr brauchen. So wurde die Kathedrale von Chartres von Kunsthistorikern des 19. Jahrhunderts etwas flapsig als »Gerüst für die vielen Fenster« bezeichnet, 176 sind es – mit einer Gesamtfläche von knapp 6.700 Quadratmeter. Schwer vorstellbar: die Fläche eines Fußballfeldes aus buntem, handgefertigtem Glas – Wände aus Glas, so wie im Himmlischen Jerusalem, jener Stadt, die am Ende der Zeiten vom Himmel sinken würde. Wände aus Glas, die nicht stützen, keine rein statische Funktion haben, die den Strahlen der Sonne freien Zugang zur heiligen Halle der Kathedrale gewähren. So etwas hat es seit der Antike nicht gegeben.

Wie ist es aber möglich – so fragt man sich angesichts dieser gotischen Gebirge aus Stein –, dass man auf meterdicke Wände verzichten kann? Bevor wir uns das ansehen, was man heute einfach Statik nennt, dürfen wir einen Aspekt der mittelalterlichen Baukunst nicht vergessen. Baustatik gibt es noch gar nicht. Es gibt keine statischen Berechnungsgrundla-

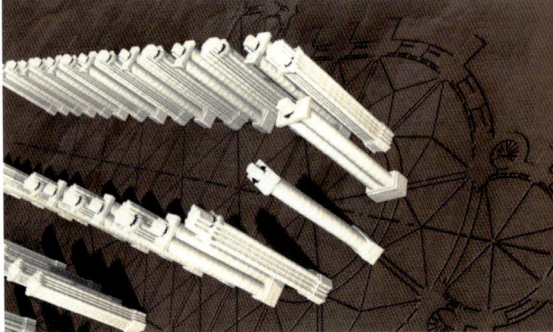

Ein System von Pfeilern und Streben verteilt die Last der Gewölbe

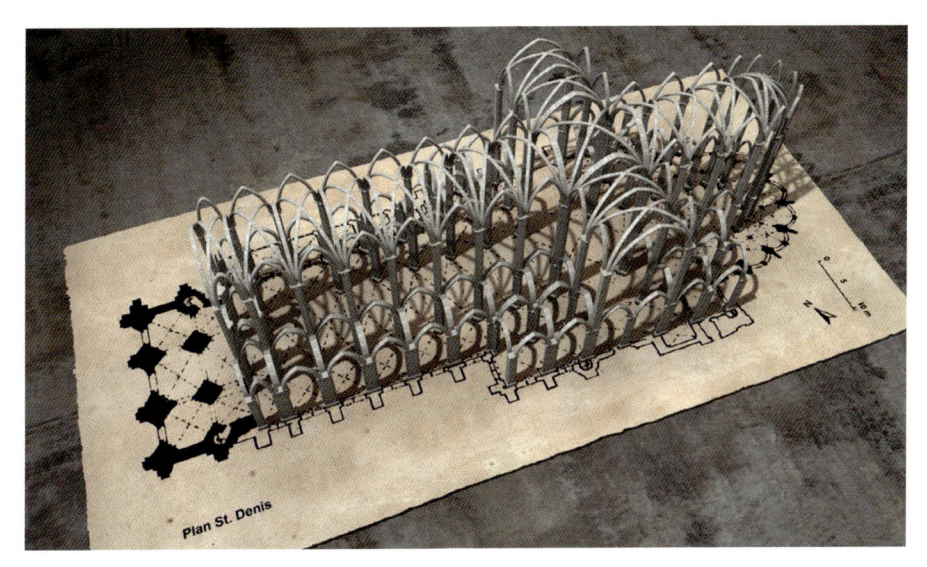

Die Konstruktion der gotischen Kathedralen braucht keine tragenden Wände

gen, keine Mathematik der Kraftschübe und Lasten eines Gebäudes. Die Planung des gesamten Gebäudes findet mehr oder minder im Kopf des Konstrukteurs, des Baumeisters statt. Vielleicht gibt es eine einfache »Urmaß« genannte Zeichnung, einen maßstabgerechten Aufriss des Bauwerkes. Einen Masterplan des Architekten, in Lehm geritzt, gebrannt, in der Bauhütte allen Handwerkern zugänglich. Er zeigt dem Betrachter Ort, Lage und Zahl, die Größe und vor allem die Proportion aller Teile.

Auf den Stützpfeilern einer Kathedrale ruht das ganze Gewicht, der ganze Schub des mächtigen Gewölbes. Natürlich könnte der Baumeister die Säulen, die seine Dachkonstruktion tragen, so gewaltig auslegen, dass sie allein das Gewicht zu tragen vermögen. Antike Tempel baute man so, doch die waren selten über 40 Meter hoch. Sie waren auch – im Verhältnis zur Höhe des Baus – alles andere als grazil. Damit seine Pfeiler nicht seitlich wegbrechen, greift der Architekt zu einem ähnlichen Dreh wie die Artisten katalanischer Menschenpyramiden, wo kräftige Männer sich seitlich gegen die untersten Träger stemmen: Er konstruiert seitliche Stützen. Denn durch die im Ver-

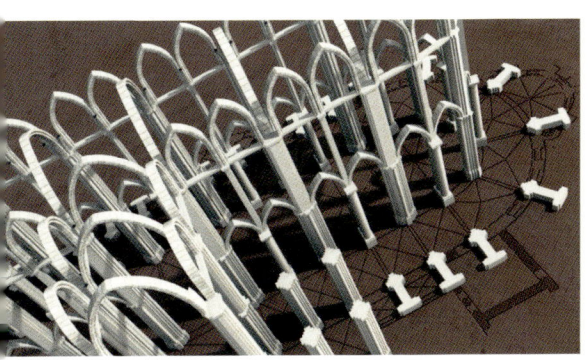

Die »steinernen Kraftlinien« der Gotik: das Strebewerk

gleich zu den romanischen Bauten filigrane, massearme Bauweise der Gotik lasten auf den Säulen enorme Querkräfte. Diese Schubkraft muss aufgefangen werden. Das geschieht mithilfe der Strebepfeiler, die seitlich vom Baukörper auf eigenen Fundamenten ruhen. Sie leiten die Schubkräfte ab. Sie sind kein Zierwerk, sondern elementare Stütze des Baus. Ihnen gilt die ungeteilte Aufmerksamkeit der Baumeister.

Zunächst einmal ist jeder Konstrukteur bemüht, dieses Strebewerk so schlank und elegant wie möglich auszulegen, nicht selten zu schlank und elegant. Treten hier schon in der Bauphase, gern nach Unwettern mit schweren Sturmböen, Risse auf, muss das Strebewerk verstärkt werden. Es sind diese Mäuerchen, Seitenstreben, steinernen Brücken, diese filigrane Architektur, die so typisch für die Kathedralen der Gotik ist. Praktisch jedes Element des Baukörpers ist tragend. Ein Fehler, eine Fehleinschätzung der Schubkräfte kann fatale, geradezu katastrophale Folgen haben.

Durch dieses seitliche Stützwerk ist es möglich, den sogenannten Gewölbeschub, den Druck des Gewölbes, nicht mehr nur allein von den massiven Säulen und Wänden aufzufangen, sondern ihn über das Pfeilersystem gewissermaßen nach außen abzuleiten. Eine solche Konstruktion ist – unter Verzicht auf meterdicke Mauern – natürlich auch leichter als die romanischen Kirchenbauten. Diese – mit Einschränkung – »selbst tragende« Konstruktion erlaubte eine fast beliebige Vergrößerung der Fenster, ohne dass deswegen die Standfestigkeit des Gebäudes auch nur den geringsten Schaden genommen hätte.

Vereinfacht kann man es auf den Nenner bringen, dass das Prinzip des gotischen Kreuzgewölbes darin besteht, seitlichen Druck in senkrechten Druck umzuwandeln. Der Druck, den die seitlichen Streben, den das erwähnte Strebewerk auf die Pfeiler ausübt, wird durch die Last des Gewölbes ausgeglichen. Louis Charpentier formuliert in seinem Buch über die Kathedrale in Chartres fast poetisch: »Das gotische Bauwerk erfordert, um überhaupt bestehen zu können, dass Schub und Gewicht genau aufeinander abgestimmt sind. Das Gewicht des Gewölbes, das den Seitendruck erzeugt, wird durch die Form des Gewölbes aufgehoben. Die steinerne Sprungfeder befindet sich also in fortwährender Spannung, die durch die Kunst des Baumeisters gestimmt werden kann, nicht anders als man eine Harfensaite stimmt.«

Die Kathedrale als ein gigantisches Musikinstrument, ein Vergleich, der nicht nur von Charpentier bemüht wird. Und noch ein Vergleich bietet sich an: der des gotischen Gewölbes mit der klassischen Konstruktion eines Holzschiffes. Das Kreuzrippengewölbe erinnert nicht rein zufällig an die Spantenkonstruktion eines Schiffes,

Steinerne Streben leiten die Schubkräfte des Gewölbes ab

die Baumeister der Gotik werden die Prinzipien des Schiffsbaus sicherlich vor Augen gehabt haben – nur dass die steinernen Streben diagonal und nicht wie bei einem Schiffsskelett parallel verlaufen. Tatsächlich ist es in der Wissenschaft bis zum heutigen Tag umstritten, wie das Kreuzrippengewölbe tatsächlich funktioniert. Als im Zweiten Weltkrieg viele der gotischen Kathedralen in Deutschland beschädigt wurden, stellten die Baumeister mit einiger Überraschung fest, dass es Kreuzrippengewölbe gab, bei denen die Rippen durch den Explosionsdruck abgefallen waren, die aber trotzdem stabil blieben: wie beispielsweise ein sogenanntes Kreuzgratgewölbe, das man als eine Art von Vorläuferkonstruktion aus romanischen Kirchen in Burgund kennt. Umgekehrt gab es jedoch auch Fälle, in denen sich durch den Explosionsdruck die Flächen zwischen den Rippen, die Gewölbewangen, gelöst hatten und heruntergefallen waren – der Druck also nur auf den Kreuzrippen lastete. Man gewinnt den Eindruck, dass zwei ganz unterschiedliche Konstruktionen kombiniert wurden, die jede für sich stark genug ist, dem Gewicht des Daches standzuhalten. Es stellt sich jedoch die Frage: Wie lange? Denn dieser durch Zerstörung herbeigeführte Status quo hielt lediglich bis zur vollständigen Instandsetzung der Kirche. Wie gesagt, hundertprozentig weiß man es nicht, aber die Wissenschaft vermutet, dass die Kreuzrippen für die Stabilität des Kreuzgewölbes nicht unbedingt zwingend notwendig sind.

Würde man die Kathedralen der Hochgotik ihres Bauschmuckes, der Fenster, ihrer nicht tragenden Wände und Tore entkleiden – was bliebe übrig? Ein Strukturwerk, der zu Stein erstarrte Fluss der Kräfte. Die Last der Dachkonstruktion lastet auf den steinernen Rippen, die sie im Kirchenschiff an die Pfeiler und außerhalb der Ummauerung an das Strebewerk weitergeben. Oder wie es der Kirchenhistoriker Arnold Angenendt eindrücklich formuliert:

»Die Romanik baut dicke Mauern, so dick, dass auch ein Tonnengewölbe getragen werden kann. Die Gotik baut ein Strukturwerk. Ich erkunde den Verlauf der Kraftlinien. Diese fange ich durch ein architektonisches System von Strebebögen und Rippen auf. Auf die Wände kann ich verzichten. Damit fange ich eine neue Idee auf: die Hoffnung auf das Himmlische Jerusalem, die Stadt, die aus dem Himmel kommt, die Stadt aus Glas mit goldenen Straßen, mit zwölf Toren, die Himmelsstadt, für den mittelalterlichen Menschen das Ziel des Lebens, das andere Leben, das Leben danach.«

✥ ✥ ✥

Höchste Höhe und tiefster Fall: Bauunfälle

Der globale Wettbewerb um die Ehre, weltweit den höchsten Wolkenkratzer zu bauen, ist wohl ein urmenschliches Bedürfnis, und »schöner, größer, höher« ist ganz sicher kein Slogan allein unserer Zeit. Das Bestreben der Menschen im Allgemeinen und der Baumeister im Besonderen, die Grenzen des Machbaren auszuloten, gab es zu allen Zeiten. Und zu allen Zeiten – wie es das Ende des Turmbaus zu Babel versinnbildlicht – muss für diesen Ehrgeiz ein Preis bezahlt werden.

Ganz anders als ihre Kollegen heute hatten die Architekten der Antike und des Mittealters keinen Stab von Statikern und komplexe computergestützte Simulationen zur Verfügung. Stellen wir uns den Bau eines modernen Megaprojektes – und nichts anderes waren die Kathedralen in ihrer Zeit – ohne umfängliche statische Berechnungen, allein basierend auf Erfahrung und Probe vor.

Die Kölner Dombaumeisterin Barbara Schock-Werner ist eine Kennerin mittelalterlicher Dombauhütten: »Natürlich wollte man immer höher und schlanker bauen, und dann hat man gewissermaßen bei jedem Bauwerk die Grenzen erweitert, solange bis es schiefging. Schließlich haben wir ja nur die Bauten, die stehen geblieben sind. Die eingestürzten sind natürlich nicht mehr da – und die gab es natürlich auch. Ihre Baumeister haben die Grenze überschritten.«

In der Hochzeit der Gotik grassiert in Frankreich eine regelrechte Bauwut. Jeder Bauherr will – nicht anders als heute – seinen Konkurrenten übertrumpfen. In diesem Geist ereignet sich das Drama von Beauvais.

Am Anfang stand – wie fast immer – ein Vorläuferbau, im Falle von Beauvais ein eher schlichtes Bauwerk aus der Zeit um 1000. Die sogenannte »Notre-Dame de la Basse-Œuvre« (Unsere Liebe Frau vom Niedrigen Werk). Für zu schlicht befand sie Milon de Nanteuil, Bischof von Beauvais, und begann 1225 einen Neubau zu planen. Milon wollte nichts Geringeres als die höchste und größte Kirche der Christenheit. Der vorläufige Höhepunkt einer gotischen Giganto-

Die Baumeister der Gotik bauen nach dem Prinzip »trial and error«

Immer schlanker, immer höher, immer lichter – der Ehrgeiz der gotischen Baumeister

manie, die vielleicht am ehesten dem Bauboom der amerikanischen Wolkenkratzer im ausgehenden 19. Jahrhundert vergleichbar ist.

Von St.-Denis bis Beauvais war es ein weiter Weg – die Kathedralen der Hochgotik sind raffinierte Konstruktionen, das System der »Ableitung« der Kräfte hat einen Grad der Perfektion erreicht, der extrem hohe und leichte Konstruktionen erlaubt. Die Zahl der erfahrenen Baumeister in Frankreich hat sich verzehnfacht. Aber eines hat sich indessen nicht geändert – der gefährliche Ehrgeiz.

Milon ist ein mächtiger Mann – Bischof und Graf –, also geistlicher und weltlicher Herr zugleich, der Einnahmen aus den Kirchenabgaben und dem Pachtzins seiner Bauern bezog – ein reicher Mann. Er ist es auch, der am Anfang der Bauphase die gesamte finanzielle Last der Bauarbeiten trägt. Doch dann gerät der ehrgeizige Magnat in Konflikt mit seinen Bürgern. Der König stellt sich nicht auf die Seite seines Vasallen, sondern auf die Seite von dessen Gegnern, kurzum: er entzieht dem Bischof sein Einkommen, und das Bauvorhaben wird zunächst eingestellt. Dies geschieht 1232 – sieben Jahre nach Baubeginn! 15 Jahre lang bleibt die Kathedrale eine Bauruine, bevor es mit dem Riesenwerk weitergeht! Milon stirbt 1234.

In der ersten Bauphase wurde das Allerheiligste, der Chor der Kathedrale mit seinen sieben Kapellen, errichtet. Dieser Baukörper ist so ziemlich das Wagemutigste, was ein gotischer Baumeister bis dahin in Stein gestellt hat. Einzigartig die Höhe des Gewölbes, die großen Abstände zwischen den Pfeilern, somit auch ihre geringe Zahl und vor allem der fast völlige Verzicht auf Wandflächen. Als dieser Bauabschnitt 1275 fertiggestellt wird, darf man den Chor von Beauvais mit Fug und Recht als ein »gewagtes Stück Gotik« bezeichnen, zweifellos ein Gigant. Aber die Konstruktion

Wilhelm von Sens ist einer der Pioniere der Gotik

106 *Säulen aus Licht: Die Geburt der Gotik*

Der älteste Teil der Kathedrale von Sens: Wilhelms Chorbau

hält dem Druck des Gewölbes, dem Wind, der auf die Fläche des hoch aufragenden Bauwerkes drückt, nicht stand. 1284 – neun Jahre nach Fertigstellung – kommt es zur Katastrophe, ein Teil des Gewölbes stürzt ein.

Nun ist nicht das ganze Bauwerk zusammengestürzt, aber immerhin sind die Schäden so groß, dass der Wiederaufbau sich noch Jahrzehnte hinziehen wird. Ein extremes Beispiel für das Prinzip »Versuch und Irrtum«, die Konstruktion hat sich als zu ambitioniert erwiesen, sie muss verstärkt werden. Die Baumeister setzen bei den Pfeilern an, durch Zwischenpfeiler reduzieren sie die Größe der einzelnen Gewölbeteile. Auf jedem Pfeiler ruht nun weniger Gewicht. Insgesamt sind es zwölf Pfeiler, auf jeder Seite sechs, auf ihnen ruht die Last des Hauptgewölbes mit 48,5 Metern, das höchste Chorgewölbe, das jemals bei einem Kirchenbau erreicht wurde – bis zum heutigen Tag. Das Gewölbe ist so hoch, dass seine Wand nicht mit einem Blick zu erfassen ist. Der Blickwinkel eines Menschen beträgt rund 180 Grad, das entspricht in der Fotografie fast einem Fischaugenobjektiv – doch der Mensch sieht verzerrungsfrei. Steht er in einem Abstand von vielleicht 20 Metern vor der in den Himmel ragenden Chorwand von Beauvais, erfasst sein Blickwinkel vielleicht knapp 40 Meter, danach muss sich der Kopf gen Himmel bewegen, um die gesamte Höhe dieser Konstruktion zu erfassen. Dieser Effekt ist den gotischen Baumeistern bekannt – und er ist gewollt.

Auf dem Mammutmonument von Beauvais liegt kein Segen. Es soll niemals zu einer Kathedrale vollendet werden. Das Bauwerk bleibt stets nur ein Chor mit Querschiff. In den 1340er Jahren bricht der 100-jährige Krieg zwischen England und Frankreich aus. Ein furchtbarer Aderlass beider Nationen an Menschenleben und Mitteln. 1347 kommen die Bauarbeiten in Beauvais vollständig zum Erliegen. Der Baustopp sollte sich unvorstellbare 150 Jahre hinziehen – im Mittelalter sechs Generationen. Am 20. April 1500 – 275 Jahre nach Baubeginn – beginnt die dritte Bauphase in Beauvais. Und wieder ist man auf Rekordjagd. 50 Jahre später – 1548 – wird das Querschiff fertig. Die Vierung – hier stößt der Chor einer kreuzförmigen Kathedrale auf das Querschiff – soll durch einen Turm bekrönt werden, der – man ahnt es schon – die Kathedrale zum höchsten Gebäude der Christenheit machen soll. 150 Meter werden angepeilt – und erreicht. 1569 können die Bürger von Beauvais damit prahlen, im Schatten des höchsten Gebäudes der Christenheit zu leben – ein Rekordbau – doch nur für vier Jahre. Es ist kein Konkurrenzbau, der der Turmkonstruktion den Rang abläuft, sondern die unzulängliche Statik. Es ist nicht etwa so, dass die Baumeister blind in die Katastrophe laufen. Bereits bei der Errichtung hat man über zusätzliche Stützen für den Turm debattiert, zu verwegen, zu kühn erschien die Konstruktion. Doch es war kein Geld da. Als man am 17. April 1573, also besagte vier Jahre später, mit den Sicherungsarbeiten beginnt – hat man den Spannungsbogen der wirkenden Gewölbekräfte überspannt. Nur 13 Tage später, an Christi Himmelfahrt 1573, passiert es. Die Prozession der Gläubigen hat die Kirche gerade verlassen, als sie ein Grollen wie von einem nahenden Gewitter vernehmen, dann eine Explosion, wie das Knacken eines gigantischen Knochens, gefolgt vom Grollen einer zu Tal stürzenden Steinlawine. Vor den Augen der stolzen Bürger von Beauvais bricht das größte Bauwerk der Christenheit in sich zusammen.

Die Doppelkirche Schwarzrheindorf ist eines der schönsten Monumente der Romanik

Düstere »Gottesburg«: das Gewölbe der Doppelkirche

Es sind die Stützpfeiler des Vierungsturms, die diese gewaltige Last nicht mehr zu tragen vermögen, sie zerbersten, werden zerrissen von den Seitenkräften. Das Gebirge des himmelstürmenden Turmes sackt in sich zusammen, Trümmer, groß wie Einfamilienhäuser, stürzen auf Chor und Langschiff. Es wird ein halbes Jahrzehnt dauern, bis die Trümmer und die Schäden dieser Katastrophe beseitigt sind. Das Gewölbe der Vierung wurde mit einem Dach geschlossen, für einen Turm fehlte es an Mitteln.

Typisch gotisch: Kreuzgewölbe erlauben Bauwerke nie gekannter Höhe

Beauvais ist sozusagen der Schwanengesang der Gotik. In Frankreich wütet der Hugenottenkrieg, die Reformation erschüttert das alte Gefüge Europas, eine neue Epoche bricht an, die man später Renaissance nennen wird. Die Gotik hat auch als Baustil ausgedient, ist »out«. Jetzt orientiert man sich lieber an den Bauten der klassischen Antike. Niemand will mehr die Vollendung des Unglücksbaus von Beauvais. Es bleibt bei dem Chor, dem Querschiff, das gotische Langhaus wird nie fertiggestellt. Die »Unvollendete« ist 72,5 Meter lang, 67,2 Meter hoch, ein gefallener Titan.

Beauvais – das ist höchste Höhe und tiefster Fall der Gotik, ein Monument mittelalterlicher Baukunst, aber auch des Versagens seines Prinzips »Versuch und Irrtum«.

✤ ✤ ✤

3.2

Von Geldgebern und Bauherren

»Zu Ehren der Kirche, die ihn nährte und beflügelte, hat Suger gearbeitet. Dir gebend, was Dir zustand, Märtyrer von Saint-Denis. Er betet, dass er durch Dein Gebet teilhat am Paradies«. Diese Inschrift hat Abt Suger, der Bauherr der Abteikirche von Saint-Denis, in monumentalen Lettern auf die Westfassade meißeln lassen. Seine Worte offenbaren, was ihn bei seinem ehrgeizigen Vorhaben angetrieben hatte: ein fester Glaube und die Hoffnung auf himmlische Fürbitte. Doch zudem verfügt er wohl auch über ein ausgeprägtes Selbstbewusstsein und eine durchaus irdische Eitelkeit. Denn die Inschrift ist nicht die einzige, mit der er sich in der Kirche hat verewigen lassen: Vier Bildnisse und dreizehn Inschriften erinnern an ihn, den Schöpfer der ersten gotischen Kirche der Christenheit. So ausgiebig wie der mächtige Abt, der zeitweilig sogar Regent Frankreichs ist, hat sich wohl selten ein Bauherr lobpreisen lassen.

Wird er die Bauherren von seinem Plan überzeugen? Auch im Mittelalter gibt es schon Architektur-Wettbewerbe

Suger ist privilegiert – während andere das Geld für einen Sakralbau mühsam zusammensuchen müssen, braucht er sich um finanzielle Probleme wenig Sorgen zu machen, denn sein Kloster ist reich. Und die Arbeiten in St.-Denis werden von den französischen Königen höchstpersönlich unterstützt, denn St.-Denis ist die Grablege der kapetingischen Herrscherdynastie und beherbergt die Reliquien des heiligen Dionysius. Der Neubau soll also so groß und prächtig werden wie irgend möglich. So können auch die Bauarbeiten in einem ungewöhnlich schnellen Tempo voranschreiten – schon nach knapp vier Jahren Bauzeit ist der Chor 1144 fertig. Suger hat als Bauherr offensichtlich nicht nur eine glückliche Hand, sondern auch kaufmännisches Geschick gezeigt. Immer wieder, so berichtet er in seiner Chronik, kommen ihm »außerordentliche Wunder« zu Hilfe, durch die er zu Geld oder Baumaterialien gelangt. So sollen, just als das Geld für die prächtige Innenausstattung der Kirche knapp wird, Mönche gekommen sein und ihm »eine Fülle wertvoller Steine zum Kauf« angeboten haben: »Amethyste, Saphire, Rubine, Smaragde, Topase, von denen ich nicht einmal gehofft hatte, sie in zehn Jahren zusammenzubringen. Sie hatten sie vom Grafen Thimbaud als Almosen bekommen.« (Was den Grafen zu einer solch opulenten Spende veranlasst haben mag, ob es eine Buße für Schandtaten oder schwere Sünden gewesen war, bleibt leider unerwähnt und damit der Phantasie der Leser überlassen). »Wir dankten Gott«, notiert Suger weiter, »und gaben den Mönchen 400 Pfund für die Steine, obwohl sie mehr wert waren«. Offenbar ist der Bauherr auch ein begabter Geschäftsmann, der genauso gewieft und schlitzohrig verhandelt wie erfolgreiche Manager heute. Die wertvollen Edelsteine kommen gerade recht, um die prächtige Innenausstattung der Kirche ganz nach dem Geschmack Sugers fortzuführen. Denn im Gegensatz zu kirchlichen Kritikern wie den benediktinischen Mönchen, die Askese und Bescheidenheit vorleben und den Prunk in den Kirchen als Götzenverehrung geißeln, findet Suger, dass zum Lob Gottes nur das Beste gut genug sei: »Wir meinen, dass man Gott auch durch den äußeren Schmuck heiliger Gefäße dienen muss, und das ist bei keiner Sache so wichtig wie bei der Austeilung des heiligen Opfers, voll innerer Reinheit und äußerer Erhabenheit« – auch die Gefäße für das heilige Abendmahl sollten beeindrucken. So strotzt die Abteikirche St.-Denis bei ihrer Chorweihe im Juni 1144 schließlich vor Goldschmuck und Edelsteinen.

Doch nicht alle finden so günstige Bedingungen vor wie Abt Suger. Mittelalterliche Bauherren stehen grundsätzlich vor denselben Problemen wie heutige Häuslebauer: Woher sollte das Geld für den Bau kommen? Wie findet man gute und zuverlässige Handwerker? Welcher Architekt soll die Planung übernehmen?

Eine manchmal jahrelange gründliche Planung steht auch am Anfang eines Kirchenbauvorhabens. Das besagt nicht nur der gesunde Menschenverstand, sondern Jesus selbst – im Lukas-Evangelium: »Wenn einer von euch einen Turm bauen will, setzt er sich dann nicht zuerst hin und rechnet, ob seine Mittel für das ganze Vorhaben ausreichen? Sonst könnte es geschehen, dass er das Fundament gelegt hat, dann aber den Bau nicht fertigstellen kann. Und alle, die es sehen, würden ihn verspotten.« Meist gibt der Auftraggeber eines Kirchenbaus auch das meiste

Ein Werk von Generationen von Handwerkern: Manchmal vergehen Jahrhunderte von der Grundsteinlegung bis zur Vollendung

Kaum ein Baumeister lebt noch, wenn sein Werk endlich fertig ist

Geld für das Vorhaben, doch oft müssen weitere Geldquellen aufgetan werden. Ein modernes Bankwesen wie heutzutage gibt es nicht, Kredite aufzunehmen ist ebenfalls noch nicht üblich, also muss man andere Finanzierungsquellen finden. Man braucht Startkapital sowie laufende Einnahmen, um den Fortgang der Bauarbeiten zu sichern, die sich bei großen Kirchenbauten über Generationen hinziehen können. Das Grundkapital stammt meist aus kirchlichen Einnahmen wie dem Zehnten, Opfergaben, Sammlungen und Stiftungen, Ablässen und Spenden, Testamenten wohlhabender Bürger oder auch den Zuwendungen adeliger Mäzene, die sich im Bilderschmuck vieler Kirchen verewigen lassen. Aber auch die mildtätigen Spenden und Almosen der Gottesdienstbesucher sind nicht tabu. Auch Abt Suger hat Geld aus dem Opferstock für den Kirchenbau verwendet.

Mit dem gesammelten Geld wird ein Baufonds angelegt, der mit laufenden Einnahmen kontinuierlich ergänzt werden muss. Von unschätzbarem Vorteil ist es, wenn es gelingt, Grundbesitz zu erwerben, idealerweise Steinbrüche und Wälder, die den Nachschub der wichtigsten Baustoffe – Stein und Holz – langfristig sichern. Ist dies nicht möglich, bleibt man von fremden Grundbesitzern abhängig, die den Hahn bei Eigenbedarf oder im Falle kriegerischer Auseinandersetzungen einfach zudrehen und zudem die Preise diktieren können. Immer wieder kommen Bauarbeiten nicht nur aus Geldmangel, sondern auch durch Streitigkeiten oder kriegerische Auseinandersetzungen zum Erliegen, manche Bauwerke werden nie fertiggestellt. Auch der Kölner Dom muss über 600 Jahre auf seine Vollendung warten. Ein so zügiger Fortschritt wie in St.-Denis war die Ausnahme.

Die Bauherren von Kirchenbauten sind zumeist Geistliche: Bischöfe wie Maurice de Sully für Notre-Dame de Paris, Bischof Thibaut in Senlis oder Bischof Geoffroy d'Eu in Amiens, die aber selten allein als Bauherren auftreten. Oft werden sie auch von den Kanonikern, den Domkapiteln unterstützt, aber auch der umgekehrte Fall kommt häufig vor. Denn die Bischöfe (und mit ihnen auch ihre kirchlichen und politischen Ziele) wechseln, eine Institution wie das Domkapitel dagegen garantiert eine kontinuierliche Betreuung des Baus über Generationen hinweg. Das Kapitel, die Versammlung der Domherren, ist im Mittelalter eine mächtige Organisation, deren Mitglieder viele Privilegien haben. Das zeigt sich noch heute in manchen kirchlichen Gebräuchen und Ritualen. So ist z. B. der Dompropst und nicht der Bischof Hausherr des Kölner Doms. Will der Bischof den Dom betreten, muss er sich zuvor beim Dompropst anmelden und wird von diesem empfangen.

Aber auch Äbte und Äbtissinnen und sogar Priester und kleinere Pfarrgemeinden fungieren als kirchliche Bauherren. In Canterbury sind es die Mönche, die den Neubau der abgebrannten Kathedrale in Auftrag geben – es ist eine Besonderheit der britischen Insel, dass dortigen Bischofskirchen nicht ein Domkapitel, sondern ein Mönchskloster angegliedert ist. Schließlich stiften auch weltliche Herrscher Kirchen, um sich einen Platz im himmlischen Paradies zu sichern. Viele Stifterfiguren in Kirchen und Kathedralen erinnern daran.

Neben den religiösen Motiven gibt es auch handfeste weltliche Beweggründe für einen Kirchenbau. Was kann das Selbstbewusstsein aufstrebender Städte deutlicher demonstrieren als hoch aufragende Gotteshäuser? Sie machen auf beeindruckende Weise auch das stolze Selbstbewusstsein und den zunehmenden politischen Einfluss der Bürger sichtbar. So übernehmen in Straßburg und Mailand allein die Bürger die Finanzierung und Organisation der Bauarbeiten für ihre neuen Kirchen: das Straßburger Münster und den Mailänder Dom.

Woher kommt das Material? Wird das Geld reichen? Was fordern die Handwerker? Fragen, die Bauherren bis heute umtreiben

Säulen aus Licht: Die Geburt der Gotik

Das lohnt sich vielfach: während der Bauzeit, weil die Großbaustellen für Generationen von Handwerkern und Helfern Arbeitsplätze schaffen – ein mittelalterliches Wirtschaftsförderungsprogramm. Aber auch auf lange Sicht, als Investition in die Zukunft: denn die großen gotischen Kathedralen werden zu »Touristenmagneten«, die nicht anders als heute die städtische Wirtschaft kräftig ankurbeln. Es gibt also viele Gründe, sich an einem Kirchenbau zu beteiligen. Der Kirche nutzt ein neues, repräsentatives Gotteshaus, weil wertvolle Reliquien dort ein angemessen prunkvolles Zuhause finden und Platz für die Pilgerströme geschaffen wird. Denn die Reliquien machen die Kirche für Pilger attraktiv, und der stetige Strom von Pilgern bringt nicht bloß Einnahmen in die Kirchenkassen, sondern nutzt auch Händlern, Handwerk- und Gewerbetreibenden – die Besucher müssen ja auch essen und schlafen, brauchen Schuhe und Kleidung. Manche Handwerker werben für ihre Dienste direkt in den Kirchen: So stiften Tuchhändler, Steinmetzen oder Zimmermänner in Chartres Münzen mit ihrem Porträt, die im unteren Teil der Fenster, in Sichthöhe für potenzielle Kunden zu sehen sind – sozusagen als mittelalterliche Werbebanner. Und über Steuern, Abgaben und Zölle profitieren schließlich auch die Stadtherren von den Besuchern. Auch wenn die mittelalterlichen Bauherren sicher nicht so weit in die Zukunft blicken: die Strahlkraft ihrer Bauwerke wirkt über Jahrhunderte nach. Der Kölner Dom z.B. ist nicht nur als Wahrzeichen der Stadt auf der ganzen Welt bekannt, sondern auch die meistbesuchte Touristenattraktion der Stadt.

❖ ❖ ❖

Kathedrale des Volkes:
Santa Maria del Mar in Barcelona

Ein schönes Beispiel für ein gemeinschaftliches Bauvorhaben ist die Kirche Santa Maria del Mar in Barcelona. Angeregt und gefördert vom Kanoniker Bernat Llull wird sie von 1329 bis 1383 vom Architekten Berenguer de Montagut erbaut. Es ist die Blütezeit Kataloniens, das zu dieser Zeit die wichtigste See- und Handelmacht des Mittelmeerraumes ist. Finanziert werden die Arbeiten größtenteils aus dem Vermögen der Einwohner des jungen Stadtviertels, das gerade erst außerhalb der Stadtmauern entstanden ist, strategisch günstig nahe der Hafeneinfahrt. Hier befinden sich die Lager der Händler, dazu siedeln sich Handwerker und Seeleute an. Aus den Vermögen der Einwohner, erworben beim Überseehandel, wird der Kirchenbau zum größten Teil finanziert. Aber auch die Bewohner des Viertels legen mit Hand an, die Handwerker und Hafenarbeiter-Bruderschaften, fast die gesamte Nachbarschaft hilft mit. In seinem Bestseller-Roman *Die Kathedrale des Meeres* erzählt der Schriftsteller Ildefonso Falcones die Geschichte dieses Kirchenbaus. Santa Maria del Mar, die Kirche der Seefahrer und Händler in

Harmonische Proportionen: Die Seitenschiffe der dreischiffigen Basilika sind genau halb so breit wie das Mittelschiff und so hoch, wie die Kirche breit ist

116   Säulen aus Licht: Die Geburt der Gotik

Auch die Steine für die Fassade haben die Lastenträger des Hafens, die »Bastaixos«, auf dem Rücken vom Steinbruch zur Baustelle geschleppt

Barcelona, ist das einheitlichste Bauwerk der katalanischen Gotik, noch heute wirkt sie mit den zwei mächtigen Türmen zwischen den malerischen Häusern des »Barri Gotic«, des gotischen Viertels, wie eine Festung des Volksglaubens. Neben der nicht minder beeindruckenden, von 1298 bis 1448 erbauten Metropolitankirche von Barcelona, La Catedral de la Santa Creu i Santa Eulàlia, (kurz »La Seu« genannt), gehört Santa Maria del Mar zu den schönsten Bauwerken der katalanischen Gotik.

❖ ❖ ❖

3.3

Die »Fabrica« – Leben in der Bauhütte

Pierres Tag auf der Bauhütte

Morgendämmerung

Im Sommer macht es mir nichts aus früh aufzustehen, denn es wird ja rasch hell und warm und die Vögel zwitschern. Meine erste Aufgabe ist, aus dem Rest Glut das Feuer wieder anzufachen. Das geht schnell, denn ich schlafe auf dem Boden vor dem Kamin. Nur im Winter, wenn ich abends vergessen habe, neue Scheite reinzuholen, muss ich in die Kälte hinaus, zum Holz holen. Der Frost beißt in die Haut, aber viel schlimmer ist die Dunkelheit. Denn in ihr lauern die Dämonen. Ulric, der Junge aus der Hütte nebenan, wollte letztens bloß über den großen Platz zum Brunnen laufen und Wasser holen. Die Sonne war noch nicht aufgegangen und über den Himmel zogen finstere Wolken. Da haben die Dämonen einen Blitz auf ihn geschleudert. Er fiel um wie ein Baum im Wald. Seitdem liegt er nur noch in der Hütte, manchmal

Vom Morgengrauen bis zur Abenddämmerung geht die mittelalterliche Arbeitszeit

höre ich ihn stöhnen. Mit Ulric habe ich gerne gespielt und jeden Sonntag kam er zur Messe in die Kirche. Ich weiß nicht, was er getan hat, dass Gott ihn so gestraft hat. Vielleicht hat er ein dunkles Geheimnis, von dem niemand wusste?

So etwas wird mir nicht passieren. Ich versuche all die vielen Regeln zu befolgen, von denen Pater Odo in der Messe spricht. Auch wenn das manchmal schwer ist: Einmal hing ein rot glänzender, praller Apfel an einem Ast direkt vor meiner Nase, da habe ich schnell zugegriffen und ihn gleich gegessen. Ich weiß, das war verboten, denn der Ast ragte über die Mauer des Klostergartens. Aber ich konnte einfach nicht anders, mein Bauch hatte sich ganz hohl angefühlt, weil ich tagelang nur dünne Gemüsesuppe gehabt hatte. Aber bald darauf zwickte und stach es in meinem Bauch und es half kein bisschen, immer wieder das Vaterunser zu beten. Da war mir klar, dass der Apfel verflucht gewesen war. Hätte ich doch die Finger davon gelassen! Auch Eva hatte Adam ja mit einem Apfel versucht, und es ist ihr schlecht bekommen. Gegen die Dämonen der Versuchung trage ich jetzt ein Amulett, das mein Vater am Osterfest von den fahrenden Brüdern auf dem Kirchplatz gekauft hat. Was in dem kleinen Briefchen steht, kann ich zwar nicht lesen, aber ich weiß, dass es starke Sprüche zur Abwehr von Dämonen sind.

Auch Kinder und Frauen arbeiten auf den Baustellen: Mörtelmischerinnen, Gipserinnen und sogar Maurerinnen haben im mittelalterlichen Paris Steuern gezahlt

Morgens zum Frühstück kocht meine Mutter Haferbrei. Zuerst darf sich Vater nehmen, danach essen wir Kinder und die Mutter. Bald wird es weniger für jeden geben, denn Mutter bekommt wieder ein Kind. Dann sind wir zu sechst. Wenn es denn am Leben bleibt. Zwei oder drei von den Kleinen sind nur ein paar Tage alt geworden. Aber sie sind jetzt im Himmel, da bin ich sicher, Pater Odo hat sie alle getauft. So kleine Kinder müssen bestimmt nicht lange ins Fegefeuer, die haben bestimmt noch nicht viel Böses getan. Nach dem Frühstück, wenn es schon fast hell ist, machen wir uns auf den Weg zur Arbeit.

Arnold Angenendt, *Historiker*

> Die Lebenserwartung damals ist unter 30 Jahren. Es ist eine junge Welt, Kinder arbeiten selbstverständlich mit. Man hat früher die These vertreten, Kinder seien wie Erwachsene behandelt worden, das stimmt nicht. Wir haben genug Kinderspielzeug gefunden: Steckenpferd, Windrädchen, Rasseln, Kinderspiele. Man hat durchaus ein Bewusstsein von Kindheit gehabt: Die Kindheit ging bis zum siebten Lebensjahr. Von da an wird das Kind in den Arbeitsprozess eingeordnet.
>
> Ich komme aus einer ländlichen Welt, in der Kinderarbeit auch selbstverständlich war. Wenn mein Vater handwerkliche Arbeiten hatte, dann musste ich ihm Werkzeug anreichen, Hammer, Nagel, Kneifzange, damit er nicht lange suchen musste.

❖ ❖ ❖

Mittelalterliche Handwerker: Steinhauer und Steinmetze, Mörtelmischer und Maurer, Tagelöhner im Tretrad, Hilfsarbeiter

Baumaschinen wie Winden und Kräne werden oft direkt vor Ort speziell für das Bauvorhaben angefertigt

Mein Vater ist Steinmetz und Gott sei Dank hat er hier Arbeit gefunden. Hoffentlich dauert es noch viele Jahre, bis diese Kirche fertig wird, denn solange gebaut wird, müssen wir nicht wieder über Land ziehen, wo Räuber und Waldgeister lauern. Es ist schon lange her, dass ich mit meinen Eltern und Geschwistern unterwegs war, aber ich weiß noch genau, dass wir immer Hunger hatten. Vor allem im Winter, wenn wir nicht einmal mehr Beeren und Kräuter fanden. Nachts heulten die Waldgeister, die nicht wollten, dass wir in ihrem Wald unterwegs waren. Sie sind Schuld am Tod meiner kleinen Schwester. Sie lebte einige Wochen, aber sie blieb winzig und wurde immer dünner, bis ihr Gesicht runzlig war wie das einer alten Frau. Als ich eines Morgens aufwache, lag sie neben mir, in den Armen meiner Mutter, ganz still und bleich. Da war sie schon bei den Engeln, sagte Vater. Mutter weinte und wollte sie gar nicht loslassen. Wir haben sie dann im Wald begraben. Das war schwierig, weil die Erde gefroren war, aber Vater hatte ja seine Werkzeuge dabei.

Ich habe hier neue Schwestern bekommen, und jetzt arbeiten wir alle in der Bauhütte, nur meine Mutter nicht, die ist zu Hause und kocht für die Arbeiter. Aber Ulrics Mutter arbeitet auf der Baustelle. Mit den anderen Frauen mischt sie den Mörtel für die Maurer. Auch die kleinen Kinder sind bei den Frauen. Sie helfen ihnen, und die Frauen passen abwechselnd auf die ganz Kleinen auf, damit sie sich nicht verletzen. Die Baustelle ist nämlich ein gefährlicher Ort, man kann vom Gerüst fallen oder von herabstürzenden Steinen erschlagen werden. Ich nicht, denn ich bin geschickt und vorsichtig und gut klettern kann ich auch. Auch mein Vater hat sich noch nie schwer verletzt, nur blaue Flecken, die hat man als Steinmetz immer.

Die Baustelle ist ein gefährlicher Ort, dennoch sind Unfälle selten – Bauherren und Handwerkerbünde sorgen gut für ihre wertvollen Fachleute

Barbara Schock-Werner,
Dombaumeisterin Köln

Ich habe mich sehr viel mit Baurechnungen mittelalterlicher Baustellen beschäftigt und fand in keiner dieser Rechnungen einen Todesfall. Steinmetze waren viel zu kostbar, man war dankbar, dass man sie hatte, die durften gar nicht reihenweise von den Gerüsten fallen. Das heißt, die Arbeitsbedingunge mussten möglichst gut sein. Es gab mal einen Steinmetz, dem hat es den Finger „zerklitzt", vermutlich gebrochen oder geprellt, und dann wurde eine Begine bezahlt, die ihn versorgt hat. So weiß ich, dass alle Arbeitsunfälle in den Rechnungen erscheinen. Die gab es nicht massenweise, denn die Bauhütte kam für alles auf, selbst für den Henker, wie wir aus Ulm wissen. Die Männer, die da arbeiteten, waren zu kostbar, auf die musste man aufpassen.

❖ ❖ ❖

Ich helfe meinem Vater, der Steinmetze-Meister ist, wie sein Vater und der Vater seines Vaters. Ich will auch Steinmetz werden. So ist das in unserer Familie – der älteste Sohn folgt dem Vater nach. Im letzten Winter ist mein großer Bruder am Fieber gestorben. Jetzt bin ich der Älteste. Mein Vater wird mir alles zeigen, was ich wissen muss. Vielleicht werde ich dann bald als Lehrling in den Bund der Steinmetze aufgenommen, im nächsten Sommer, dann wäre ich wohl bald dreizehn Jahre alt, meint meine

Mittelalterlicher Wissenstransfer: Innerhalb ihrer Berufsverbände tauschten Handwerker aus ganz Europa Techniken und Fertigkeiten aus

Mutter. Es wird eine Feier geben, aber was genau passieren wird, darf ich noch nicht wissen. Auch nachher darf ich nur mit den anderen Steinmetzen darüber sprechen. Denn niemals darf ein Wort zu Außenstehenden dringen, so ist es Brauch, nicht einmal der Mutter darf ich davon erzählen.

Barbara Schock-Werner, *Dombaumeisterin Köln*
> Ein Bäcker durfte einem Nicht-Bäcker nicht verraten, wie man Brot backt. Und genauso wenig durfte ein Steinmetz einem Nicht-Steinmetz zeigen, wie man Stein bearbeitet. Das war der Berufsschutz, und den hatten sie alle, auch die überregionalen Steinmetzeverbände. Wie alle anderen Handwerker auch. Aber untereinander war es eine ganz offene Gesellschaft. Erstaunlich und höchst bewundernswert ist auch, dass diese Baumeistergeneration des Hohen Mittelalters international ganz eng vernetzt war. Das heißt, eine Form oder Technik, die im Herzen Frankreichs entwickelt wurde, war wenige Jahre später schon im Osten des Deutschen Reiches bekannt. Es gab kein Abschotten, gerade die Steinmetze bewegten sich ja europaweit sehr flexibel, das hat mit der Hüttenstruktur zu tun. Innerhalb der Steinmetzeverbände wurde das Wissen ganz rasch verbreitet und weitergeben.

❖ ❖ ❖

Oft muss geeignetes Baumaterial von weit entfernten Steinbrüchen zu den Baustellen gebracht werden

Mittagssonne

Wenn die Sonne hoch am Himmel steht, ist Mittagspause. Ich knabbere an einem Kanten Brot, und die Männer trinken Dünnbier. Wir Kinder bekommen auch Dünnbier, mit noch mehr Wasser vermischt. Es ist schön, wenn es plötzlich still wird, wenn man nach dem Hämmern und Klopfen, den Rufen der Arbeiter und dem Zischen des Blasebalgs am Schmiedefeuer die Vögel zwitschern hört. Ich liege auf dem Rücken und schaue zu, wie hoch oben ein Bussard seine Kreise zieht – wie kann er von da aus bloß eine winzige Maus entdecken? Einmal habe ich ihn jählings hinabstoßen sehen, und als er wieder aufstieg, hielt er eine Maus in den Krallen. Bis dort oben in den Himmel sollen die Türme der neuen Kathedrale reichen, hat mein Vater gesagt, und der weiß es vom Dompropst persönlich. „Unsere Kathedrale", hat der nämlich einmal auf der Baustelle gesagt, „wird die höchste Kirche der Christenheit. Zum Lob und zur Ehre Gottes, des Herrn über Himmel und Erde."

Trotzdem kann ich mir nicht vorstellen, dass Türme bis in den Himmel reichen, bis in die weiten Höhen, wo Bussarde und Falken fliegen ... Mir wird schwindelig bei dem Gedanken, dort hoch oben auf dem Gerüst zu stehen wie die Gerüstbauer, und dann werde ich ganz schläfrig. Der Bussard zieht weiter seine Kreise zwischen weißen Wölkchen, auf denen Engel sitzen und zu mir hinablächeln, auch das Gesicht meiner winzigen toten Schwester ist darunter, es ist gar nicht mehr dünn und runzlig, sondern rund und rosig...

„Los, aufstehen, die Arbeit wartet!" Einer der Gesellen rüttelt mich an der Schulter. Die Pause ist vorbei. Schade, zu gerne hätte ich den Engeln noch ein wenig zugeschaut. Jetzt geht der Lärm wieder los. Ich packe Hammer und Meißel, das sind die wichtigsten Werkzeuge für einen Steinmetz, außerdem die langen Eisen, die Hebel-, Stemm- und Brecheisen. Die Werkzeuge werden in der Schmiede gefertigt, die gleich nebenan ist. Mein Freund Johann arbeitet dort. Ihm gefällt es, aber mir wäre es viel zu heiß an der Esse, wo die Funken fliegen, wenn das glühende Eisen in Form geschlagen wird. Da wäre ich schon lieber bei den Dachdeckern oder den Zimmerleuten, denn mit Holz arbeite ich auch gern. Manchmal schnitze ich kleine Flöten aus hohlen Zweigen und spiele für Marie aus der Langgasse ein Lied, das gefällt ihr. Gerne bin ich auch bei den Glasbläsern in der Glashütte und beobachte, wie aus einem glühenden Klumpen funkelndes Glas wird. Oder ich schaue den Maurern zu, die Stein auf Stein setzen, und die Mauer wächst und wächst ... Aber dort sind auch die Frauen, und wenn sie mich zugucken sehen, sagen sie es meiner Mutter, und dann schimpft sie, weil ich rumlungere statt zu arbeiten. Aber am allerliebsten bin ich bei den Steinmetzen. Als ich kleiner war, durfte ich nur Werkzeuge anreichen und Botengänge machen, so wie mein kleiner Bruder, der den Arbeitern das Essen bringt. Jetzt helfe ich mit, die Steinblöcke zu behauen. Ich bekomme nur die groben Blöcke, damit es nicht so schlimm ist, wenn mal ein Schlag danebengeht. Aber mir gehen nur wenige Schläge daneben. „Du hast ein gutes Auge, Pierre", hat mein Vater einmal gesagt, und da ist mir ganz heiß geworden vor Freude. Oft lobt mich mein Vater nicht. Weil ich so ein gutes Auge habe, darf ich jetzt auch mit Winkel und Zollstock oder dem großen Zirkel Abstände und Längen messen. Als Steinmetz muss man nämlich auch rech-

Schon im Steinbruch werden die Quader nach den Vorlagen der Steinmetze in Form gehauen

»Visitenkarten« mittelalterlicher Handwerker: Jeder Steinmetz hatte sein eigenes Zeichen

Arbeiter der verschiedensten Gewerke arbeiten auf der Baustelle Hand in Hand

nen können. Aber nicht nur bei der Arbeit, sondern auch wegen der Bezahlung. Mein Vater meißelt sein Zeichen in jeden Block, den er behauen hat, und bekommt dann dafür seinen Lohn.

Alle meine Freunde arbeiten, außer Ulric, der jetzt ja nicht mehr arbeiten kann. Ich habe Glück, dass mein Vater Steinmetz ist, das ist ein gut angesehener Beruf, und nicht Hüttenknecht, wie Ulrics Vater, der die Werkstatt aufräumen und immerzu Steine schleppen muss. Davon hat er einen ganz krummen Rücken. Wenn man ein richtig guter Steinmetz ist, kann man Meister werden und Gesellen und Lehrlinge ausbilden. Meister möchte ich auch einmal werden: Man hat immer genug zu essen, sonntags und an Feiertagen sogar Fleisch und Wein! Aber bei uns gibt es fast nie Fleisch, meistens Haferbrei und Gemüse oder Fisch. Und einmal ist die Schnur

Säulen aus Licht: Die Geburt der Gotik

gerissen, an der der Sack mit dem Hafer vom Hüttendach hing, und die Mäuse haben alle Körner aufgefressen. Zwei von den Mäusen hat unser roter Kater erwischt, aber zu spät. Weil ich den Sack nicht gut befestigt hatte, bekam ich ein paar Tage lang zur Strafe nur Gemüsesuppe. Und deswegen ist auch das mit dem Apfel passiert …

✤ ✤ ✤

Abenddämmerung

Wir arbeiten von Sonnenaufgang bis Sonnenuntergang. Wenn es dunkel wird, ist es zu gefährlich. Es gab sogar einen Baumeister, den in der Nacht der Teufel selbst vom Gerüst gestoßen hat! Weil er zu hoch hinaus wollte, heißt es, weil er eine Kirche bauen wollte, die höher sein sollte, als die Vögel fliegen. Er hat seltsame Zeichen in den Sand gemalt und dabei magische Sprüche geflüstert.

Barbara Schock-Werner,
Dombaumeisterin Köln

> Auf der einen Seite haben die Mitmenschen diese großen Baumeister sehr bewundert, denn man holte sie ja ganz bewusst auf die großen Baustellen. Aber man ist ihnen sicherlich auch mit Misstrauen und Neid begegnet, mit Misstrauen deshalb, weil man ja mit Hochbegabungen schwer umgehen konnte und dahinter oft irgendwelche übernatürlichen Kräfte oder gar den Teufel vermutete. Und mit Neid deshalb, weil es ganz eindeutig ist, dass diese großen Baumeister die Großverdiener im Mittelalter waren, jedenfalls in der Handwerkerschaft ein Vielfaches von anderen Handwerkern verdienten. Und es gehört nicht viel Phantasie dazu sich vorzustellen, dass deshalb auch der Neid gewachsen ist.

✤ ✤ ✤

Eine Heiligenstatue wird versetzt: Der sensible Transport eines empfindlichen Kunstwerkes. In Chartres gibt es Tausende von Plastiken

Wenn die Sonne hinter den Dächern versinkt, gehen wir nach Hause. Bald ziehen wir aus unserer kleinen Hütte in ein Haus aus Stein. Das bekommt mein Vater, weil er jetzt erster Steinmetz geworden ist und fast so wichtig wie der Werkmeister selbst. Dann können wir auch einen Knecht und eine Magd einstellen. Nach dem Essen gehen wir bald schlafen, die Eltern mit den Kleinen in die Kammer und wir Großen bleiben mit unserer Ziege hier. Sie ist ein liebes Tier und mag es, wenn ich sie am Kopf kraule. Aber manchmal in der Nacht erinnern mich die Hörner und ihre glühenden Augen an die gruseligen Fratzen der Wasserspeier in der Werkstatt der Bildhauer, die ihre Mäuler

Waage, Lot und Mörtelkelle, Hebel-, Stemm- und Brecheisen: Werkzeuge, die auf keiner Baustelle fehlen dürfen

Säulen aus Licht: Die Geburt der Gotik

aufreißen, so dass man die vielen kleinen Zähne sieht, spitz wie die Dornen der Heckenrose. Ich mag sie nicht, sie holen ans Licht, was besser im Dunklen bliebe.

Das Feuer im Kamin flackert noch einmal, dann verglimmt das letzte Holzscheit, und es bleibt nur noch Glut, die ich sorgfältig bedecke, damit es leichter ist, das Feuer morgen früh wieder anzufachen. Morgen, fällt mir ein, ist Sonntag, dann ruht die Arbeit auf der Baustelle. Auf Sonntag freue ich mich die ganze Woche. Erst gehen wir zur Messe in Sankt Marien. Und danach, wenn Mutter Essen macht und die Mädchen mit dem Reisigbesen die Stube fegen, treffe ich mich mit meinen Freunden. Wir haben ein paar Lumpen zu einem Knäuel verknotet, das treten wir hin und her. Unser Lieblingsspiel. Schade, dass Ulric nicht mehr mitspielen kann.

Maschine mit Muskelkraft: Mittelalterliche Seilwinde

❖   ❖   ❖

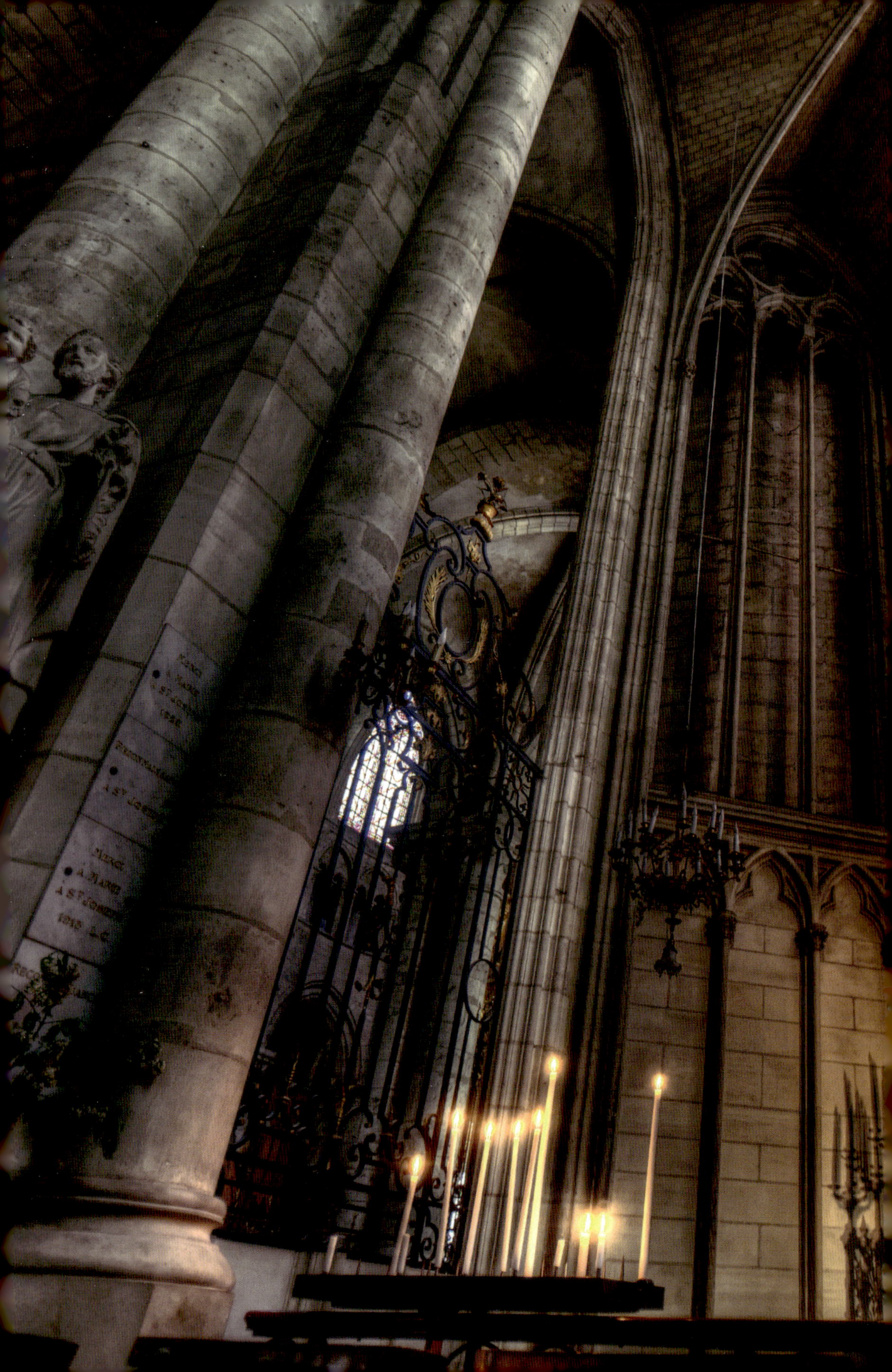

Die Giganten der Gotik

✣ 131 ✣

Die erste Kathedrale der Gotik: Sens

4.1

SENS

Die erste Kathedrale der Gotik

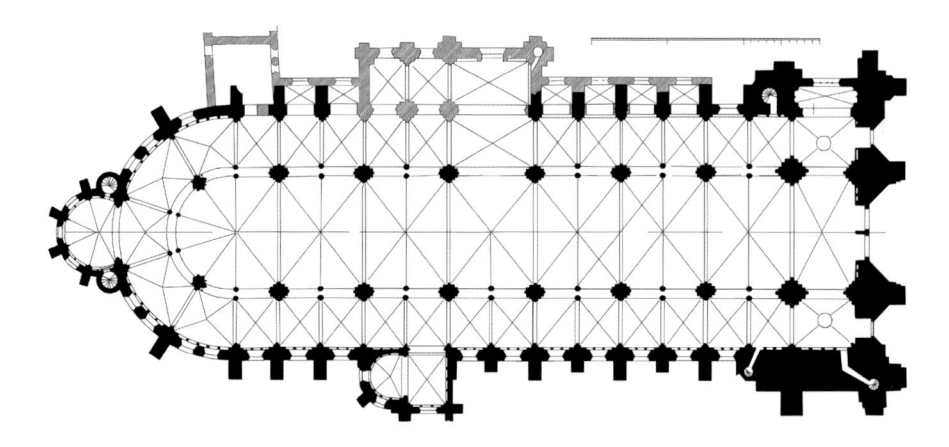

Urmaß der ersten Kathedrale der Gotik in Sens

Auf die Frage, welches Kirchenmonument nun den Titel »erste Kathedrale der Gotik« für sich in Anspruch nehmen darf, gibt es eine ganz klare Antwort: Saint-Étienne in Sens im französischen Département Yonne! Das wäre selbst so, wenn Abt Suger mit dem Bau »seines« St.-Denis 50 Jahre früher begonnen hätte. Denn Suger war Abt, seine Kirche eine Abteikirche, keine Kathedrale. Und St.-Denis ist zwar heute eine Kathedrale, vor 800 Jahren war sie das aber noch nicht. »Kathedrale« kommt von dem lateinischen Begriff »ecclesia cathedralis«, das kann Versammlungsraum, aber auch Lehrstuhl bedeuten. Die Bezeichnung Kathedrale ist seit dem frühen Mittelalter für Kirchen reserviert, die Bischofssitz sind. So trifft auf alle Kathedralen auch die Bezeichnung »Dom« zu, aber nicht jeder Dom ist auch eine Kathedrale. Viele Kirchen werden allein wegen ihrer Größe als Dom tituliert, ohne jemals Bischofssitz gewesen zu sein. Die erste gotische Kathedrale war also ganz klar St.-Étienne in Sens. Und doch

Das Längsschiff von Sens: Drei Jahrhunderte gotischer Baugeschichte in einem Monument

gibt es zwischen St.-Denis und Sens eine gewisse Rivalität, nämlich die um die spitzfindige Frage, welches dieser beiden Monumente den Titel »erstes gotisches Großbauwerk« für sich in Anspruch nehmen kann. Geweiht wurde der Chor von St.-Denis 1144, die Quellen datieren die Fertigstellung des Chores von Sens für den Zeitraum zwischen 1140 und 1145 – einen eindeutigen Sieger gibt es also nicht. Die Erbauer der beiden Kirchen hätten bei diesem Disput wahrscheinlich milde gelächelt, denn sie waren Freunde und hatten dasselbe Faible für den neuen Baustil. Abt Suger und der Erzbischof von Sens, Henri Sanglier, nutzten ihre Mittel und Möglichkeiten, um als Pioniere etwas errichten zu lassen, das es so bislang noch nie gab: Die ersten Giganten der Gotik.

Wer heute das Städtchen Sens an der Yonne mit seinen knapp 24.000 Einwohnern, besucht, kann nur schwerlich glauben, dass Henri Sangliers Bistum einst eines der mächtigsten und wohlhabendsten in ganz Frankreich war. Seit Mitte des 10.

Eine Sinfonie der Farben: Gotische Fenster

Jahrhunderts ist Sens Krondomäne, seine Erzbischöfe tragen den klangvollen Titel »Primas von Gallien und Germanien«, Sangliers Kassen waren voll, die Finanzierung selbst eines Megaprojektes wie einer Kathedrale kein Problem.

Das Motto »Es wird gebaut, wenn Geld da ist, ansonsten ruht das Werk« mutet uns für öffentliche Bauwerke heutzutage seltsam an, eine gigantische Bauruine mitten im Stadtzentrum wäre sicher Grund für einen spektakulären Bauskandal mit Rücktritten der verantwortlichen Politiker. Im Mittelalter dagegen geht es oft gar nicht anders. So ist beim Studium alter Texte und Quellen, die den Fortschritt eines Bauwerkes dokumentieren, Kontinuität stets ein Hinweis auf die finanziellen Möglichkeiten des Auftraggebers. Henri Sangliers Möglichkeiten müssen demnach immens gewesen sein, denn der Chor von Sens wurde sozusagen in einem Rutsch errichtet und war 1168, also gut 20 Jahre nach Baubeginn, quasi vollendet – das ist eine Rekordleistung. Welcher Architekt nun federführend dieses Meisterwerk vollbracht hat, ist nicht überliefert. Aus heutiger Sicht erstaunlich: in keiner einzigen Quelle findet sich der Name oder die Biografie des Schöpfers eines der größten und revolutionärsten Bauwerke Frankreichs. Für die Kölner Dombaumeisterin Barbara Schock-Werner ist das keineswegs ein Hinweis auf die »Bescheidenheit der Dombaumeister des Mittelalters«, sondern vielmehr Ausdruck der Zurückhaltung einer Gesellschaft, sich schriftlich zu dokumentieren: »Es wurde einfach weniger geschrieben damals«. Nicht einmal gezeichnete Baupläne sind aus dieser Epoche überliefert, ein Tatbestand, der Kunsthistoriker zu der Einschätzung verleitet, dass es im 12. Jahrhundert so etwas wie Bauzeichnungen noch gar nicht gab. Sicherlich gab es die als Urmaß bezeichneten einfachen Aufrisse, aber die Tausende von Baudetails waren wohl lediglich in den Köpfen der Architekten und ihrer engsten Mitarbeiter abgespeichert. Ein Name, der ganz eng mit der Kathedrale von Sens verbunden ist, ist dennoch überliefert: Wilhelm von Sens. Er wird später die Kathedrale von Canterbury errichten, seine Geschichte inspirierte Ken Follet zu dem Bestseller *Die Säulen der Erde*. Besuchern der Kathedrale wird die Nordseite des Chores als sein Werk, das Werk des Baumeisters Wilhelm von Sens, präsentiert, tatsächlich ist es der älteste erhaltene Bauteil der Kathedrale, eine eindeutige Urheberschaft ist jedoch heute kaum zu belegen.

Es ist schwer, das sensationell Neue eines Baustils oder einer Kunstrichtung an Details festzumachen, an einzelnen Noten beispielsweise oder an einem Pinselstrich. Einzelne Elemente der Gotik hatte es schon zuvor gegeben, die Zusammenführung all dieser Elemente zu etwas Neuem jedoch ist die Leistung der gotischen Architekten. Aus all der Fülle sind bei diesem Pionierbau der Gotik in Sens zwei Elemente ganz besonders erwähnenswert: das Triforium und die Mauergestaltung.

Mit »trifoire« bezeichnet man eine »durchbrochene Arbeit«. Der Mönch Gervasius von Canterbury, der uns noch als Chronist des Wilhelm von Sens begegnen wird, ist wohl der Erste, der diesen Begriff benutzt. 1180 schreibt er, »über dieser Mauer war ein Weg, der Triforium genannt wird.« Gervasius' Weg würde man heute als Laufgang bezeichnen. Ein Laufgang unterhalb der oberen Fenster, ein auf den ersten Blick fast verborgener Gang, in der Höhe der Seitenschiffdächer, der ganz praktisch zu deren Kontrolle dienen kann, bestens geeignet, nahezu unsichtbar Chorsänger unterzubringen; feierliche Klänge, die dann aus dem Nichts zu kommen scheinen. Bereits am Ende der Romanik begann man die Wand oberhalb der Arkaden mit Säulen und Bögen zu gestalten, kein richtiger Laufgang, vielmehr ein dekoratives Gestaltungselement, das auf die Wand gelegt wird. Die kreativen Konstrukteure in Sens

Trägt noch heute Zeichen der Zerstörung durch die Truppen der Revolution: Das Nordtor der Kathedrale von Sens

entwickeln dieses Element weiter und schaffen ein »offenes Triforium«. Betrachtet man die Kathedralenwand als Ganzes, so trennt das Triforium die unteren Bogenöffnungen von den oberen Fenstern. Diese gestalterische Abgrenzung befindet sich dort, wo Jahrhunderte lang das Dach des Seitenschiffes auflag. In den Kirchen des frühen Christentums fanden sich an dieser Stelle Wandmalereien oder Mosaiken. Das Triforium von Sens ist gestalterisch etwas völlig Neues, genauso wie die Gestaltung der Wände. Doch was ist eigentlich eine Wand? Korrekt formuliert, die sichtbare Fläche einer Mauer. Über Jahrhunderte war die abendländische Kirchenarchitektur recht simpel. Unten das Arkadengeschoss, oben die Fenster zur Beleuchtung, Lichtgaden genannt, dazwischen als Trennungselement Fresken oder Mosaike, die Wandflächen glatt, später mit aufgesetzten Bögen und kleinen Säulen. Die Schöpfer von Sens kreieren eine Wand, die man so noch nicht kannte. Laienhaft formuliert, wirkt es so, als würde man in die massive Mauer Formen wie Arkaden oder säulenbegrenzte Fensteröffnungen stanzen, um dann hinter den so entstandenen Öffnungen wie eine steinerne Folie Mauerwerk zu ziehen. Die Wände werden zu einem abwechslungsreichen Spiel der Formen, Experten sprechen von einer »Aufspaltung« der Mauer. Der deutsche Kunsthistoriker Hans Jantzen nennt es »diaphane Struktur«, was man mit »durchscheinender Mauer« übersetzen könnte. Dort wo in der Romanik glatte, oftmals bemalte Wände den Innenraum begrenzten, einen Innenraum wie in einer »Burg Gottes«, ragen in diesen frühen Kathedralen der Gotik filigrane, formenreiche Strukturen auf, Wände, die dem Bauwerk nicht Halt, sondern den riesigen Fenstern kunstvolle Rahmen sind.

Das mächtige Südportal: Meisterwerk gotischer Baukunst

Die große Südrosette von Sens im sommerlichen Mittagslicht

Doch woher stammt die Inspiration? Was veranlasst die Meister, aus Mauern wahre Meisterwerke zu schaffen? Die Quellen berichten nur selten von den Namen der Architekten, über deren Gedanken, Ideen und Inspirationen schweigen sie. Mit dem Pionierbau der Gotik hat die heutige Kathedrale von Sens nur sehr wenig gemein – Wilhelms Dom war in mancher Hinsicht noch romanisch, seine Fenster waren klein, ungleich kleiner als in St.-Denis, in Abt Sugers steingewordener Vision vom Himmlischen Jerusalem.

Gewünscht hat sich Erzbischof Henri ein architektonisch ganz klar gegliedertes Bauwerk: eine dreischiffige Pfeilerbasilika ohne Querschiff – und er bekommt sie. In den Generationen danach wird seine Kathedrale zum architektonischen Experimentierbaukasten künftiger Generationen. Einen Denkmalschutz, wie wir ihn heute kennen, der das Gebäude gleichsam unter eine Glasglocke stellt, es unantastbar macht, der lediglich die Erneuerung, das heißt, den Austausch alter durch identische neue Teile erlaubt, gibt es nicht. Jeder Mächtige, der will und es sich leisten kann, hinterlässt Spuren am Bauwerk. 1267 ereignet sich in Sens ein großes Unglück: Der Südturm stürzt ein und beschädigt die Fassade. Über 120 Jahre sind vergangen, immer mehr haben die Baumeister inzwischen gelernt, der Know-how-Transfer funktioniert perfekt – europaweit! Man kann mehr und wagt mehr. Die Maßwerkfenster haben eine Größe erreicht, die man noch ein Jahrhundert zuvor für unmöglich gehalten hätte. Und natürlich baut man die beschädigte Fensterfront nicht originalgetreu, sondern im aktuellen Stil der Zeit auf. Die riesigen Fenster in der Mitte und rechts der Südfassade sind ein Werk des 13. Jahrhunderts, ein Werk der Hochgotik, deren Stilelemente in den folgenden Jahrhunderten immer weiter verfeinert werden. Das Querschiff, begonnen im 14. Jahrhundert, wird zu Beginn des 16. Jahrhunderts vollendet. Da sind die konstruktiven Möglichkeiten der Architekten auf ihrem Zenit. En vogue ist der Flamboyant-Stil, Maßwerk, das wie zu Stein erstarrte Flammen riesige Fensterflächen gliedert. Auch diese Phase der Gotik wagt sich an die Grenzen des statisch Machbaren und manchmal auch darüber hinaus ... Fenster, die zu gewaltig sind, um den Kraftflüssen des Gewölbes standzuhalten, zerbersten. Aber wenn es hält, dringt Licht in einer nie gesehenen Fülle in die Innenräume dieser heiligen und hohen Hallen der Gotik!

Wer heute hoch vom Chor in das Kirchenschiff von Sens blickt, der sieht Stationen einer Reise durch die Gotik. Als Sens erbaut wird, gibt es das Maßwerkfenster noch nicht, es entsteht erst um 1215 in Reims. Kleinere Spitzbogenfenster erhellen in Sens den Kirchenraum. Das war 1140. 90 Jahre später werden das Gewölbe und der ganze Lichtgaden, die Fenster oberhalb des Triforiums, erneuert.

Im Mittelalter sind Bauwerke etwas Lebendiges, das verändert, umgebaut, erneuert und mitunter entstellt werden darf. Als Pionierbau gehört Sens zu den bedeutendsten gotischen Kathedralen überhaupt. Hier beginnt es, und hier endet es: Aufstieg, Höhepunkt und Untergang in einem einzigen Bauwerk. Mit St.-Denis und Sens beginnt die Gotik ihren Siegeszug.

✧ ✧ ✧

Die erste gotische Kathedrale: Saint-Étienne in Sens, Burgund

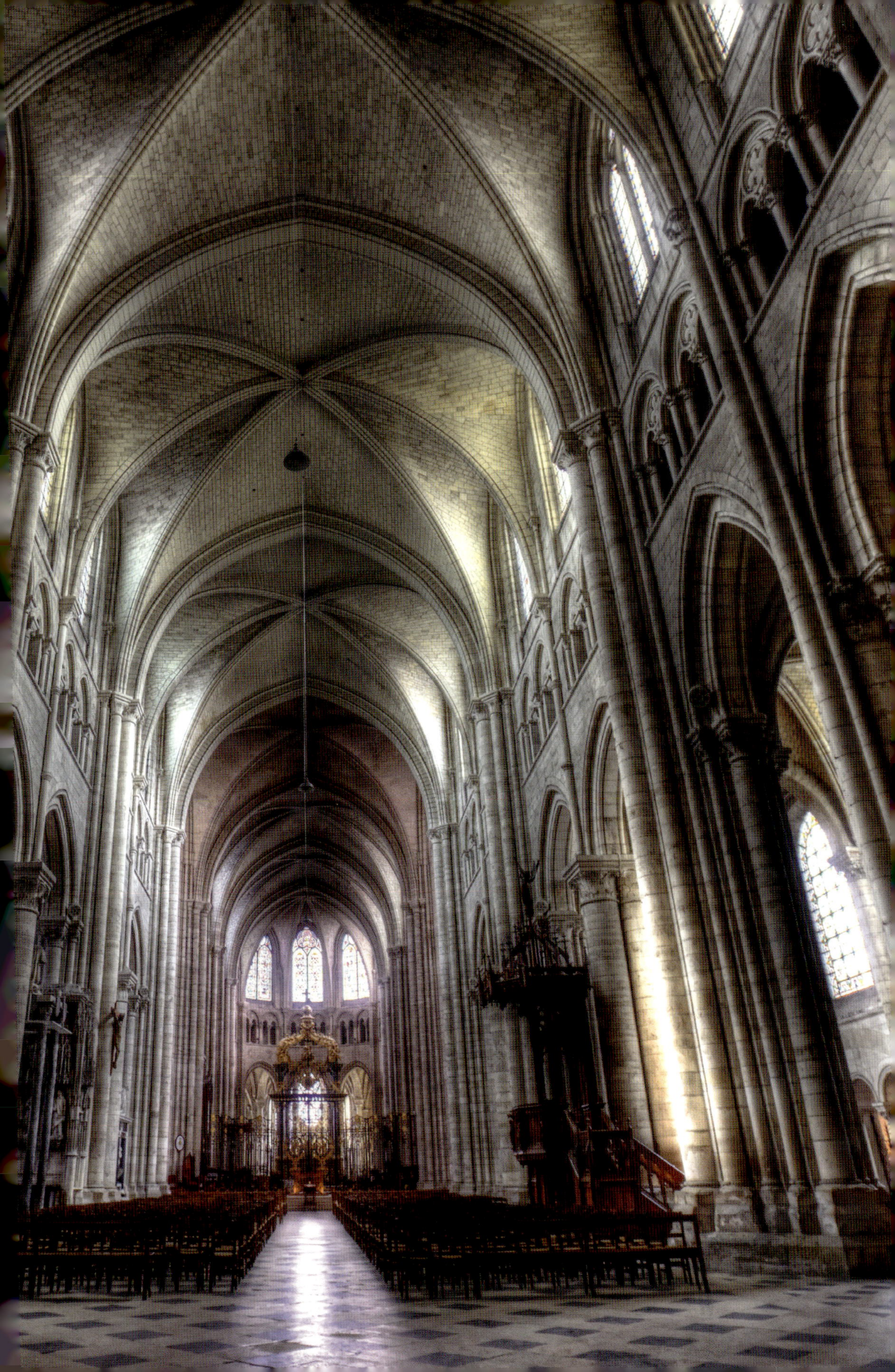

Varianten einer Idee: Die gotischen Baumeister wollen ein Stück Himmel auf Erden schaffen

140 *Die Giganten der Gotik*

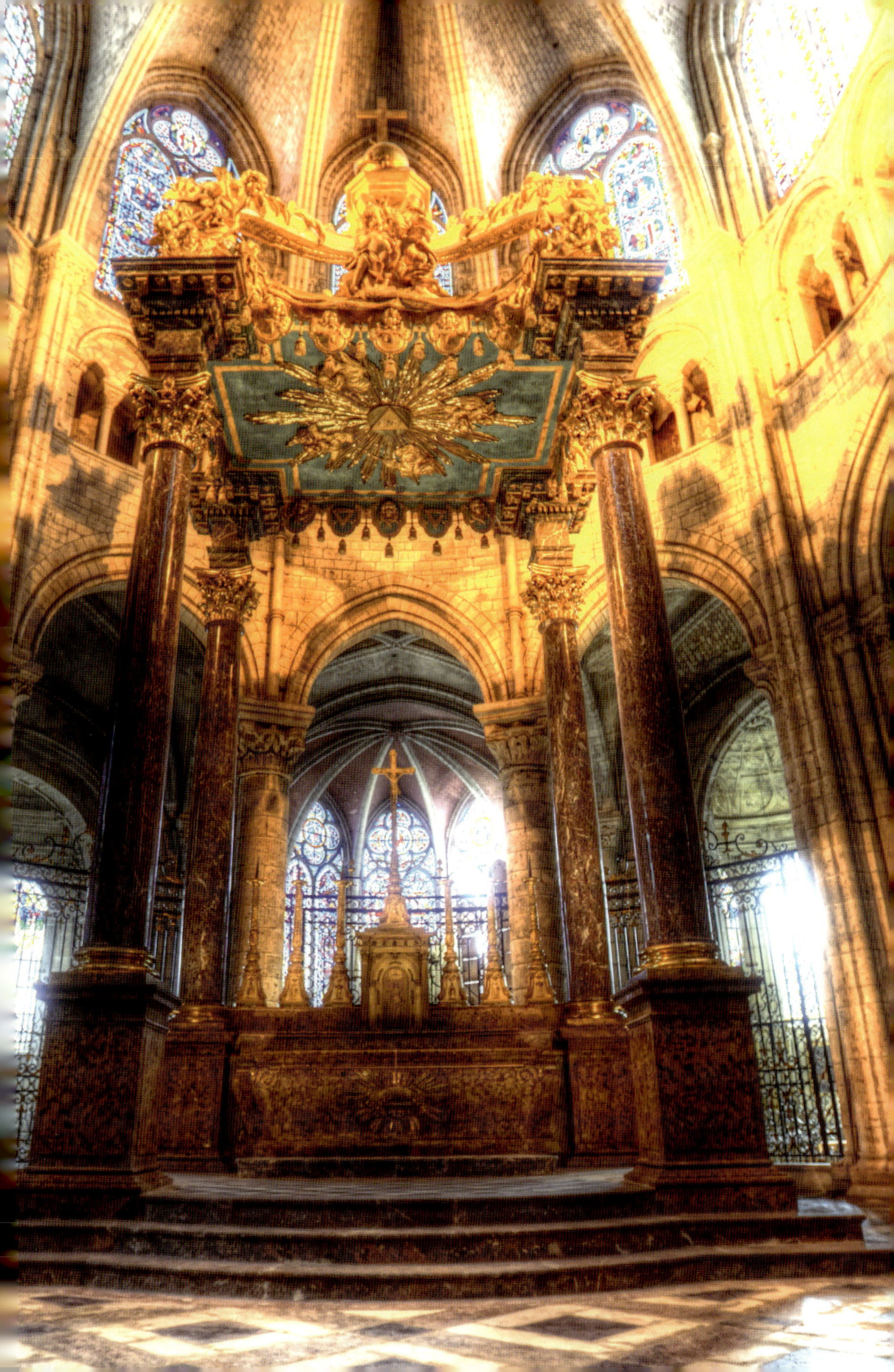

Mord am Altar

Die Geschichte des Thomas Becket

(* 21. Dezember 1118 in London, † 29. Dezember 1170 in Canterbury)

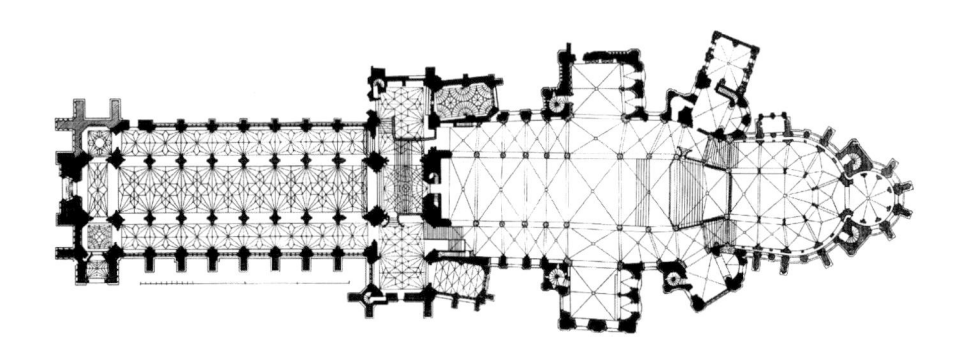

Aufriss der Kathedrale von Canterbury: Die erste gotische Kathedrale auf der britischen Insel

Auch am 29. Dezember 1170, einem Dienstag, folgt Thomas Becket, der Erzbischof von Canterbury, den klösterlichen Gewohnheiten. Nach den Vormittagsgebeten und dem Mittagessen zieht er sich mit einigen Beratern in seine Räume im erzbischöflichen Palast zurück. Gegen drei Uhr wird die Ankunft von vier Rittern gemeldet: Es sind Reginald FitzUrse, William de Tracy, Hugh de Morville und Richard le Breton, alle vier treue Gefolgsleute des englischen Königs Heinrichs II. Die Ritter legen zwar ihre Waffen im Hof ab, zeigen aber ein entschlossenes, beinahe aggressives Auftreten und fordern, zum Erzbischof vorgelassen zu werden. Becket lässt sie erst warten, dann empfängt er sie. Reginald FitzUrse ist der Wortführer. Er gibt an, Überbringer einer königlichen Botschaft zu sein, und fordert von Becket, dass er die kürzlich ausgesprochene Exkommunikation einiger königstreuer Bischöfe zurücknehmen solle. Der Erzbischof weigert sich, erklärt, dass das nur der Papst tun könne. Der Disput wird hitziger, schließlich verlassen die Ritter den Palast wieder, mit der Anweisung an die anwesenden Mönche, Becket festzuhalten. Die Mönche rühren sich nicht. Jetzt könnte der Erzbischof flie-

Der »britische Vatikan«: Sitz des Kirchenoberhauptes der Anglikanischen Kirche ist die Kathedrale von Canterbury

hen oder sich verstecken, aber das will er nicht: »Wir müssen alle sterben«, habe Thomas Becket gesagt, berichtet ein Augenzeuge später. »Wir dürfen nicht aus Angst vor dem Tod vom Recht abweichen. Ich bin eher bereit, für Gott und für Recht und Freiheit der Kirche Gottes den Tod auf mich zu nehmen, als jene es sind, mir diesen zuzufügen.«

Mittlerweile hat in der Kathedrale die Messe begonnen, Mönche und Gläubige warten auf den Erzbischof. Auch Becket begibt sich nun dorthin, eine kleine Prozession zieht durch den Kreuzgang: der Erzbischof mit dem Kreuz voran, die Mönche hintendrein. Die Gruppe erreicht das Gotteshaus kurz vor den vier Rittern, die mit gezogenen Schwertern hineinstürmen. »Wo ist Thomas Becket, Verräter an König und Reich?«, ruft Reginald FitzUrse, »wo ist der Erzbischof?«

Papst Alexander III. ernennt Becket zum Erzbischof

»Hier bin ich«, antwortet dieser, »nicht der Verräter des Königs, sondern Priester; was wollt ihr?« Wieder weigert er sich, auf die Forderungen der Ritter einzugehen. Schließlich stürzen sich die vier auf den Erzbischof, ein heftiger Kampf entbrennt, bei dem die Mönche verzweifelt versuchen, Becket zu schützen. Vergeblich – der Erzbischof sinkt auf die Knie. Die Ritter schlagen weiter auf ihn ein. Es sind die Schwerthiebe William de Tracys und Richard le Bretons, die Thomas Becket tödlich verwunden.

Fünf Augenzeugen haben den Ablauf des Mordes beobachtet. Für sie und ihre Zeitgenossen muss es eine genauso ungeheuerliche Tat gewesen sein wie die Ermordung von Mahatma Gandhi, John F. Kennedy oder Martin Luther King im 20. Jahrhundert. Der höchste geistliche Würdenträger Englands wird in seiner eigenen Kirche, auf heiligem Boden hingerichtet. Wie konnte es dazu kommen?

Die Geschichte Thomas Beckets ist eng mit der des englischen Königs Heinrichs II. verknüpft. Es ist die Geschichte einer Freundschaft, die aus politischen Gründen in Feindschaft umschlug. Denn Thomas Becket (der sich selbst übrigens nie so nannte, sondern »Thomas von London«) war lange ein enger Freund des Königs gewesen, hatte an dessen Hof gelebt und war schließlich zum Lordkanzler des Königs aufgestiegen. Auf Heinrichs Betreiben wurde er 1162 auch zum Erzbischof von Canterbury gewählt.

Die Briten nennen ihn »Bell Harry«: der Vierungsturm der Kathedrale von Canterbury

Hatte Heinrich gehofft, damit einen Verbündeten für seine politischen Interessen in der Kirche zu gewinnen? Dann hatte er sich gewaltig verschätzt. Denn dieselbe Loyalität, die Thomas Becket zuvor dem König entgegengebracht hatte, galt nun seiner Kirche. Ihre Rechte verteidigte er vehement gegen alle Angriffe und verweigerte eine Unterwerfung unter die königliche Befehlsgewalt. Der Streit spitzte sich zu, als Becket es ablehnte, die »Konstitutionen von Clarendon« zu besiegeln – 16 Artikel, in denen 1164 die königlichen Gewohnheitsrechte schriftlich niedergelegt worden waren. Viele der Artikel wollte er für die Kirche keinesfalls akzeptieren: So wurde Geistlichen u. a. verboten, das Land ohne Erlaubnis zu verlassen (z. B. für eine Reise zum Papst), zudem sollte die Wahl geistlicher Würdenträger unter Leitung und Verantwortung des Königs stattfinden. Auch die Exkommunikation königlicher Amtsträger sollte nur mit seiner Zustimmung möglich sein. Es war ein grundsätzlicher Streit, der die drängenden politischen Fragen der Zeit betraf: Wer darf kirchliche Würdenträger einsetzen, also die »Investitur« vornehmen? Wer darf kriminelle Geistliche bestrafen, kirchliche oder königliche Gerichte? Wer entscheidet über die Exkommunikation und ihre Rücknahme?

Um die Machtverteilung zwischen Kirche und Krone war es in den letzten hundert Jahren immer wieder gegangen, auch im sogenannten »Investiturstreit« zwischen dem Papst und den Kaisern des Heiligen Römischen Reiches Deutscher Nation, der vor über hundert Jahren mit dem Streit zwischen dem Salier Heinrich IV.

Wilhelm von Sens reist von Frankreich nach England, mit ihm kommt die Idee der Gotik auf die britische Insel

Mit Canterbury eröffnet Wilhelm von Sens eine neue Dimension der Gotik

und Papst Gregor VII. begonnen hatte und in Heinrichs berühmtem Gang nach Canossa 1077 gipfelte. Erst mit dem Kompromiss im Wormser Konkordat 1122 (da war schon Heinrich V. Kaiser) hatte er geendet.

Thomas Becket musste schließlich 1164 in einer Nacht- und Nebelaktion aus England fliehen. Sechs Jahre lang lebte er im französischen Exil, bevor er nach England zurückkehren konnte und sogar die Güter der Erzdiözese in Canterbury wieder in Besitz nehmen sollte. Doch noch vor seiner Abreise aus Frankreich bahnte sich im Sommer 1170 neuer Ärger an, der sich an der Krönung des Thronfolgers, des jüngeren Heinrich, entzündete. Denn der ältere Heinrich hatte seinen Sohn eigenmächtig krönen lassen, die Zeremonie hatte der königstreue Erzbischof von York vorgenommen – eine provokante Machtdemonstration Heinrichs. Versehen mit einer päpstlichen Vollmacht exkommunizierte Thomas Becket nun diejenigen Geistlichen, die daran beteiligt gewesen waren: den Erzbischof von York und die Bischöfe von London und Salisbury. Daraufhin reisten die drei zu Heinrich, der sich in der Normandie aufhielt, um sich bei ihm zu beschweren.

Heinrich wurde sehr wütend. »Will no one rid me of this turbulent priest?« – »Kann mich denn niemand von diesem aufrührerischen Priester befreien?«, soll er ausgerufen haben, besagt die überlieferte, immer wieder literarisch variierte Legende. Ein zeitgenössischer Chronist drückt es ähnlich aus: »Wie könnt ihr es zulassen, dass ich so lange von einem gemeinen Kleriker verspottet werde!« Worauf vier seiner Ritter den König beim Wort nahmen ...

So führt wohl eher ein Missverständnis zum gewaltsamen Tod des Erzbischofs und kein ausdrücklicher Auftrag. Ob Mordbefehl oder Wutausbruch – Heinrich hat sich am Tod seines einstigen besten Freundes schuldig gemacht. Er wird mit einer harten Kirchenstrafe, dem Interdikt, belegt und unterwirft sich 1172 der päpstlichen Buße: Unter anderem muss er Ritter für einen Kreuzzug ausrüsten. Zudem gibt er der Kirche die Besitztümer von Canterbury zurück und hebt die umstrittenen Konstitutionen von Clarendon wieder auf. Im Juli 1174 wirft sich Heinrich dann persönlich am Grab Beckets, der 1173 von Papst Alexander heiliggesprochen worden ist, zur Buße nieder und

Die Ermordung des Thomas Becket – Wandbild aus der Kapelle des Heiligen Kreuzes in Stratford-upon-Avon, Warwickshire

lässt sich danach von den Mönchen geißeln. Als dann im September 1174 der Chor der Kathedrale niederbrennt, wollen die Benediktinermönche die Grablege ihres Heiligen natürlich so schnell wie möglich wieder herrichten. Aus religiösen, aber sicher auch aus ökonomischen Gründen, denn die Kirche mit den Reliquien des Märtyrers war zu einem beliebten Pilgerziel geworden. Bis heute ist die Kathedrale von Canterbury Englands wichtigster Wallfahrtsort, immer wieder wurde die Geschichte des frevelhaften Mordes in Büchern, auf der Bühne und im Film aufgegriffen.

Und was geschah mit den Attentätern? Sie wurden nicht zum Tode verurteilt, wie man heute vielleicht vermuten würde, sondern erhielten eine Strafe, die typisch war für das mittelalterliche Rechtsverständnis: Sie bekamen hohe Bußen auferlegt und wurden zur Teilnahme an Pilgerreisen oder einer Kreuzfahrt ins Heilige Land verpflichtet.

✣ ✣ ✣

Baumeister und Ingenieur: In Canterbury entwickelt Wilhelm die meisten Baumaschinen selbst

4.2

WILHELM VON SENS

und die Kathedrale von Canterbury

DER WETTBEWERB

CANTERBURY, 1174/75

Wilhelm wusste, dass seine Zuhörer viel Phantasie brauchen würden, um sich – nur auf der Basis seiner Zeichnungen – das fertige Gebäude vorzustellen. Er hingegen musste nur die Augen schließen, um es in allen Details vor sich zu sehen: ein riesiges helles Kirchenschiff, hoch aufragende Pfeiler, die in sanft geschwungenen Spitzbögen ausliefen, darauf schlanke Säulen, die wie Rippen im Dachgewölbe zusammenkamen. Große Fenster aus buntem Glas, die Geschichten aus der Bibel zeigten – die hellste und schönste Kirche, die es je gegeben hat. Schöner als alle Kirchen, die er auf seinen Reisen gesehen hatte – und er hatte viele gesehen, drüben auf dem Festland, vor allem in Frankreich.

Wenn die Sonne schien, würden ihre warmen Strahlen durch die Bleiglasscheiben bunte Lichtflecken auf den blank polierten Stein werfen, ein Licht direkt aus dem Himmel. Er hörte schon den inbrünstigen Gesang der Mönche bei der Messe, roch den Weihrauch, der in schlanken Rauchsäulen aus einem großen Kessel zur Decke zog.

Die Mönche blickten zweifelnd auf den Plan. Sie konnten sich nicht vorstellen, dass ein Gebäude mit solch hohen

Aufnahme in den Handwerkerbund: Ein geheimes Initiationsritual

Hüter des geheimen Wissens: Die Baumeister der Gotik

Arkaden und so schmalen Fenstern von diesen leichten, schlanken Säulen getragen werden könnte. »Vor dem Brand hatte der Chor starke, feste Mauern«, warf einer der Mönche ein. »Sollte man nicht einfach die Wände breiter mauern, um höher bauen zu können? Das erscheint mir sicherer als diese dünnen Pfeiler hier.«

»Ja,« erwiderte Wilhelm, »Ihr habt Recht, was die alte Bauweise betrifft. Dicke Mauern tragen schwere Gewölbe. Dann könnten wir aber nicht so hoch bauen. Und«, Wilhelm deutete auf die spitz zulaufenden Bögen der Fenster im Lichtgaden, »auf diese Weise können wir große Fenster bauen, die viel Licht hereinlassen. Es wird hell sein in der Kathedrale, nicht mehr düster.«

Einer der älteren Mönche nickte nachdenklich. »Und es sieht elegant aus. ›Ich bin das Licht der Welt‹, spricht der Erlöser – ein heller, lichter Raum, das hätte unserem heiligen Thomas – Gott hab' ihn selig – auch gefallen. Wie hell es in den Kirchen in Frankreich ist, davon hat er oft gesprochen, er war ja lange da. Und dort baut man jetzt überall so, sagt ihr?«

»Ja«, bestätigte Wilhelm, »alle bauen jetzt so. Aber ich möchte, dass Eure Kathedrale noch schöner wird als die Kirchen in Frankreich.«

Von den Mönchen war jetzt zustimmendes Gemurmel zu hören. Aber Wilhelm spürte auch, dass er die Gemeinschaft noch nicht ganz überzeugt hatte. »Was Ihr da über die Ableitung der Kräfte gesagt habt, dass diese dünnen Pfeiler das Gewicht der Steine darüber tragen können«, meinte einer der Brüder skeptisch, »das kann ich mir nicht vorstellen. Die Pfeiler sind viel zu dünn. Sie würden brechen wie Reisig.«

Gerade wollte Wilhelm antworten, da schaltete sich ein anderer Bruder ein. »Ich kann es mir schon vorstellen«, sagte er, »mich hat es daran erinnert, wie wir im Klos-

Stillschweigen nach außen – Offenheit nach innen: Die Philosophie mittelalterlicher Handwerker

tergarten wässern: Ein starker, Wasserschwall aus dem Eimer knickt die Pflanzen. Deshalb nehmen wir lieber den Gießtopf. Die dünnen Wasserstrahlen schaden den Pflanzen nicht.«

Wilhelm nickte. »Ja, so in etwa kann man sich das vorstellen. Die Säulen verteilen das Gewicht auf viele Punkte. Deshalb können wir höher bauen. Die schlanken Pfeiler sind gemeinsam stärker als eine dicke Säule.«

»Und das ist wirklich sicher? Könnt Ihr garantieren, dass es hält?«, fragte der erste Bruder. »Daran glaube ich unbedingt. Bei den französischen Kirchen funktioniert es«, erwiderte Wilhelm.

»Aber wissen könnt Ihr es nicht, Wilhelm aus Sens.«

»Nein, wissen kann ich es nicht. Denn was ich hier für Euch bauen will, hat noch niemand zuvor gewagt.« Die Runde schwieg, nachdenklich blickten alle auf die Zeichnungen.

»Gut«, befand schließlich einer der Mönche. »Wir werden Euch unsere Entscheidung mitteilen, wenn wir alle Bewerber gehört haben. Wir danken Euch für Eure Ausführungen.« Mit einem Nicken in die Runde ging Wilhelm zur Tür. Hatte er die Mönche überzeugen können? Würde er hier in Canterbury seine Vision verwirklichen dürfen?

So oder ähnlich könnte es gewesen sein, als sich Wilhelm von Sens im Jahr 1175 um den Posten des leitenden Architekten für die Wiederherstellung der wichtigsten Kathedrale Englands bewarb, deren Chor kurz zuvor von einem Feuer zerstört worden war. Aber wie so oft im Mittelalter bleibt vieles im Dunkeln: Hatte Wilhelm schon Zeichnungen, sogenannte Risse, angefertigt, um seinen Bauplan darzustellen, oder ihn einfach in ein Wachstäfelchen gekratzt? Hatte er sein Modell in den Steinboden geritzt, wie es von Baumeistern aus dem 13. Jahrhundert überliefert ist – oder einfach feine Linien in eine Schicht Sand gezogen? In jedem Fall muss er mit viel Überzeugungskraft für seine kühne Vision geworben haben. Dass er die Brandruine zuvor auch gründlich untersucht hatte, beschreibt der Mönch Gervasius von Canterbury in seinem 1180 verfassten *Tractatus de combustione et reparatione Cantuariensis ecclesiae*, seinem Bericht über den Brand und Wiederaufbau der Kirche von Canterbury. Es ist ein einzigartiges historisches Dokument, der einzige erhaltene ausführliche Bericht über die Arbeit eines Baumeisters der Gotik. Am 5. September 1174 war der Chor der alten Kathedrale abgebrannt und sollte so schnell wie möglich wiederaufgebaut werden, denn in der Krypta der Kathedrale ruhten die Gebeine eines Heiligen: Thomas Becket, der in ebenjener Kathedrale ermordet und nur drei Jahre später, 1173, heiliggesprochen worden war. Nun, so heißt es in der Chronik, »suchten die Brüder Rat, wie und nach welcher Planung die niedergebrannte Kirche wiederhergestellt werden könnte, aber sie fanden ihn nicht.« Deshalb sahen sie sich außerhalb Canterburys nach Experten um. Und so, wie es auch heute bei großen Bauvorhaben üblich ist, wurde ein Wettbewerb ausgeschrieben. »Es kam unter den Kunstfertigen aber einer aus Sens, Wilhelm mit Namen, ein ausgesprochen tüchtiger Mann, in Holz und Stein ein ganz besonders Kunstfertiger«, notierte Gervasius über den offensichtlich aussichtsreichsten Bewerber.

✣ ✣ ✣

Kind in der Wiege der Gotik

Wilhelm von Sens nennt man den Mann, dem dieser ausgezeichnete Ruf vorausgeeilt ist. Denn in Sens hat Wilhelm die letzten Jahre gelebt und gearbeitet. Geboren ist er wahrscheinlich als Sohn eines Handwerkers in der Nähe von Paris um das Jahr 1130, das genaue Datum ist unbekannt. Guillaume, wie sein französischer Geburtsname lautet, wächst im Einflussbereich eines der mächtigsten Männer des französischen Königreiches auf, Sugers von St.-Denis – Abt der Benediktinerabtei St.-Denis, der zugleich Vertrauter und wichtigster Berater des französischen Königs ist. Wahrscheinlich ist Wilhelm ihm begegnet – vielleicht schon als kleiner Junge, als Suger 1137 öffentlich zum Bau einer neuen Kirche für das Kloster aufrief. Oder als junger Mann, als nach einer Rekord-Bauzeit von nur vier Jahren an einem schönen Sommertag der Chor der neuen Abteikirche geweiht wird?

Denn an diesem 11. Juni 1144 herrscht Volksfeststimmung in St.-Denis, von überall her strömen die Menschen in das kleine Städtchen bei Paris. Auch das Königspaar, die junge Eleonore von Aquitanien und ihr Gatte, König Ludwig VII. von Frankreich, sind beim feierlichen Festakt im neuen gotischen Chorgewölbe unter den Gästen, außerdem zahlreiche Würdenträger aus nah und fern, unter ihnen auch der englische Erzbischof Theobald von Canterbury. Die Psalmengesänge, der Weihrauch, die vielen prächtig gekleideten Menschen, das sieben Meter hohe goldene Kreuz – wenn er tatsächlich dabei war, dann hat das prunkvolle Fest sicher einen unauslöschlichen Eindruck auf den jungen Wilhelm gemacht. Vielleicht hat auch er, wie die anderen Gäste, staunend an den schier endlosen schlanken Säulen hinaufgeblickt und sich gefragt, ob sie das Dachgewölbe tatsächlich würden tragen können. Oder er begutachtet sie schon mit den fachmännischen Augen eines Lehrlings im Baugewerbe? Denn wahrscheinlich hat Wilhelm sogar mehrere Handwerkskünste beherrscht, darauf deuten Gervasius' Worte hin: »In Holz und Stein ein ganz besonders Kunstfertiger« – danach könnte er Steinmetz und Zimmermann gewesen sein. Und vielleicht hatte er am Chor von St.-Denis sogar selbst mit gebaut. Davon berichtet der Mönch Gervasius in seiner Chronik leider nichts, aus Wilhelms Kinder- und Jugendzeit ist kaum etwas überliefert.

✤ ✤ ✤

Lehr- und Wanderjahre

Nach der Lehrzeit muss jeder Geselle drei Jahre lang auf Wanderschaft gehen. Leider wissen wir nicht, wohin Wilhelm seine Wanderjahre geführt haben, aber wie für alle Wandergesellen ist die gefährliche Reise auch für ihn sicher ein aufregendes Abenteuer. Denn die jungen Männer können fernab der Heimat nicht nur ihre handwerklichen Fertigkeiten vervollkommnen, sondern lernen auch neue Techniken und dazu fremde Sitten und Gebräuche kennen. Vielleicht ist Wilhelm gar bis nach Italien oder Spanien gereist, hat die maurischen Bauten in Andalusien besucht, die Mezquita in Córdoba oder die Alhambra in Granada. Sicher ist er voller neuer Eindrücke und Ideen in die Heimat zurückgekehrt.

Vielleicht sind es alte persönliche Kontakte, die ihm nach den Wanderjahren Arbeit in Sens verschaffen – Beziehungen, nicht anders als heute. Denn der Bischof von Sens, Henri Sanglier, ist ein enger Freund Abt Sugers von St.-Denis. So lässt sich Wilhelm schließlich in Sens nieder, das 130 Kilometer, vier Tagesreisen, von Paris entfernt liegt. Vom Bistum Sens war auch die Stadt Paris abhängig, die Residenz der französischen Könige. Wahrscheinlich arbeitet Wilhelm dort in der Bauhütte der Bischofskirche St.-Étienne. Mit den Arbeiten hier ist etwa zur gleichen Zeit begonnen worden wie in St.-Denis, um 1140 oder 1145. Als St.-Étienne 1168 feierlich eingeweiht wurde, war auch ein Engländer dabei: Thomas Becket, Erzbischof von Canterbury. Er lebte von 1164 bis 1170 in Sens im Exil, weil er sich mit dem englischen König überworfen hatte.

Gesellen ziehen von Baustelle zu Baustelle: Wissenstransfer im Mittelalter

Erst 1170 kehrte er nach England zurück. (vgl. Mord am Altar, S. 142) Vielleicht hatte Becket ja nach seiner Rückkehr in England von den neuen, hohen Kirchenbauten der Franzosen geschwärmt, oder in Sens sogar Wilhelm persönlich kennengelernt. Waren die Benediktinermönche in Canterbury so auf Wilhelm aufmerksam geworden?

❖   ❖   ❖

»Architectus« in Canterbury

Nach seiner Ankunft lebt Wilhelm »viele Tage bei den Mönchen, betrachtete das brandgeschädigte Mauerwerk sorgfältig von oben und unten, innen und außen«, notiert der Chronist Gervasius. Denn es stellt sich die grundsätzliche Frage: Restaurierung – oder Abriss und Neubau des niedergebrannten Chores?

Psychologisch geschickt wartet Wilhelm zunächst ab und versucht dann klug und geduldig, die Mönche von einem Neubau zu überzeugen. Er erkennt sicher gleich, dass sich ihm hier eine einzigartige Karrierechance bietet: Hier wäre er Pionier, der erste, der auf der britischen Insel die neue französische Bauweise wagt. Wilhelm gewinnt die Ausschreibung: »Diesen nahmen sie, indem sie die anderen fortschickten, wegen der Leibhaftigkeit der Erfindungsgabe und wegen des guten Rufes in das Werk auf. Ihm und der Vorsehung Gottes wurde die Vollendung des Werkes anvertraut«. Wilhelm hat die Mönche davon überzeugen können, die Reste des verbrannten Chores abzureißen und neu zu bauen. Aber er soll und wird die unbeschädigten anderen Teile des Gebäudes in seinen Bau mit einbeziehen, wird nutzen, was noch nutzbar ist. So entsteht schließlich durch die Verbindung der traditionellen englischen Bauweise mit den neuen französischen Elementen eine einzigartige Kombination, die den typischen englischen Stil der Gotik begründet.

Als Erstes lässt Wilhelm die Reste des zerstörten Chores abreißen. Als Architekt und Werkmeister, als »rector fabricae«, obliegt ihm die Verantwortung für das gesamte Werk, für die Planung und Organisation der Bauarbeiten, aber auch für die Verteilung der Gelder und die Bezahlung der Handwerker. Er muss fähige Fachleute finden: Steinbrecher und Steinmetze, Bildhauer, Zimmerleute, Dachdecker, Glasbläser, Gerüstbauer – eine logistische Herausforderung mit immens hoher Verantwortung. Und er braucht geeignetes Baumaterial. Den Stein für den Kirchenneubau lässt er aus Caen in der Normandie herbeischaffen. Schon dort werden die Felsbrocken nach den Schablonen der Steinmetze in England in Form gehauen, danach per Schiff Richtung England transportiert. Das ist noch der leichteste Teil der Reise. Denn danach wird umgeladen: Auf Ochsenkarren geht es über holprige Straßen und schlammige Feldwege weiter. Wilhelm konstruiert sogar die Baumaschinen selbst: Mit seinen Winden werden Schiffe entladen, aber auch Steine und Mörtel bewegt. Die Arbeiten schreiten rasch voran, akribisch hält Gervasius die Fortschritte in der Chronik fest: Im ersten

Das Vierungsgerüst der Kathedrale von Canterbury

Baujahr werden vier Pfeiler, nach der Winterpause zwei weitere errichtet. Die Seitenschiffe wachsen in die Höhe, Gewölbe werden gebaut. Im dritten Jahr entsteht das mit Marmorsäulen verkleidete untere Triforium sowie das obere Triforium, das Mittelschiff bekommt ein Gewölbedach. Im vierten Jahr werden die Pfeiler und Gewölbe der Vierung fertig. Wie üblich legt auch der Baumeister selbst mit Hand an, schließlich ist er »in Holz und Stein« ein ausgesprochener Fachmann.

Auch am 5. September 1178 ist Wilhelm wieder auf seiner Baustelle. Er steht hoch oben auf dem Gerüst, das für die Einwölbung der Vierung gebaut worden war. Will er das Gerüst noch einmal überprüfen, sichergehen, dass sorgfältig gearbeitet worden ist? »Da brachen plötzlich die Balken unter seinen Füßen ein und zusammen mit Steinen und Hölzern stürzte er zu Boden.« 50 Fuß, rund 15 Meter, fällt er in die Tiefe. Wilhelm überlebt, ist aber schwer verletzt. Niemand kann sich erklären, wie es dazu kommen konnte – war das Holz morsch, haben die Gerüstbauer gepfuscht? Niemand sonst kommt zu Schaden. »Gegen den Meister allein wütete entweder die Strafe Gottes oder der Neid des Teufels« – Gervasius' Worte zeigen, auf welch schmalem Grad sich die hochbegabten mittelalterlichen Baumeister bewegten: Ging alles gut, verehrte man sie, ging etwas schief, wähnte man den Teufel im Spiel.

Nach seinem schrecklichen Sturz wird Wilhelm nie wieder ein Gerüst erklimmen können, wahrscheinlich war er querschnittsgelähmt. Doch die Arbeiten müssen weitergehen: »Aber weil doch der Winter bevorstand und es nötig war, das obere Gewölbe zu vollenden, übergab er einem fleißigen und klugen Mönch, der den Maurern vorstand, die Vollendung des Werkes«, berichtet Gervasius. »Der Magister jedoch, der im Bett darnieder lag, ordnete an, was früher, was später gemacht werden musste«.

Eine solche Arbeitsmoral beeindruckt bis heute. »Wilhelm von Sens, der als Schwerbehinderter, wie wir heute sagen würden, die Baustelle leitete, ist ein absolut bewundernswerter Mann«, findet die Kölner Dombaumeisterin Barbara Schock-Werner, die sich mit der Geschichte mittelalterlicher Bauhütten wissenschaftlich

Die Giganten der Gotik

intensiv beschäftigt hat: »Das gilt sicherlich auch für einige andere. Denn ganz klar ist, die Baumeister haben alle gearbeitet, bis sie gestorben sind. In meinen ganzen Studien gab es nie so etwas wie eine Pensionierung, es sei denn, jemand hatte gewaltige Fehler gemacht. Dann wurde er aus dem Amt entfernt. Die anderen haben gearbeitet, bis sie umgefallen sind. Ich kann mir vorstellen, dass auch mancher dabei war, der das körperlich gar nicht mehr gut konnte. Doch solange er geistig fit war, war das nicht wichtig. Wilhelm von Sens hatte den Plan von Canterbury im Kopf, und das war die wichtigste Quelle, die man anzapfen musste.«

So leitet er die Arbeiten zunächst vom Krankenbett aus weiter. Doch mit seiner Gesundheit geht es bergab. Im Frühjahr 1179 spürt er, dass er »durch keine Kunst und keinen Fleiß der Ärzte geheilt werden könnte«, heißt es in der Chronik, dann »kündigte er das Werk auf und kehrte über das Meer nach Frankreich zurück. Ihm folgte in der Bauleitung ein anderer mit Namen Wilhelm, ein Engländer von Geburt, klein an Gestalt aber in unterschiedlichen Werken sehr geschickt und tüchtig.« Dieser »Wilhelm der Engländer« führt die Arbeit in Canterbury fort. Der Todkranke kehrt indessen nach Sens zurück, wo er

Sturz aus 20 Meter Höhe. Wilhelm wird sich von den Folgen des Unfalls nicht mehr erholen

im Jahr 1180 mit etwa 50 Jahren stirbt. Sein Werk, die Kathedrale von Canterbury, hat er nie vollendet gesehen, nicht anders als die meisten mittelalterlichen Baumeister. Doch die Erinnerung an ihn bleibt – in den Worten des Mönches Gervasius und in den Mauern und Säulen des Chores von Canterbury, dem Werk, das die Handschrift des Mannes trägt, der die Gotik nach England gebracht hat. Ken Follett hat ihm in seinem Bestseller *Die Säulen der Erde* ein literarisches Denkmal gesetzt – Wilhelm von Sens ist das reale Vorbild für Folletts Hauptfigur.

❖ ❖ ❖

4.3

Chartres

Gotik in Hochkultur

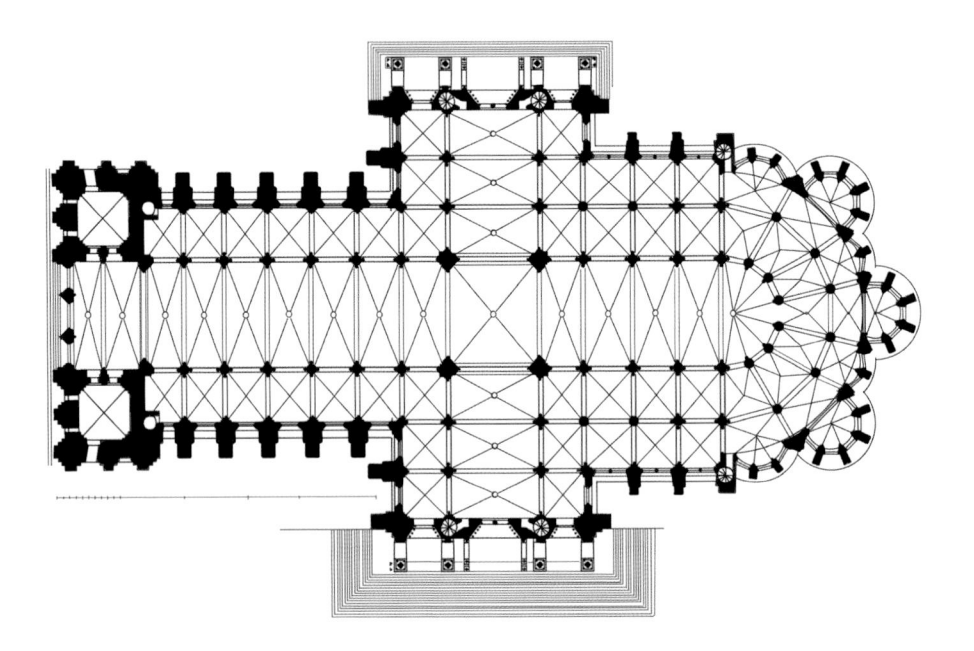

Erweitern statt neu bauen: Die Philosophie der Kathedrale von Chartres

Diese Kathedrale ist anders: Groß und Ehrfurcht gebietend sind sie alle, doch die Kathedrale von Chartres hat etwas schwer Fassbares, was sie zu einem der spektakulärsten Bauwerke der Gotik macht. Vielleicht ist es die Wirkung ihrer Dimension: Sie thront auf ihrem Hügel, ragt trutzig empor wie ein einzelner Berg in einem Meer aus Geröll. Ihre Dimension sprengt alles, so als würde man den Eiffelturm in ein Dorf verfrachten. Sie wirkt massiver, archaischer als die anderen Monumente der französischen Gotik. Wer sie ein bisschen länger betrachtet, ihre Proportionen wägt, der

Eine Pilgerstätte der esoterischen Bewegung: Die Kathedrale von Chartres

spürt eines ganz deutlich: Dieses Bauwerk ist nicht die Schöpfung eines Einzelnen oder das Kind einer einzigen Epoche: Türme, die so gar nicht zueinander passen wollen, eine Fensterrose, die nicht mittig, sondern nach links verschoben zu sein scheint, Disharmonien, steinerne Fremdkörper. Man spürt es, dieses Bauwerk wurde nicht »wie in einem Rutsch« auf leerem Grund errichtet. Chartres ist gewachsen, ein wenig verwachsen, zu Stein erstarrte Geschichten.

❖   ❖   ❖

Ein magischer Ort

Die Geschichte der Kathedrale von Chartres reicht weiter zurück als die aller anderen französischen Kirchen. Wie weit, lässt sich bis heute wissenschaftlich nicht erschließen. Beliebte Legenden sehen das gotische Monument in der Ahnenreihe des heidnischen Zentralheiligtums Frankreichs, ein vorchristlicher Wallfahrtsort der Kelten. Doch was hat dieses geheimnisvolle, heidnische Volk mit einer christlichen Bischofskirche zu tun? Der römische Feldherr und spätere Imperator Julius Caesar ist gewissermaßen ein Augenzeuge. Bei seinem Eroberungszug durch Gallien im 1. Jahrhundert v. Chr. begegnet er jenem geheimnisvollen Volk und seinen Weisen – den Druiden. Er ist einer der ersten »Berichterstatter«, der seine Erlebnisse in einer Art Kriegstagebuch festhält. In seinen

Das »Wunder von Chartres«: Das Feuer verschont die »Sancta Camisia«, das Hemd, das Maria bei der Geburt Jesu getragen haben soll

Commentarii de Bello Gallico berichtet er, dass die Druiden an einem besonderen Ort im »carnutischen« Land eine Versammlungsstätte gehabt hätten. »Carnuten«, das heißt in direkter Übersetzung, die Hüter des Heiligen Steines, und bei dem legendären »Carnut-Is« handelt es sich um nichts anderes als um den Hügel von Chartres«, diesen Standpunkt vertritt der Autor Louis Charpentier, dessen Buch *Die Geheimnisse der Kathedrale von Chartres* zu einem Bestseller wurde. Charpentiers Buch richtet sich speziell an jene Klientel, die in Chartres mehr sehen will als nur ein phantastisches Bauwerk. Denn was Chartres von allen anderen Kathedralen der Gotik unterscheidet, sind seine Besucher. Neben den allgegenwärtigen Gästen aus Fernost, den Kulturtouristen, oder einfach nur mehr oder minder interessierten Besuchern, findet sich hier jene Art von Menschen, die nicht zum Beten, Fotografieren oder einfach nur zum Staunen kommen – nein, sie wollen Kraft tanken, »spirituelle Kraft«! Chartres ist in der esoterischen Szene, mit ihren Hexen, Druiden, Neoheiden oder einfach nur Alternativen, so etwas wie Santiago de Compostela für die Christen. Hier wähnen sie sich im Zentrum großer Energien, mächtiger heilsamer Erdströme, Chartres ist für sie eine Stätte, »wo der Geist weht«, und für sie ist die Radiästhesie, die Lehre von der Wirkung von Strahlen auf Menschen, eine Wissenschaft. Unter den Anhängern dieser Pseudo- oder Parawissenschaft sind es diese »Orte der Kraft«, die in vorchristlicher Zeit durch riesige Steinblöcke, Menhire oder Dolmen gleichsam markiert wurden. In Chartres vermuten sie eine uralte Wallfahrtsstätte der Kelten – und die Kathedrale ist für sie nur die Fortsetzung einer jahrtausendealten Tradition. Entkleidet aller Mutmaßungen können wir eine Vermutung quasi als Faktum annehmen: Chartres war sicherlich die Gebetsstätte einer heidnischen Gottheit. Und es spricht vieles dafür, dass es sich um eine weibliche gehandelt hat. Es entspricht der Tradition, besser: der Strategie der frühen christlichen

Der Mythos eines Großbrandes: Die Kathedrale überstand das Feuer von 1194 weitgehend unversehrt

Missionare, vorhandene heidnische Götter sozusagen umzuprägen, um die vorhandene Verehrung in eine christliche zu kanalisieren. So wurde aus der Erdgöttin die »Mutter Gottes«, für die Menschen in frühchristlicher Zeit ist das die gereichte Hand, die ihnen hilft, über die Kluft zwischen den Kulten zu springen. Und diese Handhabung heidnischer Bräuche wurde von höchster Stelle befürwortet. Papst Gregor der Große rät im 7. Jahrhundert seiner Priesterschaft, die durch den Bezug auf einen bestimmten Ort gestärkte Glaubenskraft wachzuhalten, die Erinnerung an den Ursprung dieses Glaubens jedoch zu schwächen und sie durch christliche Traditionen auszutauschen.

Vielleicht wallfahrten schon die Kelten zu diesem Hügel, auf dem der Dom heute thront, umgeben von einem Gewirr historischer Bauten. Doch die meisten von ihnen sind sehr viel jünger als die Kathedrale. Im Mittelalter sind sie viel gedrungener und – aus Holz. Holz ist der dominante Baustoff mittelalterlicher Städte, einfach verfügbar, leicht zu bearbeiten und dennoch stabil. Natürlich gibt es noch keine Mindestabstände und Bebauungspläne, die Häuser schmiegen sich eng aneinander, eines stützt das andere, selbst eine eher kleine Stadt wie Chartres, mit vielleicht 10.000 Einwohnern, ist ein Labyrinth enger Gassen.

❖ ❖ ❖

Der »rote Hahn«

Wir schreiben den 11. Juni 1194 – ein trockener, sonniger Frühsommertag, ein Tag, der für die Stadt folgenschwer sein wird. Wie ein frühzeitlicher Riesendolmen ragt seit über 40 Jahren der Nordturm der romanischen Kathedrale über das verwinkelte Wirrwarr der Stadt. Ein mächtiges Bauwerk. Es beherbergt eine der wichtigsten Reliquien Frankreichs, die Sancta Camisia, das Hemd, das Maria bei der Geburt Jesu getragen haben soll. Heute würde man ein vorsichtiges »angeblich« einfügen, vor mehr als 800 Jahren wäre schon dieser Hauch des Zweifels Häresie, Gotteslästerung gewesen. Es war Karl der Kahle, der der Kleinstadt Chartres im Jahre 876 diese Reliquie vermachte: Der Beginn eines wachsenden Marienkultes war eine, wenn nicht *die* wichtigste Einnahmequelle der Stadt.

Doch immer wieder wird sie bedroht – vom »Roten Hahn«: Feuer in der Stadt ist so etwas wie der kollektive Albtraum der Menschen im Mittelalter. Gegen ein Großfeuer gibt es keine Mittel. Chartres hat eine lange, leidvolle Historie vernichtender Brände. Am 5. August 962 wurde die karolingische Kathedrale ein Opfer der Flammen, wohl durch vorsätzliche Brandstiftung im Krieg zwischen Herzog Richard I. der Normandie und dem Grafen von Chartres. 60 Jahre später – am 7. September 1020 – wurde der Nachfolgebau wiederum durch ein Feuer zerstört, diesmal war es kein Vorsatz, sondern ein Unfall.

Anlass für Bischof Fulbert, einen stattlichen romanischen Neubau errichten zu lassen. Oder besser: einen romanischen Erweiterungsbau, denn die Bauarbeiten waren 1024 abgeschlossen, nach nur vier Jahren. Eine viel zu kurze Bauzeit für die Errichtung eines vollständigen Monuments, sozusagen von den Fundamenten an. Die Krypta der »Fulbert-Kathedrale« ist noch heute erhalten. Sie befindet sich unter dem heutigen Chor und unter den Seitenschiffen. Geweiht wurde die romanische Kathedrale 1037, da war Bischof Fulbert schon acht Jahre tot. Es dauerte immerhin fast 100 Jahre, bis der nächste Brand die Stadt heimsuchte. Doch diesmal konnte ein Großteil der Kirche den Flammen widerstehen. Lediglich die Vorhalle und der Turm wurden zerstört. Dass vor der alten Fassade sofort ein neuer Turm gebaut wurde, zeigt, wie wohlhabend diese kleine Stadt war. 1150 ist der Nordturm fertig.

Am 11. Juni 1194, einem sonnigen Tag, herrscht auf den Straßen ein babylonisches Sprachgewirr, es wimmelt von Menschen: Pilger aus dem fernen Polen, aus Italien, den deutschen Königs- und Herzogtümern, sie alle wollen Marias Tunika sehen. Ist der mächtige Turm bemannt, gibt es jemanden, der hoch droben über der Stadt wacht – einen Turmwächter, der den Horizont nach Feinden und die Dächer nach Rauch absucht? Was hätte er gesehen an diesem Junitag? Wie brach er aus, der Brand?

Die Giganten der Gotik

Vielleicht schwelte das Feuer stundenlang, von den Menschen unbemerkt, vielleicht war es ein Unfall, Funkenflug, ein Mehlsack zu nah am Backofen. Es gibt tausend Möglichkeiten für das Entstehen eines Brandes im Mittelalter. Sicher können wir sein, dass der richtige und umsichtige Umgang mit Feuer den Menschen von Kindesbeinen an eingebläut wurde, dennoch kommt es immer wieder zu Unfällen. Simulationen in modernen »Feuertunneln«, die Messgrößen geben, welche Gewalten mittelalterliche Stadtbrände entfalten, zeichnen ein geradezu apokalyptisches Bild. Feuerstürme, die mit bis zu 1.200 oder 1.400 Grad Celsius durch die engen Gassen toben. Temperaturen, die Eisen zum Kochen bringen, Menschen einfach verglühen lassen. Quellen berichten von kleinen Wassertümpeln, die sich bei großen Stadtbränden derartig aufheizen, dass das Wasser zu kochen beginnt. Doch die wenigsten Menschen sterben durch das Feuer selbst, sondern vielmehr durch giftige Gase. Die Temperaturen sind so hoch, dass das Brennmaterial anfängt, sich zu pulverisieren, und Gase freisetzt. Gase in denen das hochgiftige Kohlenmonoxid und Kohlendioxid enthalten sind. Zwei, drei Atemzüge reichen aus, um einen Menschen zu töten.

In Chartres verbreitet sich das Feuer rasend schnell. Fast alle Häuser sind aus Holz, es hat seit Wochen nicht geregnet. Die engen Gassen sind Todesfallen. Viele flüchten in Richtung Kirchplatz. Instinktiv suchen sie Schutz bei Maria, der Mutter Gottes, sie glauben fest daran: Marias Tunika wird sie retten ... Doch dann greift das Feuer auf den romanischen Dom über ... Ein Chronist: »Am 11. Juni 1194 wurde die damals bestehende Kathedrale von einem außerordentlichen und beklagenswerten Brand derart verwüstet, dass die Mauern wankten, dann zerbarsten und zu Boden stürzten.« Jan van der Meulen, Mediävist und Kunsthistoriker, ist unbestritten einer der kompetentesten Kenner der Kathedrale, er meldet in seinem Buch *Chartres – Biographie der Kathedrale* beredt Zweifel an der vollständigen Zerstörung des berühmten Bauwerkes an: »Das Feuer wird furchtbar gewesen sein, doch kein noch so schlimmer Brand legt ein großes Steingebäude wie eine Kathedrale wirklich in Schutt und Asche.« Und weiter: »Keineswegs darf man sich vorstellen, es bliebe einfach ein großer Trümmerhaufen oder gar ein leerer Platz zurück. Kirchenbrände in

Die Madonna in Chartres-Blau: Die mittelalterlichen Glasbläser kannten das Geheimnis dieser seltensten aller Farben

Die große Fensterrose am Westportal der Kathedrale von Chartres

jüngerer, besser dokumentierter Zeit veranschaulichen das. Weder ein Dachbrand, der 1836 in Chartres wütete, noch sogar die Bombardierung des Kölner Domes im Zweiten Weltkrieg hat den jeweiligen Bau vernichtet.« Zweifel lässt auch ein Umstand aufkommen, der später als das »Wunder von Chartres« in die religiösen Annalen der Stadt eingeht: Chartres größter Schatz, die Tunika, bleibt im Feuersturm unversehrt. Denn es kann nicht sein, was nicht sein darf. Der Kirchenhistoriker Arnold Angenendt:

»Dinge, die Heiligen gehört haben oder Göttern zugesprochen werden, brennen nicht. In Cluny gibt es keine Feuerwehr im Kloster, obwohl überall Altartücher liegen. Man hält sie dem Feuer entgegen, und es erlischt. Das ist natürlich für uns zum Lachen, das können wir nicht verstehen, das ist uralte internationale Religion und lebt im Christentum weiter. Eine so bedeutende Reliquie wie das Marientuch brennt nicht.«

Entweder haben umsichtige Priester die Tunika beim ersten Feueralarm in Sicherheit gebracht, oder der Brand war längst nicht so dramatisch, wie ihn der Chronist beschrieben hat. Nicht nur die Grundmauern der Kathedrale stehen noch, auch die beiden romanischen Türme haben das Feuer überstanden, ebenso der Westbau mit seinem berühmten Königstor. Selbst den drei großen Lanzettfenstern an der Westfassade konnte der Brand nichts anhaben. Kunsthistoriker attestieren nach dem Stilbefund, dass die Auswirkungen der Feuersbrunst zumindest auf die Kathedralen bezogen begrenzt waren. Der Chronist jedoch sieht das anders: »Es wurde nötig, die Kirche von den Fundamenten auf wiederherzustellen, ja wiederum eine neue Kirche zu erbauen.«

❖ ❖ ❖

Aus Alt mach Neu

Der Name des Mannes, der diese Aufgabe übernehmen wird, ist nicht überliefert. Aber er handelt schnell. Das Konzept, das er den Kapitelherren vorstellt, basiert auf den stehen gebliebenen Bauteilen der alten Kathedrale, »verwertet« sie. Das garantiert einen raschen Aufbau.

Aber das Wichtigste ist: die Kathedrale kann auch während der Bauzeit weiter genutzt werden. Chartres ist eine Pilgerstätte, Tausende kommen, um die Tunika Marias zu sehen. Sie essen, trinken und spenden – das »Kerngeschäft« der Stadt muss unbedingt weitergehen … Eine geniale Synthese zwischen alt und neu. Wenn man so will, ist die große Kathedrale von Chartres kein Neu-, sondern ein Erweiterungsbau, der aus einem dreischiffigen romanischen Dom eine fünfschiffige gotische Kathedrale macht.

Bereits 1220 – 26 Jahre nach Beginn der Bauarbeiten an dem »bis auf die Grundmauern« zerstörten Monument – wird berichtet, der zerstörte Bau sei, »mit einem wunderbaren steinernen Gewölbe wiederhergestellt …« Das wäre gotischer Rekord, ein solcher Zeitraum für einen Neubau ist unrealistisch, Ka-

Wächter der Ewigkeit: Über 5.000 Statuen wachen in Chartres über die Kathedrale

thedralen werden nicht in Jahrzehnten, sondern in Generationen erbaut. Seltsam ist auch, dass man sich mit der Weihe weitere 40 Jahre Zeit lässt. Erst 1260 setzt eine Urkunde Papst Alexanders IV. die Weihe der neu errichteten Kathedrale an.

Gilles Fresson, Sprecher der Kathedrale von Chartres, selbst Historiker und Ingenieur, sieht das »Wunder von Chartres« eher ernüchternd. Für ihn ist die Geschichte von der Zerstörung »bis auf die Grundmauern« nichts anderes als ein – heute würde man sagen – PR-Coup:

»In den Darstellungen des Klerus und den historischen Quellen hatte das Feuer geradezu apokalyptische Ausmaße. Das war die Politik des Klerus, der den Brand

Chartres' Chor erstrahlt in neuem Glanz. Die Farbe Blau dominiert das Innere der Kathedrale

aufbauschte, um möglichst schnell mit dem Neuaufbau beginnen zu können.« Die »Schöpfer« von Chartres haben nicht bei den Grundmauern beginnen müssen. Über 60 Prozent der Baumasse war bereits vorhanden.

Es ist die Krux der Konstrukteure, dass sie nur selten das Werk, das sie beginnen, auch zum – vorläufigen – Ende führen können. Was wissen wir über sie? Im Fall von Chartres gibt es gar Mutmaßungen, dass der Auftraggeber, der Klerus, die Kapitelherren, eines Architekten gar nicht bedurft hätten. Dass man die Bauplanung und -führung in den eigenen Reihen hätte bewerkstelligen können. Das ist eine Theorie, sie dokumentiert jedoch, wie vage das Wissen um diese mittlerweile zweite Generation von Architekten ist, die das Wunder der Gotik realisieren. Plaketten mit den Namen von Baumeistern fanden

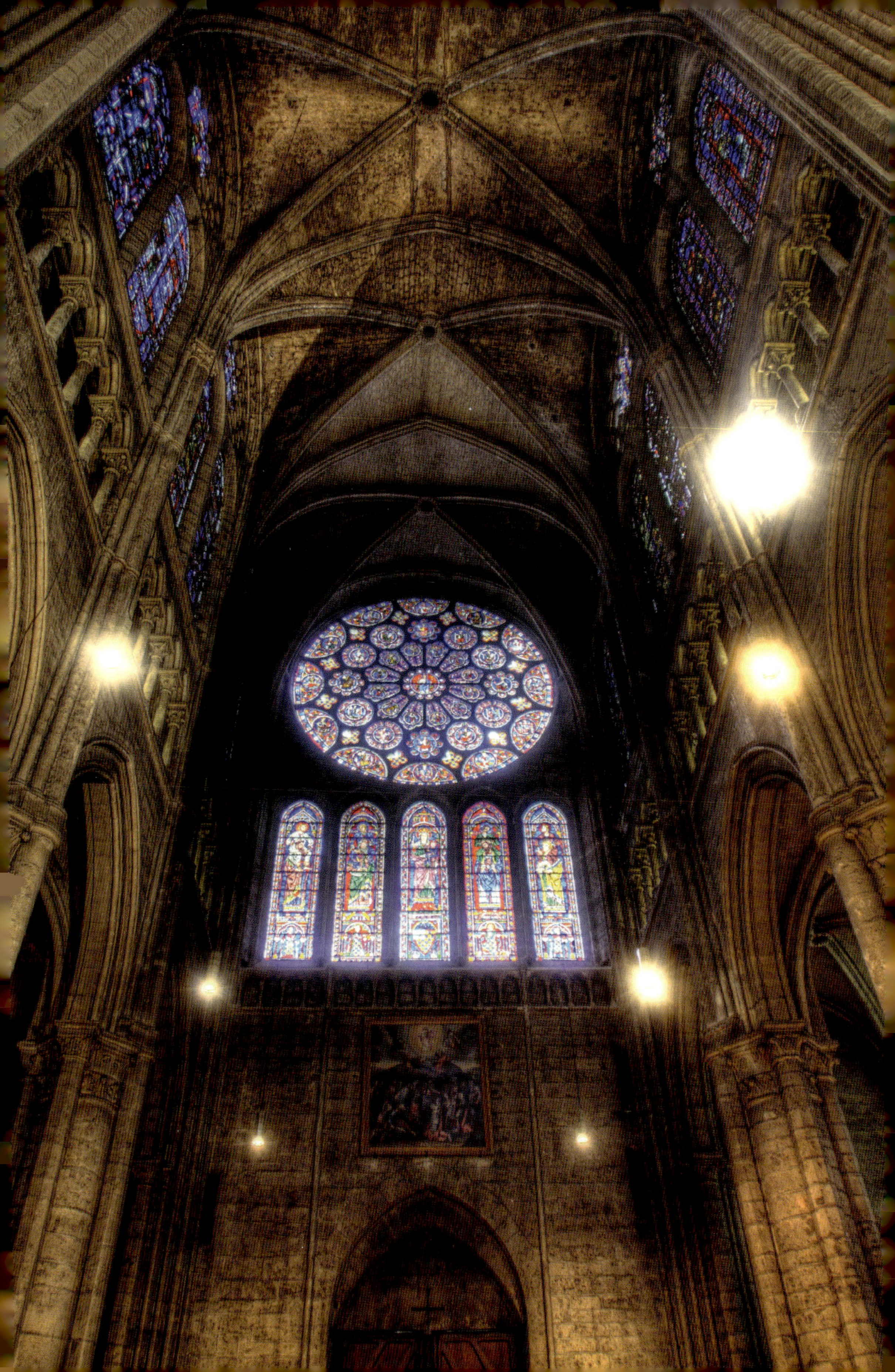

Chorumgang der Kathedrale von Chartres: Baukunst der Hochgotik.

sich zeitweise in der Mitte der großen Labyrinthe der Kathedralen von Reims und Amiens. In Chartres ist besagtes Labyrinth erhalten, nicht aber eine Inschrift, die Aufschluss über die Erbauer geben könnte. Großkirchen sind Generationenwerke, es ist schwierig, fast unmöglich unter den über 100 Kathedralen auch nur eine zu finden, die nicht zumindest teilweise eingerüstet ist. Viele Besucher ärgern sich über die »verschandelnden« Gerüstkonstruktionen, Fotografen oder Kameraleute stellen sie vor fast unlösbare Aufgaben. Wie soll man eine Kathedrale filmen, die großflächig mit Tüchern abgehängt ist? Chartres' gesamte Westfassade inklusive der berühmten Fensterrose ist eingerüstet und mit riesigen Planen abgehängt; keine kurzfristige Baumaßnahme, sondern ein Projekt, das sich über Jahre hinziehen wird. Der Klassiker unter den ewigen Baustellen ist der Dom in Köln. Die Kölner witzeln, dass »wenn der Dom fertig ist, die Welt untergehen wird« – da ist keine Gefahr in Sicht. Kölns Dombaumeisterin Barbara Schock-Werner hat im Übrigen eine ganz eigene Beziehung zu Baugerüsten:

»Natürlich kann man Gerüste als optischen Schaden einer Kirche darstellen und sie so sehen. Laien mögen das tun. Ich kann nur sagen: Der Kölner Dom ohne Gerüste ist keine Wunschvorstellung, sondern eine Schreckensvorstellung. Denn ohne Gerüst ist er ohne Pflege, und das würde vielleicht nicht im zweiten Jahr, aber in kurzer Zeit zur Sperrung des ganzen Geländes und zur Zerstörung der Kirche führen. Also sind die Gerüste sozusagen die Lebensadern aller unserer großen gotischen Kirchen, für mich kein hässliches Ding, sondern das Zeichen, dass diese Kirche gepflegt, dass auf sie geachtet wird.«

Kathedralen sind ewige Baustellen, oder besser: Baustellen der Ewigkeit. Was sich jedoch im Laufe der Jahrhunderte ganz grundsätzlich geändert hat, ist die Einstellung zur Kathedrale selbst, der Respekt gegenüber der Arbeit der vorangegangenen Generationen. Seit dem 20. Jahrhundert sind die historischen Baudenkmäler unberührbar. Sie werden erhalten, konserviert, mitunter sogar rekonstruiert, zurückversetzt in den Zustand, in dem sie sich ursprünglich befanden. Das war im Mittelalter ganz anders. Jedem bischöflichen Bauherrn stand es frei, »seine« Kathedrale umzugestalten, umzubauen, zu verändern, ganz nach Belieben. Ihre Baumeister fügten Elemente hinzu oder veränderten sie. Die Baumeister des 21. Jahrhunderts hingegen sind die Bewahrer der Werke ihrer Vorgänger. Ihre praktische Arbeit unterscheidet sich jedoch nicht prinzipiell von den Arbeitsabläufen mittelalterlicher Bauhütten. Natürlich gibt es heute Pressluft, Maschinen und nicht nur Muskelkraft: Aber die Fertigkeiten und Fähigkeiten der Steinmetze und

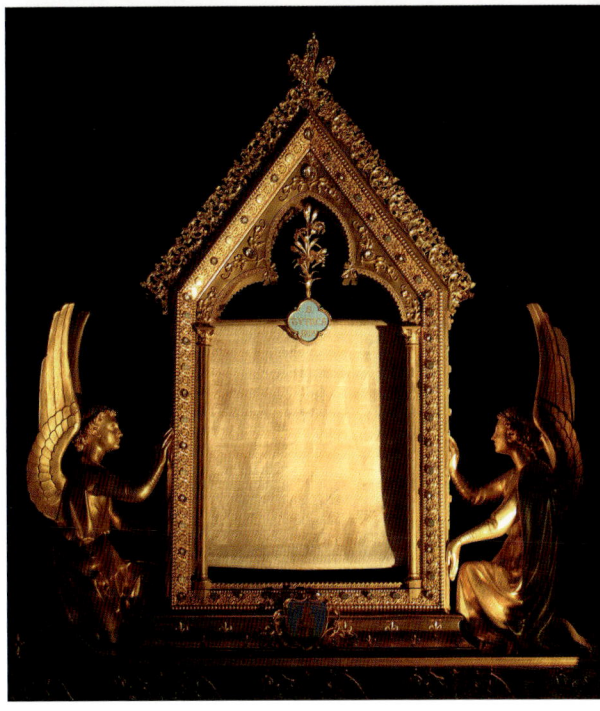

Maria und die Sancta Camisia: Eine der bedeutendsten Reliquien des Mittelalters

Bildhauer entsprechen denen des Mittelalters. Vieles wird zukünftiger Forschung vorbehalten bleiben, beispielsweise die Klärung der Fragen: Inwieweit reichte der Einfluss des Baumeisters? Kümmerte er sich um jedes Detail oder lässt er seinen Fachleuten viel Freiraum? Ist er ein Diktator oder eher »Erster unter Gleichen«? Die Baustellen mittelalterlicher Monumente beschäftigen bis zu 400 Menschen, sie zeigen Züge moderner Arbeitsteilung, fast industrieller Arbeitsabläufe. Der Architekt ist der Kopf dieser Maschinerie, doch inwieweit lässt er Freiräume zu? Wie frei sind die Glasermeister in der Gestaltung ihrer Werke? Einer der ganz wenigen, der aus der Anonymität der mittelalterlichen Meister hervortritt, ist der Glasermeister

»Gerüst für die vielen Fenster« wird die Kathedrale von Chartres manchmal genannt

6.700 Quadratmeter Fensterfläche: Der Dom von Chartres ist ein »Gigant der Gotik«

Clemens von Chartres. Seine Signatur findet sich auch in den Fenstern der Kathedralen von Rouen, Bourges, Paris und Sens. Die tiefen Geheimnisse seiner Kunst wird er für sich behalten haben. Dem Baumeister blieb die Organisation des großen Ganzen. Er ist der einzige im Bienengewirr der Bauhütte, der im Prinzip die Techniken aller Gewerke kennt. Über das Maß an Freiheit, das der Architekt den einzelnen Künst-

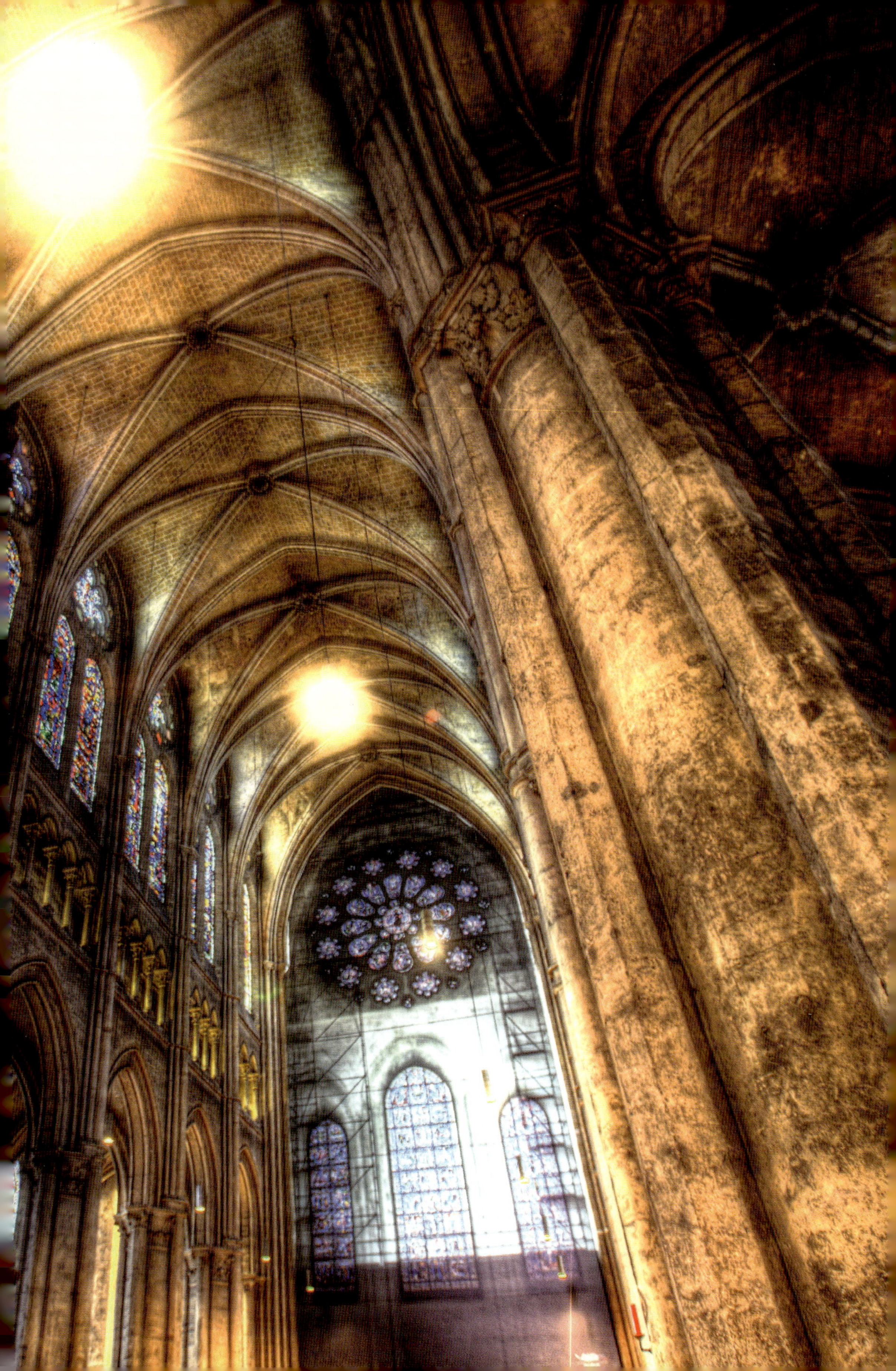

lern einräumt, gibt es keine festen Regeln. Der Dombaumeister ist wie ein Regisseur, er hat den großen Wurf im Kopf, doch er baut auf das Können seiner Kreativen. Letzten Endes ist das Werk die Summe aller.

✧ ✧ ✧

Eine Bibel aus Stein

Zu den auffälligsten Besonderheiten in Chartres gehören ganz unbestritten die Statuen des Chartreser Königsportals. Sie sind die ältesten erhaltenen gotischen Statuen der Kunstgeschichte. Die Darstellungen der Heiligen, des Göttlichen sind kunsthistorisch so etwas wie eine Revolution, denn das frühe Mittelalter kennt lange fast überhaupt keine Skulpturen. Sie haben für die Vordenker der Kirche etwas Heidnisches, Götzendienerisches und erinnern sie zu sehr an die Götterplastiken der Antike. Überhaupt sind die Portale der Kathedrale von Chartres Beispiele für die hohe Kunst der gotischen Bildhauerei. Hunderte von Bildhauern arbeiten über Generationen am Schmuck der Kathedrale. Und dennoch wirken für viele die Figuren und figürlichen Darstellungen wie aus einem Guss. In einem Zeitalter, in dem die große Mehrheit der Menschen nicht lesen und schreiben kann, ersetzt der Bilderschmuck das Buch. Es ist die in Stein gehauene Bibel, die von den Portalen Chartres' zu den Besuchern blickt. Doch das ist nicht die vorrangige und bedeutendste Funktion dieser »Heere der Heiligen«. Mehr noch als der moderne Mensch müssen die Kathe-

Glasmalereien eingeschlossen zieren 8.000 Figuren die Kathedrale von Chartres

Zauber des Lichtes: An strahlenden Sommertagen leuchten im Innenschiff alle Regenbogenfarben

dralenbesucher im Mittelalter wie erschlagen gewesen sein von der Flut der Figuren. Wie viele es wirklich sind, weiß wohl niemand ganz genau. Denn viele verbergen sich unzugänglich in dem Gebirge aus Stein. Glasmalereien hinzugenommen, sollen es mehr als 8.000 sein. Sie alle markieren eine Revolution, sind Ausdruck einer neuen Sichtweise der Dinge. Professor Arnold Angenendt: »Das 12. Jahrhundert steht unter dem Motto: ›Lerne Dich selbst kennen, Deine Motive beim Handeln, die Sünde wird neu definiert, ergründe, wer Du bist‹. Es kommen porträthafte Gesichtsdarstellungen auf. In diesem Sinne hat dann die Plastik einen interessanten und bemerkenswerten Stellenwert. Der Mensch kann sich ja nicht von allen Seiten betrachten. Aber der Mensch kann, wenn er eine Figur schafft, um sich herumgehen: Es ist eine neue Dimension von Selbstbewusstsein und Selbstwerdung.« Seit fast einem Jahrtausend wacht eine Legion steinerner Heiliger über die Geschicke der Kathedrale. Chartres ist nicht die größte, vielleicht auch nicht die schönste unter den Kathedralen der Gotik, die geheimnisvollste ist sie mit Sicherheit. Um kein anderes Gotteshaus ranken sich so viele Mythen und Legenden.

❖ ❖ ❖

4.4

Villard de Honnecourt

Ein Zeichner und sein Skizzenbuch

Sein Geburts- und Todesdatum sind unbekannt. Historiker wissen fast nichts von seinem Leben. Wahrscheinlich konnte er weder lesen noch schreiben. Und doch verdanken wir ihm ein einzigartiges historisches Dokument, ein Bilderbuch, das ein Fenster direkt in die Welt der Gotik öffnet: Die Rede ist von Villard de Honnecourt und seinem *Livre*. Das um 1130 entstandene Skizzenbuch enthält 33 beidseitig beschriebene Pergamentblätter mit 325 detailgetreuen Einzelzeichnungen – vor allem von Menschen und Tieren, aber auch von Maschinen, Kriegsgerät und liturgischem Zubehör, dazu Grundrisse, Kirchenansichten und geometrische Figuren. Sorgfältige Erklärungen auf Altfranzösisch ergänzen die Zeichnungen in der Handschrift, die heute in der Pariser Nationalbibliothek aufbewahrt wird.

Auf den ersten Blick wirkt es wie ein ungeordnetes Sammelsurium von Themen und Bildern, und tatsächlich sind die Skizzen erst nachträglich zu einem Buch, eher einer Mappe, zusammengefügt worden. Gleich am Anfang wendet sich der Autor an die Leser: »Wilars dehonecort grüßt Euch und bittet alle diejenigen, die mit den Konstruktionen, die man in diesem Buch findet, arbeiten werden, für seine Seele zu beten und sich seiner zu erinnern. Denn in diesem Buch kann man großen Rat finden über die große Fertigkeit der Maurerei und der Konstruktion der Zimmerei, und Ihr werdet die Fertig-

Zeichnung der Fensterrose von Chartres – Villards Skizzenbuch zeugt von Reisen quer durch Europa

keit des Zeichnens finden, die Grundzüge, wie die Kunstfertigkeit der Geometrie sie verlangt und lehrt.

Über den Menschen Villard selbst steht fast nichts darin. Wer war er? Ein begabter Zeichner, der darstellte, was ihn umgab? Ein Liebhaber von Architektur und Technik – oder sogar selbst Architekt und Baumeister?

❖   ❖   ❖

Aus der Picardie in die Welt

Wahrscheinlich stammt Villard aus dem kleinen Städtchen Honnecourt-sur-Escaut in der Picardie, zwischen Cambrai und Voucelles. Im Mittelalter ist es üblich, den Heimatort sozusagen als »Nachnamen« anzuhängen, »de Honnecourt« ist also kein Adelstitel, sondern eine Herkunftsbezeichnung. Zu Villards Zeit sind Benediktinermönche in Honnecourt gerade dabei gewesen, eine alte Abtei wiederaufzubauen, es gibt eine Bauhütte. Dort hätte Villard eine Lehrzeit als Handwerker verbringen können. Leider sind die Überreste der Abtei im Ersten Weltkrieg zerstört worden: Honnecourt lag genau an der Frontlinie, nur ein einziges Haus überstand den Krieg. So gibt es keine Möglichkeit mehr, Spuren oder Zeichen in den Ruinen zu finden, die auf seine Arbeit dort hindeuten könnten.

Das Skizzenbuch zeigt aber, dass Villard auf ausgedehnte Reisen gegangen sein muss, vielleicht bei einer Gesellenwanderung als Steinmetz oder Zimmermann und später dann als Baumeister mit Arbeitsaufträgen. Er besucht Baustellen und bedeutende Kathedralen in ganz Europa, hält sich in Reims und Chartres auf, wo er die berühmte Westrose und das Labyrinth zeichnet, in Cambrai, Meaux, Soissons, Laon (hier zeichnete er den Westturm), Vaucelles und Lausanne. Er reist sogar bis ins ferne Ungarn, wo er wohl am Bau der Kathedrale von Košice (heute Slowakei) beteiligt gewesen ist. Den Grundriss des Chores der Zisterzienserkirche in Vaucelles ergänzen die Worte: »Diesen Chor haben Villard von Honnecourt und Peter von Corbie in gemeinsamer Besprechung miteinander erfunden.« Darunter sieht man einen weiteren Grundriss eines Kirchenchores: Saint-Étienne in Meaux. Auch diesen haben beide gemeinsam entworfen, glaubt man der Beschriftung – das spricht für eine Tätigkeit Villards als Architekt. Dieser erste Chor mit drei Kapellen wurde etwa 1163 bis 1198 errichtet, ist aber nach einigen Umbauten heute so nicht mehr erhalten.

An Maschinenbauer und Werkzeugmacher richten sich die zahlreichen Zeichnungen von Baumaschinen und Geräten, die eindrucksvoll belegen, über welche technischen Hilfsmittel die Arbeiter des 13. Jahrhunderts verfügen. So werden Winden und Hebevorrichtungen oder eine »von selbst« sägende, halbautomatische Säge dargestellt. Auch kleinere technische Spielereien haben es Villard angetan – z. B. ein Schmuck-Adler mit einer raffinierten Mechanik, die bewirkt, dass der Vogel »dem Diakon den

Bodenbelag einer Kirche in Ungarn, Querschnitt durch einen Pfeiler, die Rose von Chartres: Viele der braunen Federzeichnungen sind mit lehrreichen Erklärungen versehen

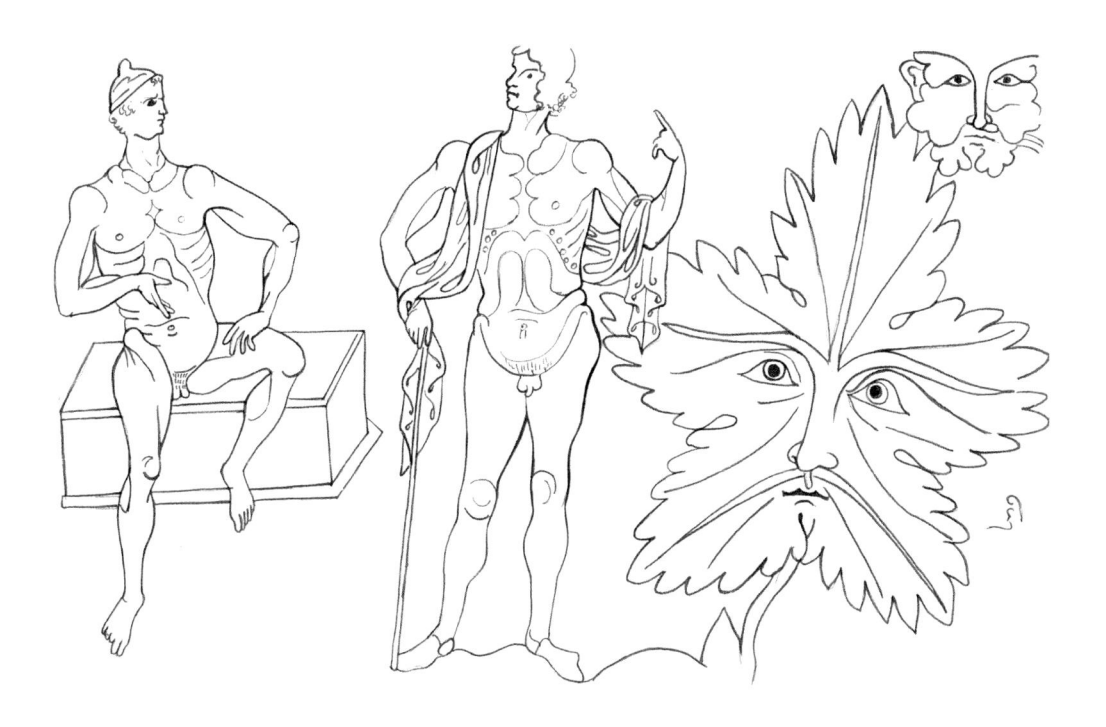

Aktmodelle und Blättergesichter: Vorlagen für Skulpturen und Ornamentschmuck?

Kopf zudreht, wenn dieser das Evangelium liest«. Da kann man sich lebhaft vorstellen, mit welchen Tricks und Showeffekten manches mittelalterliche »Wunder« zustande gekommen sein mag ...

Die meisten Zeichnungen im Skizzenbuch stellen Menschen und Tiere dar. Genau beobachtet Villard die Natur, zeichnet Hunde und Pferde, Vögel, Hasen und Igel, aber auch Insekten wie Grillen und Libellen und sogar einen Drachen. Vorbilder für die Zeichnungen von exotischen Tieren wie Löwen und Bären könnten Tierschauen sein, die durch die Lande ziehen, aber auch die reich illustrierten Bestiarien, Bücher und Bildersammlungen mit allegorischen Tierdichtungen. Menschen stellt Villard oft in zeittypischen Bibelszenen dar: Maria mit dem Jesuskind, der gekreuzigte Jesus, die zwölf Apostel. Aber auch Abbildungen von Würfelspielern, Ringern und sogar Aktfiguren in antiker Tradition sind unter den Zeichnungen – sie könnten als Vorlagen für Bildhauer und Glasmaler gedient haben.

Weil die Erklärungen zu den Bildern in unterschiedlichen Handschriften und zu verschiedenen Zeiten abgefasst worden sind, gehen Historiker davon aus, dass Villard, wie die meisten Laien im Früh- und Hochmittelalter, nicht lesen und schreiben kann, denn das erlernen in dieser Zeit fast ausnahmslos Geistliche. Wahrscheinlich diktiert Villard mehreren Schreibern in Altfranzösisch, vielleicht sind Teile des Buches aber auch von späteren Autoren ergänzt worden. So ist es nicht sicher, dass die geometrischen Zeichnungen und Instruktionen überhaupt

War Villard de Honnecourt Baumeister, legte er auf den Baustellen selbst Hand an?

von Villard selbst stammen. In jedem Fall bezeugen sie eine spannende Entwicklung, denn das mathematische Wissen der antiken Autoren wie Aristoteles, Platon oder Ptolemäus war in den Wirren der Völkerwanderungszeit und nach dem Ende des Weströmischen Reiches in Mitteleuropa verloren gegangen. Erst im 12. Jahrhundert kehrte es über Spanien wieder zurück. Denn dort lebten Christen, Juden und Araber über lange Zeit friedlich und in guter Nachbarschaft zusammen, von hier aus gelangten Wissen und Kultur der arabischen Hochkultur nach Mitteleuropa. An den arabischen Universitäten in Spanien studierten Araber, Juden und Christen gleichermaßen. Und vor allem in Toledo wurden seit Anfang des 12. Jahrhunderts zahlreiche antike Autoren ins Lateinische übersetzt, darunter auch einige grundlegende Werke zu Mathematik und Geometrie. Genauso wie die Bücher bedeutender arabischer Autoren, z. B. Schriften zu Astronomie und Trigonometrie und die Grundlagen der Algebra. Erst dieser Wissenstransfer habe die Entwicklung Mitteleuropas so beeindruckend beschleunigt, wie der französische Historiker Jean Gimpel in seinem Klassiker *Die Kathedralenbauer* formuliert: Ohne den Beitrag der Araber zur Entwicklung unserer Zivilisation »wäre die mittelalterliche Kultur nie zu ihrer vollen Blüte gelangt, und die Renaissance hätte sich nur sehr schleppend entwickelt.« Und vielleicht hätte es ja auch die grandiosen Bauwerke der Gotik ohne diese Wissensbrücke nie gegeben, wer weiß?

✣ ✣ ✣

Architekt oder Liebhaber?

Die Frage, ob Villard ein vielfältig interessierter Theoretiker oder praktisch arbeitender Baumeister war, bleibt bis heute auch unter Historikern umstritten. Die technischen Details seines Musterbuches deuten eher auf einen Praktiker mit den »weit gespannten Aufgaben eines mittelalterlichen Werkmeisters« hin, meint der Architekturexperte Günther Binding in seinem Buch über die Geschichte des Architekten- und Ingenieurberufes, *Meister der Baukunst*: »Das entspricht dem, was wir über die antiken Architekten wissen und was sich aus dem Oeuvre von Leonardo da Vinci erkennen lässt«. Die Gegenmeinung vertritt der englische Historiker

Neben zahlreichen Architekturskizzen zeichnet Villard auch Tiere – in der Tradition der im Mittelalter beliebten »Bestiarien«, allegorischen Tierdichtungen

Carl F. Barnes in der 2009 erschienenen, kommentierten Faksimile-Ausgabe von Villards Werk. Er hält ihn nicht für einen Architekten oder Baumeister, vor allem, weil sich im Skizzenbuch keinerlei architektonische Gesamtpläne finden.

Ob Zeichner oder Architekt, eines tritt aus den 33 Pergamenten in jedem Fall klar hervor: Ein wacher und aufgeschlossener Geist, ein vielseitig interessierter, begeisterungsfähiger, ganzheitlich denkender Mensch, der sich offensichtlich in Einklang mit seiner Umwelt befindet – Eigenschaften, die in unserer hochspezialisierten Zeit als modernes, zukunftsweisendes Denken immer mehr geschätzt werden.

❖ ❖ ❖

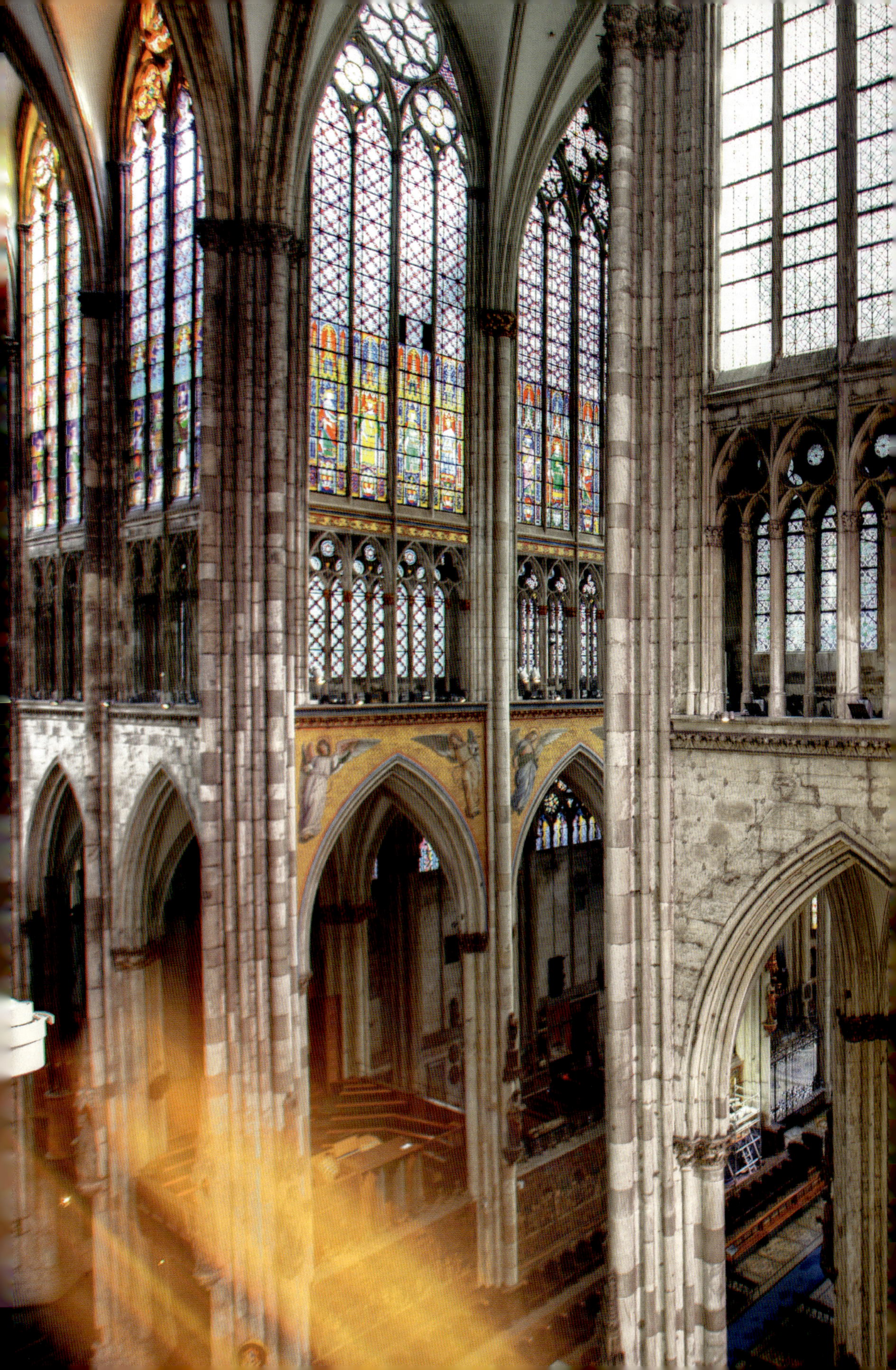

Der Dom zu Köln

Ein halbes Jahrtausend Baugeschichte

✣ 179 ✣

10.000 Quadratmeter Fensterfläche: Der Kölner Dom ist ein Bauwerk der Superlative

5.1

Französisches Vorbild: Amiens

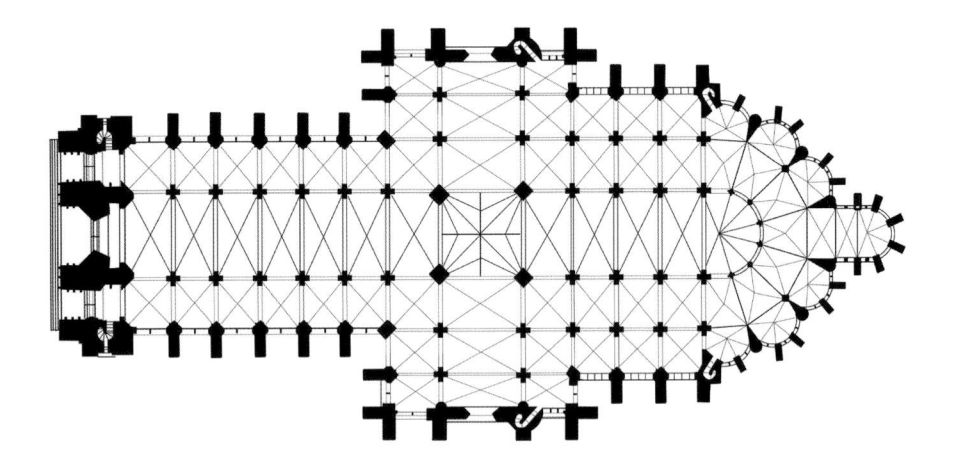

Grundriss der Kathedrale von Amiens in der Picardie, die seit 1981 zum Weltkulturerbe der UNESCO zählt

Es gibt Dinge, die ändern sich nie. Dazu gehört auch der ewige Wettstreit der Bauherren um das endgültig größte Gebäude. Ob nun zum Lobe Gottes oder aus Eitelkeit, die Hochgotik ist die Epoche der Rekordjäger. Wer baut den höchsten Innenraum, die höchsten Türme oder das längste Kirchenschiff, und zwar so, dass das Bauwerk auch stehen bleibt, was ja keineswegs eine Selbstverständlichkeit ist. Sie aber ist der unbestrittene Gigant der Gotik: Die Kathedrale von Amiens. Das größte französische Kirchengebäude des Mittelalters. Zur Zeit ihrer Erbauer war sie mit über 42 Metern der höchste Kirchenraum der Welt: Das Mittelschiff ist zwischen den Pfeilern 12,15 Meter breit, das Seitenschiff 6,07 Meter. Das Querschiff misst 62 mal 29 Meter. Die Kathedrale nimmt eine Fläche von 7.700 Quadratmetern ein und hat ein Volumen

»Notre Dame d' Amiens«: Vorbild für den Kölner Dom und die neo-gotische St.-Patricks Cathedral in New York

von 200.000 Kubikmeter. Für die Bischöfe und den Klerus von Beauvais war das die pure Provokation, ihre Kirche sollte noch größer werden – »sollte«, denn die Kathedrale von Beauvais stürzte 1284 ein. Was blieb, ist der Chor – immerhin der höchste aller Zeiten.

Für die Kunsthistoriker ist Notre-Dame d'Amiens neben Notre-Dame de Reims und Notre-Dame de Chartres das bedeutendste Beispiel für die Hochgotik im Frankreich des 13. Jahrhunderts.

Am Anfang ihrer Entstehung steht – wie so oft im Mittelalter – eine Katastrophe: 1218 brennt ein Feuer den älteren Vorgängerbau nieder. Dass Brände auch willkommen sein können, klingt angesichts ihrer meist katastrophalen Auswirkungen zynisch. Doch an Verdachtsmomenten, dass es sich bei dem einen oder anderen Kirchenbrand um einen – heute würde man sagen – »heißen Abbruch« gehandelt haben könnte, fehlt es modernen Historikern nicht. Jedenfalls war Amiens' romanische Kathedrale zum Zeitpunkt ihrer Zerstörung – gemessen an einem Kirchenleben – nicht alt, nur 81 Jahre. Es gibt viele Kirchen, deren Bauzeit länger war. Die Annalen berichten von einem städtischen Großbrand – doch diesen dem Karrierestreben eines Bauherrn anzukreiden, wäre infam. Es ist Bischof Évrad de Fouilloy, dem die Ehre gebührt, den Auftrag für dieses Titanenwerk gegeben zu haben. Und in diesem Fall kennen wir auch den Namen seines Architekten, Robert de Luzarches, geboren um 1180 in Luzarches, nördlich von Paris. Soweit die harten Fakten, doch jetzt verwischen sich die biografischen Daten des bischöflichen Baumeisters. Es gibt Quellen, die seinen Tod auf das Jahr 1223, also nur drei Jahre nach Baubeginn, datieren, andere geben das Sterbejahr mit 1240 an. Vielleicht liegt die Wahrheit in der Mitte, denn wäre Meister Luzarches wirklich so rasch nach Grundsteinlegung verstorben, hätte er das, was ihn als Architekt in seinen Kreisen berühmt gemacht hat, nur schwerlich realisieren können. Robert de Luzarches wird als ein »Henry Ford der Gotik« in die Kirchenbaugeschichte eingehen. Warum? Er wird fast 700 Jahre vor dem großen Automobilpionier etwas einführen, das zu den Grundpfeilern der Industrialisierung werden wird: Automatisierung und Rationalisierung. Der Architekt von Amiens erkennt sehr früh, dass auch die Kathedrale, wie man schon aus dem Festungsbau weiß, die Summe ungezählter, oft identischer Bauteile ist. Er lässt erstmals Quadersteine nach einer kleinen Anzahl von Modellen in Serie herstellen. Bis dahin wurde jeder einzelne Stein vor Ort eingepasst: eine hohe Kunst, aber sehr zeitraubend. Das Modell Luzarches lässt es zu, dass die Steine

Blick nach oben: unheimliche Fabelwesen als Wasserspeier

parallel zur Großbaustelle zurechtgehauen werden können, und das ganzjährig. Die Schablonen für die Steine waren so etwas wie ganz frühe Normgrößen, nach denen auch die Transport- und Hebemaschinen ausgerichtet werden konnten.

Alles an diesem Bau ist anders: Es ist nicht das Allerheiligste, der Chor, der zuerst auf dem Bauplan steht. Im Osten fehlt es noch an Platz, hier musste noch geräumt werden. Üblicherweise wurde ein Kirchenbau im Osten begonnen, um möglichst schnell Platz für die Feier der Liturgie zu haben.

Um keine Zeit zu verlieren, fängt Luzarches mit der Erstellung des Westbaus und des Kirchenschiffes an. Ob nun unter der physischen oder – wenn man so will – spi-

Barocker Schmuck in der gotischen Kirche: In der Innenausstattung von Amiens finden sich Werke aus fünf Jahrhunderten Kunstgeschichte.

rituellen Beteiligung des Meisters: ihm und seinen fortschrittlichen Ideen ist der rasche Fortschritt des Baus zu verdanken. Nach nur 16 Jahren sind das Hauptschiff und die Westfassade bis oberhalb des Rosenfensters hochgemauert. Danach erst beginnen die Arbeiten am Chor und den Kranzkapellen. Nach dem furiosen Start kommen die Bauarbeiten zwischen 1240 und 1258 zum Erliegen. Die Kassen sind leer. Erst 1375, eineinhalb Jahrhunderte nach Baubeginn, werden die Arbeiten an der Hauptfassade vollendet – der Vierungsturm stammt gar aus dem 16. Jahrhundert.

Als Notre-Dame d'Amiens vollendet ist, ist die Haupthalle so hoch, dass sie das menschliche Auge nicht mehr mit einem Blick erfassen kann, sondern nur in der Bewegung. Gezwungen zum ehrfurchtsvollen Blick gen Himmel. Ein Prinzip künftiger Kathedralenkonstruktionen.

Und wie ergriffen die mittelalterlichen Gläubigen in diesem Gewölbe gewesen sein müssen, ist noch heute spürbar – wenn an einem Sommernachmittag die Sonne im Kirchenschiff Inseln von blendender Helligkeit zaubert, der Staub silbern im Licht tanzt und dazu feierlich die Orgel erklingt.

❖   ❖   ❖

Höher als ein 15-stöckiges Wohnhaus. Das Langschiff der Kathedrale von Amiens

Spuren der Namenlosen: Steinmetzzeichen

Die Wucht der Gotik lässt uns oft vergessen, dass die Kathedrale ein riesiges dreidimensionales Puzzle fast unendlich vieler Einzelteile ist, zusammengetragen und aufgetürmt von Tausenden von Menschen in vielen Jahrzehnten. Wie sie lebten und wer sie waren, ist längst vergessen. Aber wer aufmerksam durch die heiligen Hallen der mittelalterlichen Kirchen schreitet, kann sie entdecken, winzige Hinterlassenschaften der Namenlosen. Der Männer, die die Steine schlugen, die heute in den Himmel ragen. Die unverwechselbare Signatur eines einzelnen Steinmetzen. Eine Kombination aus Kerben, unterschiedlich winkelig angeordnet, entfernt vergleichbar mit den hochgestellten Strichen, die eine Musiknote als Viertel oder Achtel ausweisen. In den großen Kathedralen finden sich Tausende dieser sogenannten Steinmetzzeichen. Hundertprozentig sicher sind sich auch Historiker ihrer Bedeutung nicht, denn manche Quadersteine weisen mehr als nur eine »Kerbenkennung« auf. Es gibt mehrere mögliche Erklärungen für bis zu drei Steinmetzzeichen: erstens, dass sie eine Signatur des Steinmetzen sind, der im Mittelalter pro bearbeitetem Stein bezahlt wird – das Steinmetzzeichen sozusagen als Abrechnungsbeleg. Zweitens könnten sie eine Kennung sein, die möglicherweise eine Art Abnahme, eine Qualitätsbestätigung

Vielfalt der Formen und Stile: Der Innenraum wurde immer wieder dem Zeitgeschmack gemäß verändert

darstellt. Und schließlich könnten sie drittens ein Symbol darstellen, das die spätere Versatzposition des Steines in der Kathedrale zeigt. Alles klingt plausibel – ist und bleibt aber Theorie. Heute legen Historiker Datenbanken der Steinmetzzeichen an. In der Kathedrale von Lausanne beispielsweise sind es über 5.000. Sie sollen Aufschluss über die Wanderbewegungen der Steinmetze geben. Nicht Theorie, sondern historische Tatsache ist, dass sich irgendwo in oder an der Kathedrale von Amiens die Signatur eines Mannes befindet, der wie kein anderer Baugeschichte geschrieben hat. Einer der ganz Großen der Gotik.

Wir kennen sein persönliches Zeichen nicht – diese Kombination von Kerben, die den Steinmetz sein ganzes Leben lang begleitet. Anfang des 13. Jahrhunderts beginnt er seine Gesellenwanderung zu den Großbaustellen der französischen Gotik. Sein Zeichen wird sich sicherlich in vielen französischen Kathedralen finden – sein Name: Gerhard! Gerhard stammt aus dem Rheinland, und noch hat die Gotik seine Heimat nicht erreicht, den jungen Mann zieht es nach Frankreich, wo noch nie gesehene Monumentalbauten entstehen. Wie der berühmte Wilhelm von Sens ein Dreivierteljahrhundert vor ihm durchreist auch Gerhard Frankreich – im Winter, wenn die Bauarbeiten ruhen, wechselt er die Meister. Es ist nicht ausgeschlossen, dass er auf zwei, drei Baustellen arbeitet – immer auf der Suche nach neuen Erfahrungen und Techniken. Wir kennen nicht jede Kathedrale, die Gerhard studiert. Doch in einem Fall sind sich die Historiker sicher: Die Kathedrale von Amiens gehört dazu. Amiens liefert die Inspiration für das spätere Lebenswerk dieses jungen Mannes – den Dom zu Köln. Die Betonung liegt auf »Inspiration«, die Behauptung, der Kölner Dom sei eine Kopie von Amiens, stößt bei Dombaumeisterin Barbara Schock-Werner auf entrüstete Ablehnung: »Meister Gerhard, der den Bau des Kölner Doms begonnen hat, muss französische Baukunst sehr gut gekannt haben. Es gab ja hierzulande nichts Vergleichbares. Und er hat mit Sicherheit Amiens gekannt, ebenso die Baustelle von Beauvais. All dies kann man bei ihm ablesen. Aber er war eben bedeutend und selbstbewusst genug, um nicht das zweite Amiens zu bauen. Im Detail unterscheiden sich die beiden Bauten ganz deutlich, wobei Amiens von der Spannung gegensätzlicher Formen lebt, während der Kölner Dom – Meister Gerhards Ideal – die Harmonie aller Teile ist.«

✧ ✧ ✧

Sprengt menschliches Maß: Der Innenraum der Kathedrale von Amiens ist zu hoch, als dass er mit einem Blick erfasst werden kann

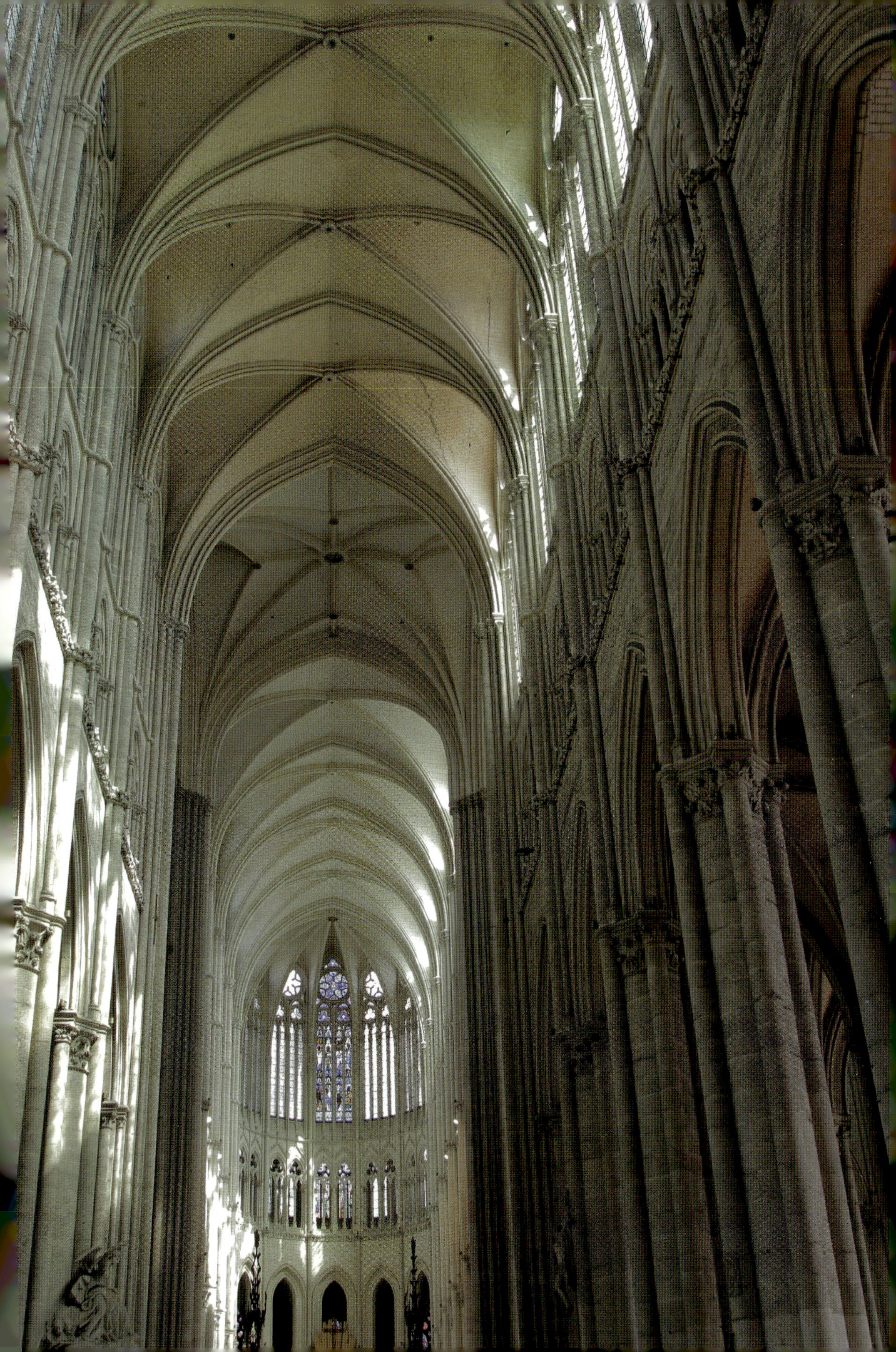

5.2

Der Dom

Fundament für die Ewigkeit

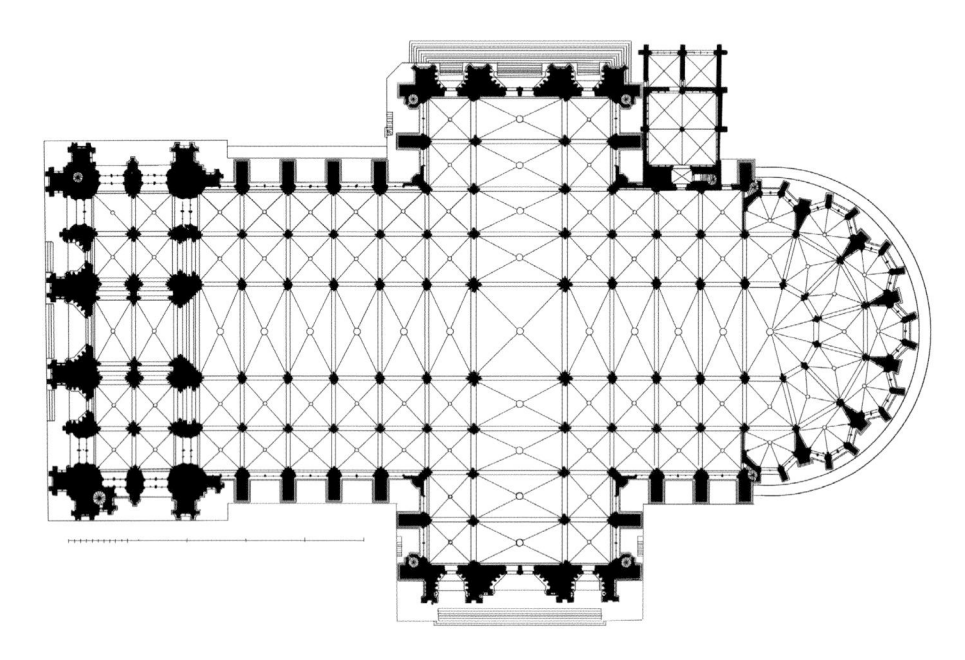

UNESCO-Weltkulturerbe seit 1996: Grundriss der »Hohen Domkirche zu Köln«, wie der Dom offiziell heißt

»Heiliges Köln von Gottes Gnaden« – neben Jerusalem, Konstantinopel und Rom ist Köln die einzige Stadt, die sich heilig nennen darf – warum?

Diesen Ehrentitel, Pilgerströme über Jahrhunderte und stetige Einnahmen – alles das verdankt die Rheinmetropole einer Reliquie, die zu den bedeutendsten in ganz Europa zählt: den Gebeinen der Heiligen Drei Könige. Sie sind maßgeblich am Aufstieg und Reichtum dieser Stadt beteiligt, die immerhin zu den größten auf dem Kontinent gehört und im Mittelalter als das »Deutsche Rom« gilt. Wir schreiben das

Auf dieser Konstruktion ruht der Kölner Dom: Modell des Fundamentes

Jahr 1225: In Frankreich entstehen die größten Kirchenbauten, die die Welt je gesehen hat. Selbst Kleinstädte leisten sich gewaltige Monumente. In Amiens wächst ein wahrer Gigant – fünf Jahre nach Baubeginn lässt sich bereits erahnen, in welchen Dimensionen seine Auftraggeber denken.

In Köln dagegen steht ein romanischer Altbau aus dem 9. Jahrhundert, den man heute einfach »Alter Dom« nennt. Mit 96 Metern Länge ein stattliches Bauwerk, aber viel schmaler und gedrungener als die kolossale Kathedrale, die an seine Stelle treten sollte. Der Alte Dom: aus damaliger Sicht hoffnungslos antiquiert, dunkel, bescheiden – und den schwellenden Pilgerströmen längst nicht mehr gewachsen. Vor allem aber eine Frage städtischen Stolzes: denn die Überführung der Reliquien der Heiligen Drei Könige nach Köln hat nicht nur eine große religiöse oder besser: spirituelle Bedeutung, sondern auch eine gewaltige politische Dimension. In der Vorstellung des Mittelalters »adelt« die Gegenwart dieser biblischen Könige auch das Deutsche Kaiserreich, das sich von nun an Heiliges Römisches Reich Deutscher Nation nennt.

Kölns Stern steigt, der Neubau des Domes ist somit auch und vor allem Ausdruck dieses Selbstbewusstseins. Kölns Offizielle rüsten zum »Wettstreit der Kathedralen«. 1225 fällt die Entscheidung: In Köln soll ein Dom im neuen Stil der Gotik entstehen. Doch bis zum Baubeginn wird es noch 20 Jahre dauern.

✣ ✣ ✣

DIE GEBURT EINES TITANEN

Als es dann soweit ist, entscheidet sich das Kapitel für den Baumeister Gerhard. Nach seiner Tour de France ist er als intimer Kenner gotischer Baukunst und erfahrener Architekt der Mann der Stunde. Warum Gerhards Auftraggeber, Bischof und Domkapitel, sich als Vorbild für ihr Bauvorhaben gerade den Dom in Amiens ausgesucht haben, bleibt ihr Geheimnis – wahrscheinlich weil er einfach der größte ist. Was sie Gerhard für die Konstruktion ihrer Kathedrale ins Stammbuch schreiben, ist dann nur konsequent: Was immer Du bauen willst, es soll größer sein als alles bislang Dagewesene, Amiens inklusive. Und Gerhard macht sich an die Arbeit, zwei Jahre brütet er über den Plänen und Berechnungen. Er ist Mathematiker, Statiker, Ingenieur und Architekt in einer Person: Am Ende ist seine Vision im Kopf vollendet. Ein Bauwerk von buchstäblich biblischen Dimensionen, mit einem Innenraum, der höher ist als in Amiens. Mit fünf statt drei Schiffen, mit Türmen, die über 150 Meter in den Himmel ragen sollen – das, was in Gerhards Kopf entsteht, ist nicht weniger als die größte Kirche der Welt. Ein würdiges Haus für die Heiligen Drei Könige, Platz für Tausende von Pilgern! Seine Vision: Die Westfassade des Domes – mit über 7.000 Quadratmetern die größte aller christlichen Kirchen. Ein Gebirge aus Stein! Vollendet wird »sein« Dom 400.000 Kubikmeter umbauter Raum sein, doppelt so viel wie in Amiens, ein Mittelschiff, so hoch wie ein 15-stöckiges Haus – 10.000 Quadratmeter Fensterfläche.

Doch als Gerhard 1248 die Bauarbeiten beginnt, dürfte er sich über eines ganz sicher im Klaren gewesen sein: Auch wenn er alle Errungenschaften moderner Bautechnik und Standardisierung, die er in Frankreich gelernt hat, perfekt anwenden wird, niemals wird er die Vollendung seines Werkes erleben.

✣ ✣ ✣

WIE OBEN SO UNTEN

Die Strategie, »alles abzureißen«, um dann sozusagen aus dem Nichts den Neubau zu beginnen, funktioniert bei einem Kirchenbau – zumal wenn es sich um einen derart exponierten handelt – einfach nicht. Wohin mit all den Pilgern – und wo soll man die wunderbare Reliquie der Heiligen Drei präsentieren? Das Wallfahrtsgeschäft kann man unmöglich während der Arbeiten am Neubau – geschätzte 100 Jahre –

aussetzen, der finanzielle Verlust wäre gewaltig, wäre ruinös für Stadt und Kapitel. Die Strategie heißt demzufolge: »Zug um Zug«. Ausgehend vom Chor frisst sich der Neubau gewissermaßen in den Altbau, den er Stück für Stück ersetzt. Rundherum werden riesige Schächte ausgehoben, die wahrscheinlich aufwendigsten Erdarbeiten seit Jahrhunderten, seit den Zeiten Agrippinas.

Es ist noch immer nicht in allen Details geklärt, wie eigentlich die ägyptischen Pyramiden gebaut wurden, wie es beispielsweise gelang, Quader von bis zu 100 Tonnen an die Spitze eines so gewaltigen Gebäudes zu transportieren. Manche Historiker glauben, dies sei mittels einer riesigen Rampe geschehen, die sich wie eine Schlange serpentinenförmig um diesen Koloss herumwand. Sie muss als Masse ein Mehrfaches des Volumens der fertigen Pyramiden gehabt haben. So kursiert unter Historikern als Treppenwitz die Frage, was eigentlich eindrucksvoller sei: die Pyramide – oder die Rampe, mit deren Hilfe sie geschaffen wurde. Aber was hat das mit den ›Pyramiden des Abendlandes‹, den gotischen Kathedralen zu tun? Auch die Kathedralen verdanken ihre Existenz und ihren Erhalt über Jahrhunderte hinweg einer Konstruktion, die man nicht sieht, die im Gegensatz zu den Pyramidenrampen aber immer noch vorhanden ist und die fast so beeindruckend ist wie das Monument, das sie trägt. Die Rede ist von den Fundamenten.

Kathedralen baut man nicht für die nächsten Generationen, sondern für die Ewigkeit – das unterscheidet sie ganz erheblich von den Großprojekten der Gegenwart. Gerhards erste Baumaßnahme ist daher eine Gründung, die die geplante Großkirche auch zu tragen vermag. Natürlich hatte Gerhard kein Heer von Statikern zur Verfügung, keine computergestützte Berechnung, keine Architekten und Bauplaner, er verfügte nur über sein Fachwissen und seine Erfahrung. Unvorstellbar bei einem Bauprojekt mit einem geschätzten Budget von sieben bis zehn Milliarden Euro – wollte man den Kölner Dom heute neu erbauen. Auf einer Fläche von über 12.000 Quadratmetern muss das Erdreich abgetragen werden um Platz für das gigantische Fundament des Gebäudes zu schaffen. Gerhards Prinzip der Statik und der Traglasten kann man auf den einfachen Satz »wie oben so unten« reduzieren. Die Basis, auf der der

Meister Gerhard ist Mathematiker, Architekt und Ingenieur in einer Person – typisch für viele mittelalterliche Baumeister

191

Brunnen aus der Antike: Im unterirdischen Gewölbe des Domes finden sich Zeugen aus uralter Vergangenheit

Dom ruht, ist fast genauso schwer wie die Kathedrale selbst. Der Kölner Dom wiegt schätzungsweise 160.000 Tonnen; die Baumasse seiner Fundamente sollte dieser Masse in etwa entsprechen, so die einfache Faustregel mittelalterlicher Statik.

✥   ✥   ✥

Abstieg in die Unterwelt

Wer heute in die Unterwelt des Kölner Domes hinabsteigt, passiert zunächst einen Tunnel, herausgeschnitten aus einer der großen Stützsäulen des Domfundaments. Dank der modernen Statik weiß man, dass dieses Tunnelchen der Stabilität der Basis keinen Abbruch tut. Trotzdem ist es für den sensiblen Besucher ein beklemmendes Gefühl – auf diesen Säulen lastet ein Gebirge aus Stein, die Tonnage der himmelstürmenden Türme.

Hier unten beginnt man zu begreifen, welchen Kraftakt die Menschen des 13. Jahrhunderts vollzogen. Jede einzelne Stützsäule des Fundamentes hat die Ausmaße eines Wohnhauses und ragt 17 Meter in die Tiefe. Fast 130.000 Tonnen Stein wurden als Basis für den Dom verbaut. So sind die Fundamente dieser Kathedrale fast wie ein Riesenbauwerk für sich. Im Labyrinth seiner Unterwelt stößt der Besucher auf Zeugen einer Geschichte, die bis in vorchristliche Zeit reicht. Eine architektonische Zeitreise: Reste des romanischen Vorgängerbaus, gemauerte Gräber mächtiger Fürsten, der sagenumwobenen Merowinger, fränkischer Könige aus dem 6. Jahrhundert, schließlich Reste römischer Wohnhäuser des 1. bis 4. Jahrhunderts. Kopfsteinpflaster, auf dem Legionäre marschierten, Brunnen für die Bewohner einer Stadt, die noch nicht Köln, sondern Colonia Claudia Ara Agrippinensium hieß. »Colonia« ist das römische Wort für Kolonie, das höchste Stadtrecht, das Rom zu vergeben hat.

Aus diesem »Colonia« – selbst Nichtkölner ahnen es schon – wurde dann Köln – ursprünglich also kein Name, sondern ein Titel.

✥ ✥ ✥

EWIGE BAUSTELLE

Gerhard macht seinem Ruf als einer der größten Baumeister seiner Zeit alle Ehre: Der riesige Mechanismus seiner Fabricae, seiner Bauhütte, läuft exakt wie ein Uhrwerk. Heute würde man sagen, Gerhard übertrifft seine Planziele, ist so erfolgreich, dass man ihn mit einem großen gepachteten Grundstück belohnt. 1265 ist bereits im Chor der Kapellenkranz bis in die Gewölbe hochgemauert, für die Kölner eine frühe Ahnung kommender Größe. Heute, aus der historischen Distanz betrachtet, hat man allerdings den Eindruck, dass sich die Arbeiten am Dom in den folgenden Jahrzehnten immer mehr verlangsamen, dass immer weniger Energie in das Riesenwerk fließt.

Erst ein Dreivierteljahrhundert nach Grundsteinlegung – am 27. September 1322 – wird der Chor geweiht. Der heiligste Teil des neuen Hauses für die Reliquien der Drei Könige ist fertiggestellt, ihre Gebeine werden feierlich überführt. Der Chor ist lediglich ein Fragment des geplanten Großbauwerkes – aber eines, das weltweit unvergleichlich ist. »Ich sah mitten in der Stadt die überherrliche, wenn auch unvollendete Domkirche, mit gutem Grund die Allerhöchste genannt. Anbetend betrachtete ich dort die Leiber der drei Magier, die aus dem Morgenlande in dreimaligem Sprunge ins Abendland gebracht worden waren, jener Könige, von denen die Schrift sagt, dass sie dem König des Himmels, da er wimmernd in der Krippe lag, Geschenke und Verehrung darbrachten«, Worte des Dichters und Philosophen Francesco Petrarca, der 1333 Köln besucht.

Zwei Jahrhunderte später ist der Dom immer noch nicht vollendet. Die Gotik ist längst nicht mehr en vogue und die Zeit der großen Wallfahrten, die an Wahn grenzende Verehrung der Reliquien, ist vorbei. Die letzte Baunachricht findet sich 1528. Vielleicht mangelt es einfach am Geld – in der Reformation verliert der Ablasshandel immer mehr an Bedeutung. Die Pilgerströme versiegen langsam. In den kommenden Jahrhunderten verkommt der Dom zu einer Bauruine. Niemand mehr will das Werk des großen Architekten vollenden. Der unfertige Dom bestimmt über 300 Jahre das Stadtbild Kölns. Die Kölner frotzeln, dass, wenn der Dom einmal fertig sei, die Welt untergehe. Sogar der Abriss der Kathedrale wird erwogen – doch was überwiegt, ist die Liebe der Kölner zu »ihrem« Dom – und vielleicht ist es auch so etwas wie eine erhabene Unantastbarkeit, die ihn vor diesem barbarischen Akt bewahrt. 600 Jahre sollte es dauern, bis die wohl berühmteste gotische Kathedrale endlich vollendet wird, aber das ist – wie es so schön heißt – eine andere Geschichte …

✥ ✥ ✥

5.3

Meister Gerhard und Albertus Magnus

Teuflisch genial?

Wohl jedes Kölner Grundschulkind kennt die Geschichten von Meister Gerhard, dem Baumeister des Kölner Doms, der mit dem Teufel gewettet haben soll: Lange, so erzählte man sich, habe Gerhard über den Plänen für den Dom gegrübelt und keine Lösung für die vielen Schwierigkeiten gefunden, die sich bei diesem gigantischen Bauvorhaben auftaten. Eines Tages aber, als er nach einem Spaziergang auf einem Felsbrocken namens »Teufelsstein« eingeschlafen war, stand, als er aufwachte, ein Fremder vor ihm, gekleidet wie die französischen Baumeister. Er würde ihm helfen, den Dom in drei Jahren fertigzustellen, versprach der Fremde – wenn er dafür die Seelen Gerhards, seiner Frau und der Kinder bekäme. Würde er es dagegen nicht schaffen, wären Gerhard und seine Familie frei. Der verzweifelte Baumeister willigte ein, und der Fremde zeichnete die Pläne für den Dombau in den Sand. Von da an ging es rasch voran. Bald munkelte man, dass es dabei nicht mit rechten Dingen zugehen könnte. Als die Frau des Baumeisters die Gerüchte hörte, stellte sie Gerhard zur Rede, und er erzählte ihr schließlich alles. Als die drei Jahre fast vergangen und der Dom beinahe fertig war, zeigte

Zwei Jahre soll Meister Gerhard über den Berechnungen für den Kölner Dom gebrütet haben

Als weitgereister Kenner gotischer Bauart ist Meister Gerhard der richtige Mann für das gigantische Bauvorhaben

Gerhards kleiner Sohn seiner Mutter auf dem Markt einen schönen, bunten Hahn, und da kam sie auf eine Idee. In der letzten Nacht des dritten Jahres, als gerade die letzte Turmspitze hochgezogen wurde, krähte sie noch vor dem Morgengrauen wie ein Hahn. Alle Hähne in der Nachbarschaft fielen ein, und von dem ganzen Hahnengeschrei stürzte der Dom in sich zusammen. Meister Gerhard und seine Familie waren gerettet.

Zumindest vorerst – die Legende geht nämlich in die zweite Runde. Der Teufel, kein anderer war der merkwürdige Fremde nämlich gewesen, kam noch einmal zu Gerhard, der den Dom erneut aufbaute, und verwickelte ihn in ein Streitgespräch. Schließlich schlossen beide einen Pakt: Wenn der Teufel es schaffen würde, eine Wasserleitung aus der Eifel nach Köln zu bauen, so dass am Dom ein Bächlein fließe, gehöre Gerhards Seele ihm. Gerhard war sich sicher, dass der Teufel das Geheimnis, wie eine so lange Leitung zu bauen sei, niemals herausfinden würde. Aber der Teufel entlockte es ihm mit einer List und wusste nun, dass man in regelmäßigen Abständen Luftlöcher lassen musste, damit das Wasser über eine so lange Strecke fließen konnte.

Wenig später tummelten sich Enten auf einem kleinen Bach unterhalb des Domes. Da war Gerhard klar, dass er seine Wette verloren hatte. Verzweifelt stürzte er sich vom Gerüst. Doch der Teufel sprang ihm in Gestalt eines Höllenhundes hinterher, packte ihn und fuhr mit Gerhard hinab in die Hölle. Über Jahrhunderte fand sich kein Baumeister mehr, der den Dom weiterbauen wollte.

Beides sind schöne Gruselgeschichten (nicht nur) für Kinder, vor allem, wenn sie am Dom vor den unheimlichen Fratzen der Fabelwesen am Chorgestühl oder den Was-

Der Dominikaner Albertus Magnus, ein mittelalterliches Universalgenie: Philosoph, Naturwissenschaftler, Jurist, Theologe

serspeiern erzählt werden. Aber nicht nur das. Denn die Legenden erlauben uns einen Blick in die Gedanken- und Gefühlswelt der Menschen im Mittelalter. Für sie waren die christlichen Glaubensgrundsätze mit dem alltäglichen irdischen Leben untrennbar verwoben. Himmlische und höllische Mächte griffen aktiv in ihr tägliches Leben ein, Gott genauso wie Satan, sein Gegenspieler.

Die Geschichten der Bibel wurden von den Menschen des Mittelalters wörtlich genommen und nicht symbolhaft oder im übertragenen Sinne verstanden. Hochbegabte, deren Kenntnisse und Fähigkeiten weit über das hinausgingen, was der Durchschnitt wusste oder konnte, waren ihren Mitmenschen suspekt und mitunter sogar regelrecht unheimlich. Wie Meister Gerhard in Köln gehörten dazu auch andere Baumeister, die himmelstrebende Wunderwerke jenseits menschlicher Vorstellungskraft erschufen. Sie wurden oft gleichermaßen verehrt wie gefürchtet. Verehrt, weil sie mit ihrer Arbeit Gott als Schöpfer huldigten, ihm als »Werkmeister« des Universums nah waren. Zwei Bibelstellen beziehen sich darauf: Im *Buch der Weisheit* 11,21 heißt es: »Du aber hast alles nach Maß, Zahl und Gewicht geordnet. Denn du bist immer imstande, deine große Macht zu entfalten.« Und im *Hebräerbrief* 3,4 steht: »Denn jedes Haus wird von jemandem erbaut; der aber, der alles erbaut hat, ist Gott.«

Auf der anderen Seite war den einfachen Menschen das kaum nachvollziehbare, umfangreiche Wissen der Baumeister unheimlich. Manche von ihnen wie Wilhelm von Sens oder Meister Gerhard kann man sicher als Universalgenies bezeichnen, vergleichbar etwa einem Michelangelo, Leonardo da Vinci oder Goethe. In einer Welt, in der nur ein Bruchteil der

Gott und Luzifer, Geister und Dämonen waren den Menschen des Mittelalters stets gegenwärtig

Der Dom zu Köln: Ein halbes Jahrtausend Baugeschichte

Menschen lesen und schreiben konnte, in der die Kirche die Wissens- und Deutungshoheit hatte und bestimmte, was gut und was böse war, konnten selbst einfache geometrische Zeichnungen, die heute schon ein Sechstklässler anfertigt, wie geheimnisvolle, magische Zauberzeichen erscheinen. Was die Menschen nicht kannten, was ihnen unerklärlich schien, musste demzufolge göttlich – oder des Teufels sein. Selbst in unserer modernen, aufgeklärten Zeit gibt es sie noch immer, diese diffusen Ängste vor dem Neuen, Fremden oder Unbekannten.

Und Meister Gerhard, der erste Baumeister des Kölner Doms, war mit seinem bautechnischen Wissen und seinen handwerklichen Kenntnissen den meisten Menschen seiner Zeit sicher weit voraus. Hinzu kam, dass er als Leiter des wichtigsten Wirtschaftsunternehmens vor Ort einen äußerst verantwortungsvollen und zudem einflussreichen Posten hatte, vergleichbar dem Manager eines heutigen Großbetriebes. Dafür wurde er ausgesprochen gut entlohnt, Baumeister gehörten zu den absoluten Spitzenverdienern in der mittelalterlichen Handwerkerschaft, als Lohn erhielten sie das Vielfache eines einfachen Handwerkers. Das rief natürlich auch Neider auf den Plan.

Meister Gerhard, erster Baumeister des Kölner Doms, wie ihn sich ein unbekannter Zeichner im Jahr 1899 vorstellte

Teuflische Kräfte wurden auch einem anderen Hochbegabten zugesprochen, der zu Gerhards Zeit ebenfalls in Köln lebte, ein Intellektueller, wie man heute sagen würde: dem Gelehrten Albertus Magnus. Der Dominikanermönch war vielfältig interessiert, hatte in Italien und Frankreich studiert und umfangreiche Kenntnisse in vielen Wissenschaften erlangt. Im gleichen Jahr, in dem mit dem Bau des gotischen Kölner Doms begonnen wurde, 1248, wurde unter Albertus Magnus' Leitung auch die Basis für die spätere Kölner Universität gelegt: Das Studium Generale des Dominikanerordens wurde eröffnet. Köln entwickelte sich damit zu einem der – so würde man heute sagen – wissenschaftlichen Exzellenzzentren des Mittelalters. Da Albertus Magnus sich aber auch mit Alchemie und Magie beschäftigte, rankten sich auch um ihn zahlreiche Sagen und Legenden, die ihn mit übersinnlichen Kräften in Verbindung brachten. Ihm wurde ebenfalls ein Bündnis mit dem Teufel nachgesagt: Der Leibhaftige persönlich soll ihn in Gestalt eines zottigen, schwarzen Hundes begleitet haben, außerdem habe er ein Orakel in Form eines sprechendes Kopfes befragt.

Und hier schließt sich der Kreis zu Gerhard. Denn eine Legende erzählt Folgendes von Albertus Magnus: Eines Abends sei er im Speisesaal des Klosters zurückgeblieben, bis es dunkel wurde. Plötzlich habe ein Wetterleuchten vor seinen Augen gezuckt und ihm seien in schimmerndem Lichtglanz vier Männer in weiten Talaren erschienen: ein Greis, ein älterer Mann, ein Mann mittleren Alters und ein Jüngling, ausgestattet mit den Attributen der Baumeister: Zirkel,

Um Meister Gerhards Todessturz ranken sich im Volksglauben viele Legenden – ist der geniale Baumeister mit dem Teufel im Bunde gewesen?

198   *Der Dom zu Köln: Ein halbes Jahrtausend Baugeschichte*

»Wenn der Dom fertig ist, geht die Welt unter«, heißt es in Köln – aber an der jahrhundertealten »ewigen Baustelle« ist immer etwas zu tun

Maßstab, Winkel und Waage. Ihnen sei die heilige Jungfrau Maria gefolgt, in ihrer Rechten einen Lilienstengel haltend. Albertus sank ehrfürchtig nieder. Nach den Vorgaben Marias zeichneten die vier Meister dann den Plan zu einem gigantischen Kirchenbau an die Wand, der ihnen schließlich in hellem Sternenschein entgegenleuchtete – der Bauriss des Kölner Doms. Denn tatsächlich hätte Albertus, so die Legende, den Auftrag für den Dombau bekommen. Von ihm, dem berühmten Theologen, Philosophen und Naturwissenschaftler ist eigentlich nicht bekannt, dass er auch bautechnische Kenntnisse gehabt hätte, aber in der Legende stört das nicht – die himmlischen Mächte leiteten ja sein Tun.

Ein Teufel als zottiger Höllenhund, ein sprechender Orakelkopf und die Jungfrau Maria als Architektin; hätten Gerhard und Albertus Magnus bei einem Glas Wein über solche Geschichten herzhaft gelacht oder wäre auch ihnen, als in ihrer Zeit verwurzelten Menschen ein klein wenig mulmig dabei geworden? Wir wissen es nicht. In Köln bleiben jedenfalls beide unvergessen – Meister Gerhard als erster, genialer Dombaumeister und Albertus Magnus als der Mann, mit dem die Kölner Universität bis heute verbunden bleibt.

✥ ✥ ✥

5.4

Rätsel, Geheimnisse, Zahlenmystik

Albrecht Dürers »Heilige Dreifaltigkeit« – Gott erschuf den Mensch nach Maß, Zahl und Gewicht. Mystische Zahlen spielen in der Gotik eine große Rolle

Bücher wie *Da Vinci Code* oder *Illuminati* lassen uns glauben, Kathedralen seien so etwas wie der Hort vergessenen Wissens, ewiger Geheimnisse oder gar verschollener Schätze. Immer wieder werden sie benutzt, als Köder und Kaufanreiz, die Lockthemen eines ganzen literarischen Genres: die Bundeslade, der Heilige Gral, das Elixier des ewigen Lebens. Die Schlüssel zu diesen legendären Schätzen finden die Helden esoterischer Abenteuer mit Vorliebe in den alten Kathedralen oder in den Katakomben darunter. Die sogenannte Zahlenmystik – ein verführerisches Thema, das aber nicht selten völlig in die Irre geht. Bei diesem Aspekt der Gotik gehen die Meinungen himmelweit auseinander. Und so tummelt sich mittlerweile eine ganz neue Spezies von Besuchern in den Großkirchen der Gotik. Unter dem Arm die »Bücher der Geheimnisse« – immer auf der Suche nach einem mysteriösen Licht, auffälligen Schatten oder einem Hinweis auf die großen Rätsel dieser Welt. Sie und ihre Propheten sehen in den Baumeistern der Gotik Mystiker, eher so etwas wie Alchemisten der Architektur – wenn es das denn gäbe. Für Kölns Dombaumeisterin Barbara Schock-Werner hingegen waren die Architekten der Gotik Menschen, »die mit beiden Beinen fest auf dem Boden der naturwissenschaftlichen Tat-

sachen standen und viel mit Mathematik, aber nichts mit Mystik zu tun hatten«. Die
›Jobbeschreibung‹ dieser Männer gibt ihr Recht: Der Bau einer Kathedrale braucht
Ingenieure, keine Zahlenmystiker. Und dennoch – Botschaften, versteckte Codes,
die Magie der Zahlen – das sind ureigenste Elemente der Gotik. Bevor wir die »heiligen Zahlen« und ihre Bedeutung analysieren, hier einige Anmerkungen zum Thema
»verschollenes Wissen«.

✢ ✢ ✢

Die Codes der Heiligen

Wandeln wir heute durch die Hallen der Dome und betrachten die ungezählten Heiligenfiguren mit ihren verzückten Gesichtern und seltsam gewinkelten Händen,
dann können wir nur mutmaßen, welche Statue welchen Heiligen darstellt. Das war
im 12. oder 13. Jahrhundert ganz anders. Die Symbolik war den Menschen des Mittelalters vertraut: denn an jeder Statue, in jeder Darstellung findet sich ein Detail,
das dem Betrachter vom Schicksal oder der Geschichte dieses oder dieser Heiligen
kündet, die Menschen damals benötigten nicht wie wir die Beschriftung der Sockel,
die die meisten ohnehin nicht lesen konnten. Nehmen wir z. B. einen Heiligen, der
auch Atheisten bestens bekannt ist: den heiligen Nikolaus. Bei einer Heiligenstatue,
die drei goldene Kugeln in der Hand hält, können Sie getrost davon ausgehen, dass
es sich um ihn handelt: Drei kleine Kugeln aus Gold, ein verschlüsselter Code, unlösbar mit Nikolaus verbunden – aber was bedeutet er? Die Kugeln stehen für eine
Legende.

Sie spielt in der antiken Stadt Patara im Süden der heutigen Türkei vor 1.700 Jahren.
Dort lebt demnach ein Vater mit drei Töchtern, verarmt, außerstande, seine Kinder
zu ernähren, geschweige denn eine Mitgift für sie zu aufzubringen. Verzweifelt bleibt
ihm keine andere Wahl als die Mädchen aus der Obhut seines Hauses zu verweisen –
sie auf die Straße zu setzen: eine unaussprechliche Schande, ein Drama in damaliger
Zeit. Nikolaus wird Augenzeuge. Er weiß, dass dem Vater nur zwei Möglichkeiten
bleiben: sein eigen Fleisch und Blut in die Prostitution zu zwingen oder an Hunger
zu sterben. Nikolaus hilft der Familie, schnell und anonym: Er wirft drei Lederbeutel,
prall gefüllt mit Münzen, in ihr Zimmer. In anderen Quellen sind es »drei Kugeln aus
Gold«. Diese Kugeln weisen den Heiligen klar als Nikolaus aus.

Auch auf die Frage, warum der heilige Christophorus stets so monumental, so viel
größer als alle anderen Heiligen dargestellt wird, hätten die mittelalterlichen Menschen ohne Zögern eine Antwort gewusst. Im Zeitalter der Gotik sind die Kirchentüren stets so geöffnet, dass man bereits von draußen Christophorus sehen kann. Der
Mann, der der Legende nach das Christuskind durch einen reißenden Fluss trägt, gilt

als Schutzpatron vor Unfällen und Missgeschicken, der allmorgendliche Blick auf seine Darstellung schützt den Betrachter – so glaubte man. Heute ist Christophorus Schutzpatron der Autofahrer und daher viel beschäftigt.

❖ ❖ ❖

Das Geheimnis der Zahlen

Mit bestimmten Zahlen verhält es sich nicht anders. Ihre Bedeutung kennen heute wohl nur Theologen, ebenso wie ihren Ursprung. Als die Domherren zu Köln Meister Gerhards ersten Entwurf sehen, vielleicht als riesiges Tonrelief im Kapitelsaal, dürften sie geahnt haben, dass sie vor dem Urmaß der größten Kirche der damaligen Christenheit stehen. Vielleicht hat der ein oder andere der gelehrten Herren im Geiste mitgezählt: Sieben Chorkapellen hat Gerhards Dom, die Summe aus der Drei, der Dreifaltigkeit und der Vier – für die vier Evangelisten und die vier Himmelsrichtungen.

12 Türen führen hinein – 12 Tore hat das Himmlische Jerusalem. Professor Arnold Angenendt: »Der Mensch ist von Gott nach Maß, Zahl und Gewicht erschaffen. Wenn ich den Menschen auf den Boden lege und ihm sage: ›Breite die Arme aus‹, dann kann ich vom Nabel aus einen Kreis um ihn ziehen, und er liegt genau in diesem Kreis. Der nächste Schritt – das Himmlische Jerusalem – ist natürlich ebenso nach Maß, Zahl und Gewicht geschaffen. Und wenn die Kathedrale das Abbild des Himmlischen Jerusalem sein soll, dann muss sie natürlich – wie ihr himmlisches Vorbild – nach Maß, Zahl und Gewicht geschaffen sein.«

Wer in einer Kathedrale nach biblischen Zahlen, oder ihren Summen oder – wie die Mathematiker sagen – Produkten sucht, der wird fündig – immer! Skeptiker mögen einwenden, das gleiche könne man auch von modernen Zweckbauten sagen: denn mit den biblischen Zahlen selbst oder in Kombination, lässt sich nahezu jede beliebige Zahl darstellen. Nehmen wir beispielsweise die »19« – selbst keine biblische Zahl, aber die Summe von »7« und »12« – salopp formuliert, aus den »Stars« unter den Zahlen der Bibel. Was verbirgt sich hinter der »7«? In der mittelalterlichen Begrifflichkeit steht sie für Vollkommenheit, als symbolische Zahl für die Weisheit Gottes, die sieben Tage der Woche, aber auch die sieben Todsünden. Die »12« steht für die zwölf Apostel, das ist christliches Gemeingut, für die zitierten zwölf Tore des Himmlischen Jerusalem und – nicht zu vergessen – die zwölf Stämme Israels.

❖ ❖ ❖

Hier ein kleiner – keineswegs vollständiger – Überblick über die biblischen, die heiligen Zahlen:

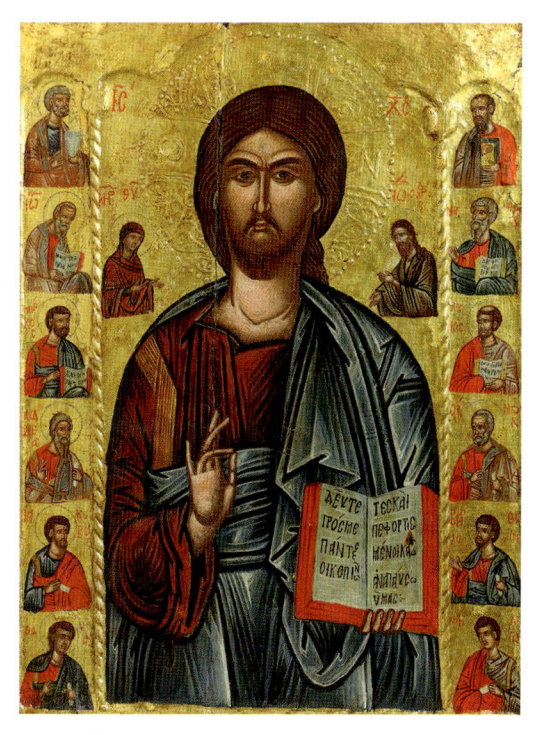

DIE EINS: Symbolische Zahl für die Einzigartigkeit Gottes, aber auch für Einmaligkeit (Jesaja 42,8), oder Einigkeit (Johannes 10,30; 17,21).

DIE ZWEI: Gemäß der Bibel benötigt es zwei Zeugen, um eine rechtskräftige Aussage zu machen (5. Mose 17,6; 19,15; Matthäus 18,16; Johannes 8,17 f.; 2. Korinther 13,1; 1. Timotheus 5,19; Hebräer 10,28).

DIE DREI: Nach drei Tagen wird Jesus auferstehen (Markus 8,31). Die Dreifaltigkeit aus Gott dem Vater, dem Sohn und dem Heiligen Geist.

Die Zwölf Apostel - Die 12 spielt in der mittelalterlichen Zahlenmystik eine große Rolle

DIE VIER: Vier Himmelsrichtungen gibt es, vier Evangelien ...

DIE SECHS: Sie ist Beispiel dafür, dass beileibe nicht alle biblischen Zahlen positiv belegt sind, denn Sechs steht für Unvollkommenheit und Unzulänglichkeit, ist ein Symbol für die gefallene Welt (2. Mose 21,2; 4. Mose 35,15), Rebellion gegen Gott (2. Samuel 21 und 22).

DIE ACHT: Es sind acht Menschen, die mit der Arche gerettet werden, deshalb steht die Acht für Neuanfang, acht Tage nach der Geburt wird im Judentum der Knabe beschnitten (3. Mose 12,3).

DIE ZEHN: Natürlich die zehn Gebote – aber auch die zehn Plagen (2. Mose 1of).

DIE DREIZEHN: Amerikanische Hotels haben keine dreizehnte Etage, die Zählung springt von Zwölf direkt auf die Vierzehn, heute ist Dreizehn eine Unglückszahl! Doch im Mittelalter ist sie das genaue Gegenteil: Sie symbolisiert Jesus und die zwölf Apostel am Abendmahltisch – ein Zahlensymbol für Vollkommenheit, eine ausgesprochene Glückszahl. Später dann die Interpretation als teuflische Zahl, als Störung der Zwölf – Symbol für göttliches Gleichgewicht.

DIE VIERZIG: Vierzig scheint wohl der biblische Code mit besonders vielen Bedeutungen zu sein. So verbleiben die Israeliten nach ihrem Auszug aus Ägypten vierzig Jahre in der Wüste, vierzig Tage war Moses auf dem Berg Sinai, bevor er die Gesetzestafeln erhielt, es gibt die vierzig Versuchungen für Jesu, vierzig Söhne ... Die Vierzig taucht immer wieder als Symbol für eine lange Zeitdauer, für eine große Anzahl auf. Sie steht jedoch auch für einen Prozess religiöser Läuterung: Nicht nur Katholiken sind die 40 Tage der Fastenzeit geläufig.

✤ ✤ ✤

Weitere religiöse Zahlen sind die »46«, die »50«, die »70« oder die »144.000«, die Anzahl der Israeliten in der Offenbarung. Ein ganz besonders schönes Bespiel für eine Summe biblischer Zahlen, denn sie setzt sich aus dem Produkt der biblischen Zahlen 3, 4, 10 und 12 zusammen, und zwar so: 3 × 4 × 12 × 10 × 10 × 10.

Mit ein wenig Übung lässt sich so fast jede beliebige »heilige« Zahl konstruieren, was den Anhängern der Zahlenmystik die Suche danach erleichtert, ihren Gegnern jedoch Munition für den Vorwurf der absoluten Beliebigkeit gibt. Die Wahrheit liegt wohl – wie immer – in der Mitte. Eines ist jedoch sicher, Zahlen und Gotik sind untrennbar verbunden. In diesem Sinne liefert Barbara Schock-Werner das ideale Schlusswort für dieses Kapitel: »An den Baumeistern der frühen Gotik finde ich erstaunlich, dass sie mit den wenigen grafischen, rechnerischen, aber auch handwerklichen Mitteln in relativ kurzer Zeit einen Stil entwickelt haben, der so überzeugend ist, dass wir ihn noch heute bewundern. Was mich aber vor allem an gotischer Baukunst fasziniert, ist, dass es eine ganz mathematische, berechnende Baukunst ist, die eine höchst emotionale Wirkung hat – und diese Kombination finde ich bewundernswert.«

✤ ✤ ✤

Das Oktogon des Aachener Domes: Acht steht für Neuanfang – eine Botschaft Karls des Großen an die Nachwelt?

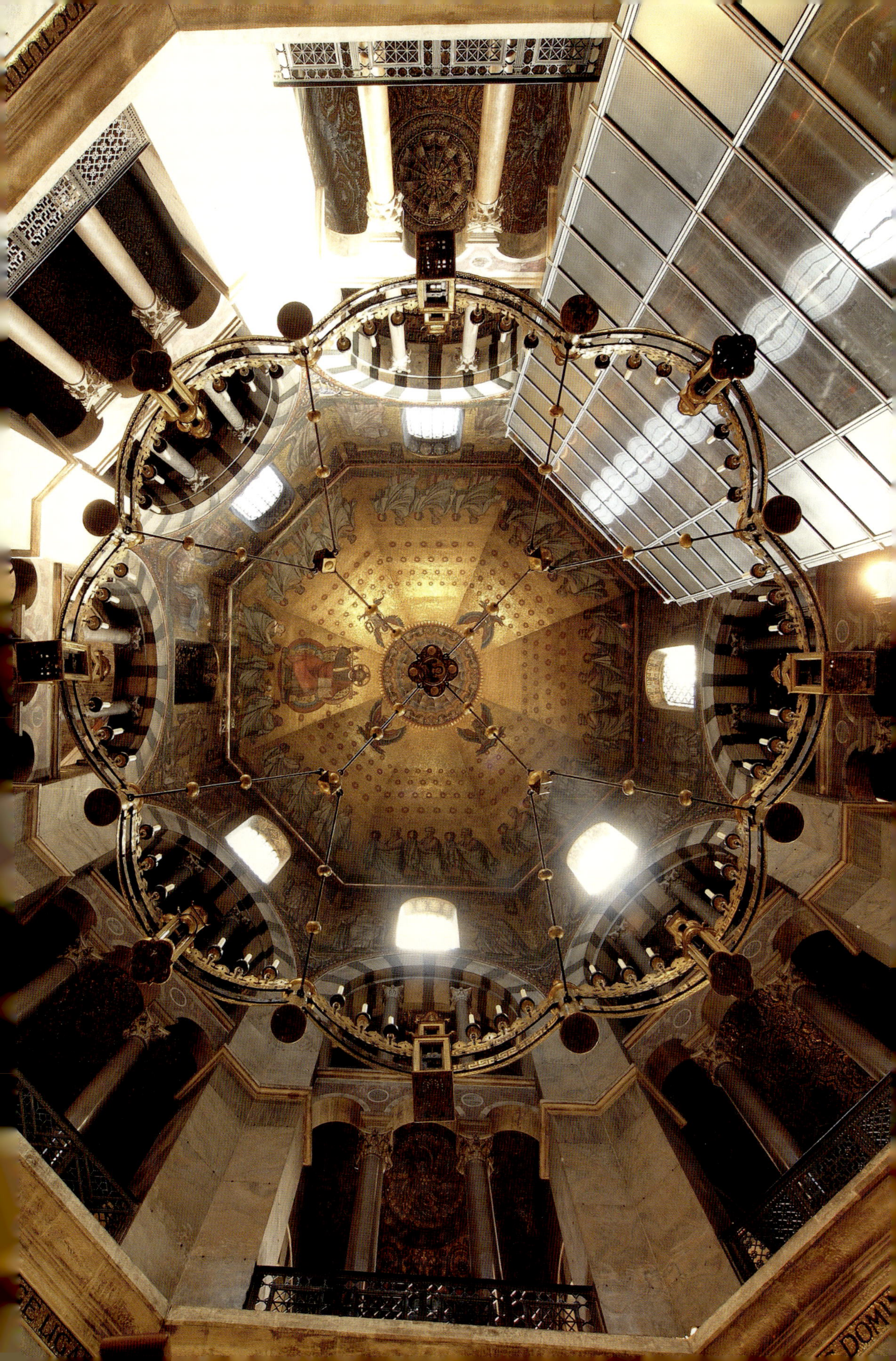

5.5

»Sommernachtstraum« eines Königs

Sulpiz Boisserée, der Dom und die Preußen

Kaufmann und Kunstkenner: Sulpiz Boisserée, 1783 – 1854

Wäre Sulpiz Boisserée nicht gewesen, hätte Köln einen Kran als Wahrzeichen. Nicht etwa eines der hochmodernen Kranhäuser, die hier am Rheinauhafen hochgezogen worden sind – sondern einen schlichten hölzernen Baukran, wie er Jahrhunderte lang dort thronte, wo jetzt die beiden Domtürme in den Himmel ragen. Denn am Ende des 18. Jahrhunderts war der stolze Dom zu Köln nichts weiter als eine Bauruine, die zunehmend verfiel. Doch der Kaufmann und Kunstsammler Sulpiz Boisserée hatte einen Traum, eine kühne, wagemutige Vision, die er bis an sein Lebensende verfolgte. Und das änderte alles.

❖   ❖   ❖

Kaufmannssohn mit kühner Vision

Als Sulpiz Boisserée am 2. August 1783 in eine traditionelle katholische Kölner Kaufmannsfamilie geboren wird, sieht der Dom noch immer aus, wie ihn die Arbeiter

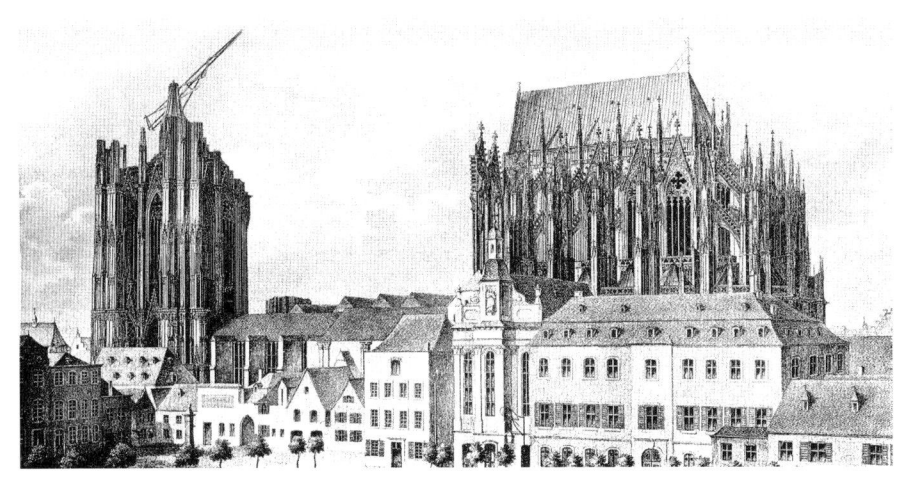

Über Jahrhunderte ein Wahrzeichen Kölns: der hölzerne mittelalterliche Baukran auf dem Torso des Doms

des 16. Jahrhunderts hinterlassen hatten: Er ist ein Torso, nur der Chor, ein Teil des Langhauses und der Stumpf des Südturms stehen. Das Gebäude verfällt zunehmend: Die Steine sind mit Moos bewachsen, das Maßwerk der Fenster verwittert. Aus den Ritzen sprießen Blumen und Gräser, Vögel nisten in Mauernischen. Das Bleidach ist undicht, Regen dringt durch die Mauerspalten und fällt auf die Altäre. Doch das düstere Ambiente wirkt auch geheimnisvoll: Man kann sich leicht vorstellen, wie das hoch aufragende Kirchengebäude mit seinen vielen Zinnen und Türmchen, Erkern und Fialen, wie die Dämonen und Fabelwesen der mittelalterlichen Steinmetze die Vorstellungskraft eines phantasiebegabten Kindes beflügelt haben mag. Denn schon als Kind ist Sulpiz Boisserée vom Dom fasziniert.

Der Junge wächst in einer Zeit des Umbruchs auf. Als er sechs Jahre alt ist, stürzen Revolutionäre in Frankreich 1789 den König und fordern Freiheit, Gleichheit, Brüderlichkeit: Die Französische Revolution wird Europa für immer verändern. Auch das Rheinland. Im Oktober 1794 besetzen die Revolutionstruppen die Freie Reichsstadt Köln. Frankreich ist säkularisiert, Kirchen geplündert und Klöster aufgelöst worden. Denn auch der Klerus gehört für die Revolutionäre zu den Unterdrückern, die das Volk Jahrhunderte lang geknechtet haben. In Köln wird der Erzbischof abgesetzt, Gottesdienste werden verboten. Im Dom stellen die Soldaten ihre Pferde unter, lagern Heu und Getreidevorräte und kasernieren Kriegsgefangene, die in kalten Nächten das kostbare Mobiliar zu Feuerholz zerhacken. Aber immerhin: den größten Teil des Domschatzes und die Dombibliothek hat das Domkapitel noch rechtzeitig vor den anrückenden Truppen im westfälischen Arnsberg in Sicherheit bringen können. Die stolze Reichsstadt ein Provinznest, der Sitz des Erzbischofs Stall und Gefangenenlager – was für ein Frevel in den Augen der katholischen Bürger, zu denen auch die Kaufmannsfamilie Boisserée gehört!

Nach dem frühen Tod der Eltern wächst Sulpiz mit seinem jüngeren Bruder Melchior bei der Großmutter auf. Wie sein Vater soll auch er Kaufmann werden, die Lehrzeit verbringt er in Hamburg. Aber daneben schlägt sein Herz für die Kunst: Ge-

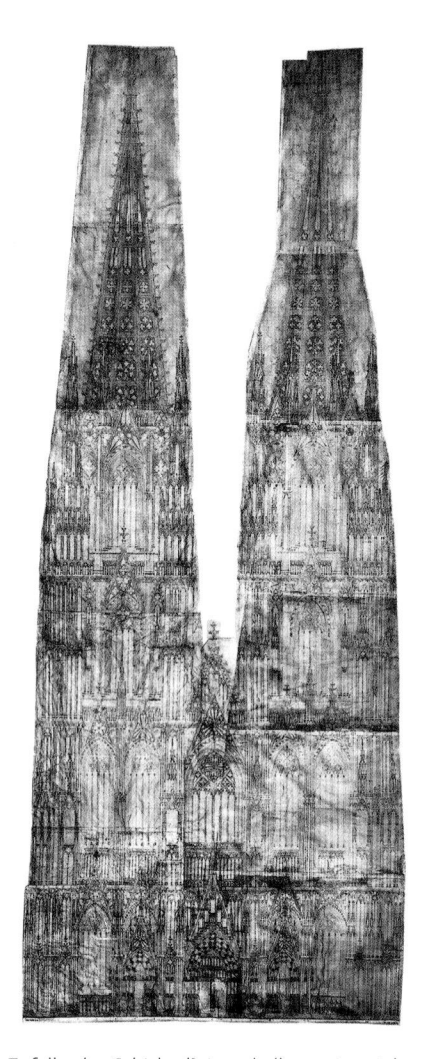

Zufall oder Schicksal? Innerhalb weniger Jahre werden die getrennten Hälften des verschollenen Fassadenplanes wiedergefunden

meinsam mit Melchior sammelt er religiöse Darstellungen aus Mittelalter und Renaissance, die nun zerstört oder verschleudert werden. Ihre Leidenschaft für Kirchenkunst teilen die Brüder Boisserée auch mit dem ehemaligen Rektor der geschlossenen Kölner Universität, dem Kanoniker Franz Ferdinand Wallraf, der wichtige Dokumente aus der Bibliothek retten konnte und sich bei den Franzosen immer wieder für den Dom einsetzt. Denn die Kathedrale verfällt zunehmend und wird bald zur Gefahr für die öffentliche Sicherheit, weil nicht einmal mehr notdürftig ausgebessert wird. Das Gotteshaus ist in einem so schlechten Zustand, dass sogar über einen Abriss nachgedacht wird – was nur an den immensen Kosten scheitert. Zwar hat sich die Stellung der Kirche mit Napoleons Machtübernahme wieder verbessert: Seit 1801 sind in Köln Gottesdienste wieder erlaubt und der Dom ist wenigstens wieder Pfarrkirche. Auch die Gebeine der Heiligen sind heil nach Köln zurückgekehrt. Aber für den Erhalt des baufälligen Gotteshauses will der französische Kaiser keinen Sou geben.

Boisserée lässt das Schicksal seines Domes keine Ruhe. Er hat begonnen, die Ruine zeichnerisch erfassen zu lassen, um zu zeigen, wie der Dom aussehen könnte, hätte man ihn fertig gebaut. Mit einem prächtigen Bildband wird er später höchst erfolgreich für den Dom, diesen »Berg Gottes«, werben. Und 1808 notiert er in sein Tagebuch: »Nun warf ich mich zu Anfang dieses Jahres auch noch auf die Ausmessung des Doms, und ich begann leidenschaftlich von einem Werk zu träumen, welches dieses so traurig unterbrochene Denkmal deutscher Größe im Bild vollendet darstellen sollte.« In dem mittlerweile 25-Jährigen hat eine kühne Vision Gestalt angenommen. Klar ist, dass der drohende Verfall aufgehalten werden muss – aber langfristig retten kann den Dom nur ein weitaus spektakuläreres Vorhaben: Seine Vollendung. Der Dom als »Denkmal deutscher Größe«: eine hellsichtige und zukunftsweisende Idee. Ob es Boisserée damals schon klar war, das diese Idee zum Schlüssel des Erfolges werden wird?

Die vielleicht reinste Ausprägung der Gotik: Blick auf den Dom vom Rhein

Unermüdlich bemüht er sich nun, für seine Pläne zu werben. Auf einer Reise nach Paris hat er vor einigen Jahren den Schriftsteller Friedrich Schlegel kennengelernt. Es war ihm gelungen, Schlegel für die von der Kunstwelt lange als minderwertig betrachtete »altdeutsche« gotische Kunst zu begeistern. Als Schlegel 1808 gemeinsam mit seiner Frau zum Katholizismus übertritt, wählt er für diesen Schritt den Kölner Dom. Denn der Dom ist für ihn das bemerkenswerteste Zeugnis der gotischen Baukunst überhaupt. Wie Schlegel ist auch Boisserée davon überzeugt, dass die Gotik aus Deutschland stammt, dass sie *die* deutsche Baukunst schlechthin sei – ein Trugschluss, denn tatsächlich liegen ihre Wurzeln ja in Frankreich. Aber das ist zu Beginn des 19. Jahrhunderts noch nicht bekannt, und dieser Irrtum wird den Lauf der Dinge entscheidend beeinflussen.

Die Gotik als urdeutsche Baukunst – unter anderem mit diesem Argument überzeugt Boisserée auch einen anderen wichtigen Bundesgenossen, der zu einem seiner engsten Freunde werden wird: den berühmtesten Dichter der Deutschen, ihre bedeutendste geistige Autorität – Johann Wolfgang von Goethe. Goethe selbst stand während seines Studiums 1773 zutiefst beeindruckt vor dem Straßburger Münster und hat Baumeister Erwin von Steinbach in seinem Text »Von Deutscher Baukunst« ein Denkmal gesetzt. Damit fand die Gotik endlich höchste Anerkennung. Denn Jahrhunderte lang war sie seit der Definition des italienischen Renaissance-Architekten und

Friedrich Wilhelm IV., 1840 bis 1858 König von Preußen

Antike-Verehrers Giorgio Vasari als wirrer Stil »gotischer« Barbaren geschmäht worden.

Nun ist Goethe beeindruckt von der gewinnenden Art des jungen Sulpiz, den er in Heidelberg kennenlernt, wo die Brüder Boisserée ihre Kunstsammlung ausstellen: »Vorzüglich belobe ich hier den wackern Sulpiz Boisserée, der unermüdet beschäftigt ist, in einem prächtigen Kupferwerke, den Kölnischen Dom aufzustellen als Musterbild jener ungeheuren Konzeptionen, deren Sinn babylonisch in den Himmel strebte, und die zu den irdischen Mitteln dergestalt außer Verhältnis waren, dass sie notwendig in der Ausführung stocken mussten. Haben wir bisher gestaunt, dass solche Bauwerke nur so weit gediehen, so werden wir mit der größten Bewunderung erfahren, was eigentlich zu leisten die Absicht war.«

❖ ❖ ❖

»Sommernachtstraum« eines Königs

1813 schließlich gelingt es Boisserée, den wichtigsten Bundesgenossen für seine Pläne zu gewinnen. Während die Mächte des alten Europa – Russland und Preußen, England und Österreich – in den Befreiungskriegen gegen Napoleon kämpfen, befindet sich das Hauptquartier der Verbündeten in Frankfurt am Main. Im Dezember reist Boisserée dorthin, um mit dem preußischen Kronprinzen höchstpersönlich zu sprechen. Er weiß, dass der sensible und gebildete Friedrich Wilhelm ein begabter Zeichner ist und sich sehr für Kunst und Kultur interessiert. Es fällt Boisserée leicht, den begeisterungsfähigen 18-Jährigen von seiner Idee des Domes als nationalem Denkmal zu überzeugen. Den Kronprinzen beschäftigt der spektakuläre Plan so sehr, dass er drei Nächte lang nicht schlafen kann, wie er Boisserée viele Jahre später einmal gesteht, als er längst König und sein »Sommernachtstraum« der Domvollendung fast Wirklichkeit geworden ist.

Doch noch ist es nicht soweit. Denn so erfolgreich Boisserée auf politischem Parkett die Werbetrommel gerührt hat, so hat er doch ein anderes Problem bis-

Ein Konzert von Licht und Farben: Das Seitenschiff des Kölner Domes an einem Sommertag

Der Dom zu Köln: Ein halbes Jahrtausend Baugeschichte

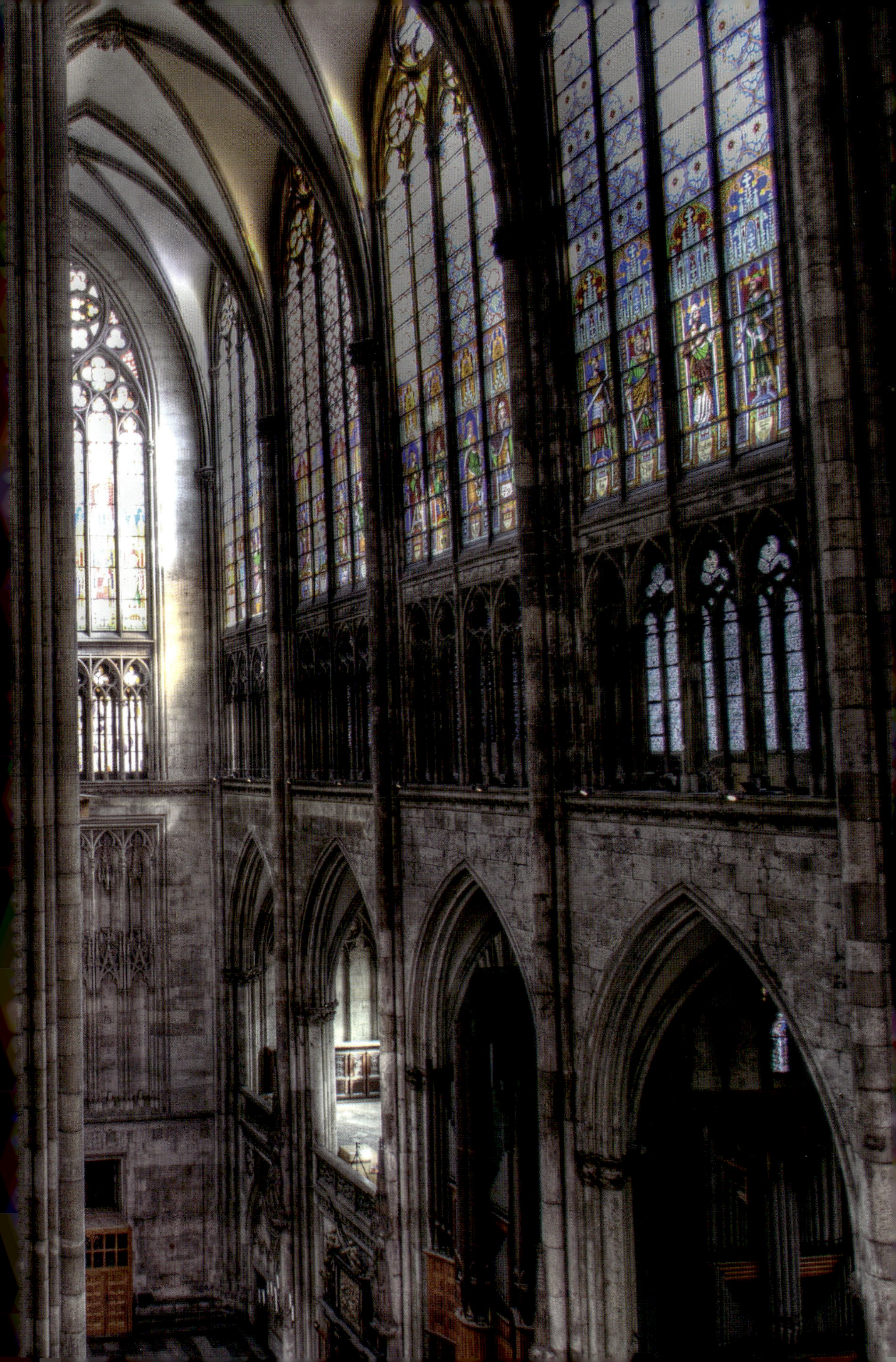

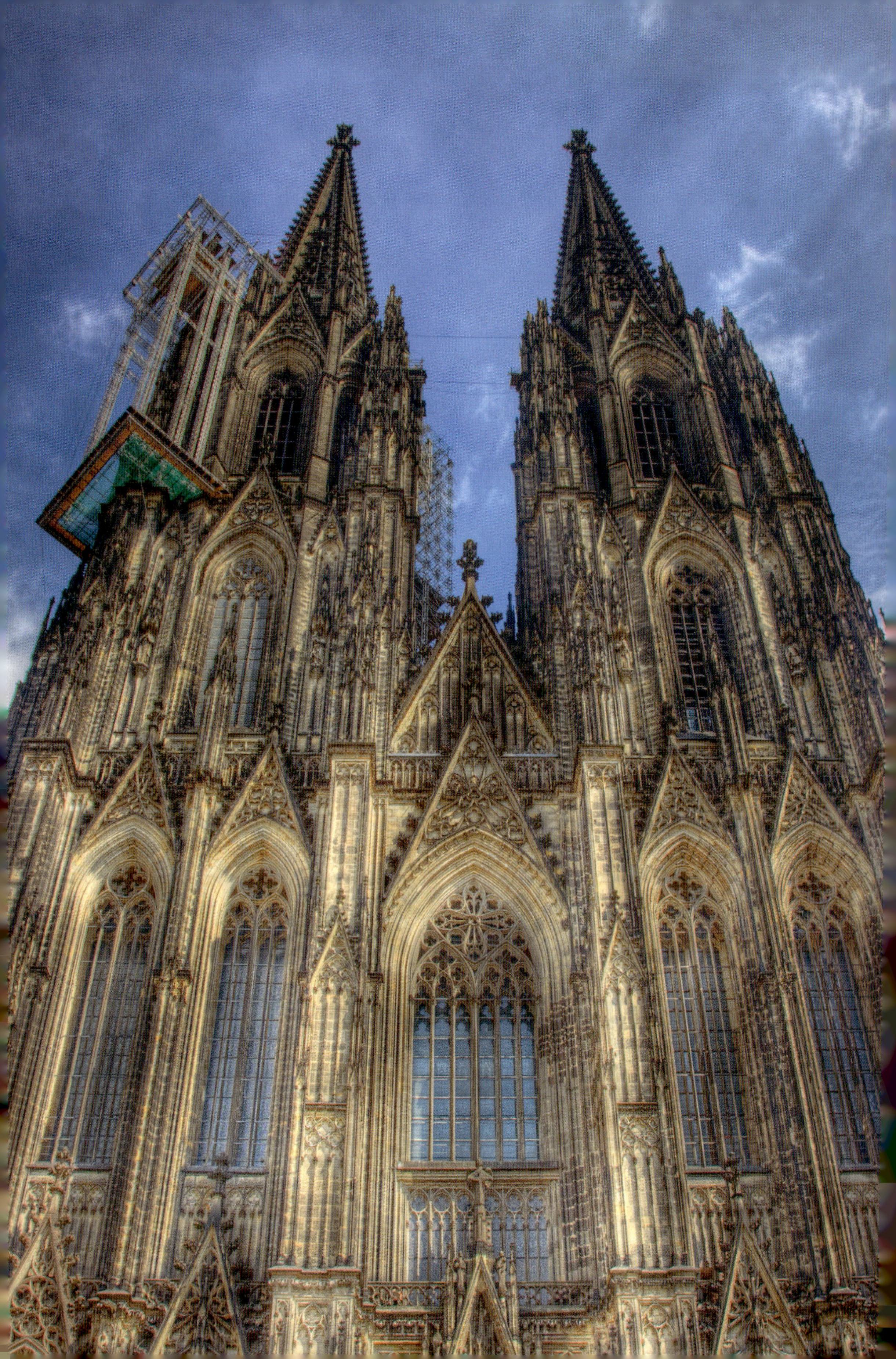

her nicht lösen können. Denn die mittelalterlichen Baupläne, die man vor dem Einmarsch der Franzosen noch in Sicherheit gebracht hatte, sind verschwunden. Aber dem Tüchtigen lacht das Glück, heißt es im Sprichwort. Und Boisserée gehörte wohl zu den besonders Tüchtigen. Denn nun kommt ihm ein fast unglaublicher Zufall zu Hilfe: Im September 1814 findet ein Handwerker bei Renovierungsarbeiten auf dem Dachboden des Darmstädter Wirtshauses »Zur Traube« ein schmutziges und zerrissenes Pergament mit einer großflächigen Zeichnung, auf dem offensichtlich Bohnen getrocknet wurden. Das Papier wird zum Darmstädter Baurat Georg Moller gebracht, einem Freund Boisserées. Moller erkennt sofort, dass er eine Sensation in den Händen hält: Es ist der verschwundene Aufriss des Kölner Nordturmes, so, wie ihn der mittelalterliche Baumeister des Domes im 13. Jahrhundert ersonnen hatte. Zwei Jahre später wird Boisserée noch einmal der Zufall zu Hilfe kommen: In Paris findet er die fehlende Hälfte mit der Zeichnung des Südturms. Die beiden Seiten fügen sich zum Fassadenriss »F« zusammen wie Teile eines Puzzles.

Nach dem Sieg über Frankreich ist das Rheinland auf dem Wiener Kongress dem Königreich Preußen zugeschlagen worden. Preußen und Rheinländer begegnen einander mit Misstrauen. Die Rheinländer, vor allem die stolzen Kölner in ihrer ehemals Freien Reichsstadt, haben es satt, von Fremden regiert zu werden. Und den protestantischen Preußen sind die katholischen Rheinländer suspekt, sie verdächtigen

Die größte mittelalterliche Goldschmiedearbeit Europas: Der Dreikönigenschrein mit den Gebeinen der Heiligen Drei Könige. Links: Erbaut im 19. Jahrhundert nach den Plänen der mittelalterlichen Meister: Die beiden Türme des Kölner Doms

Es dauert 38 Jahre, von 1842 bis 1880, bis der Dom vollendet ist

sie nicht ganz zu Unrecht als »Franzosenfreunde«. Tatsächlich ist von den Franzosen vieles geblieben, und das nicht nur im Rheinland. Denn ihre effektiven Verwaltungsstrukturen, das moderne napoleonische Zivilrecht und die Abschaffung der Einschränkungen für Handel und Gewerbe weisen in die Zukunft und werden auch in anderen Ländern Europas zum Vorbild. Zwar verurteilt man die Morde und Plünderungen der ersten Revolutionsjahre, der grundsätzliche Ruf nach Bürgerrechten, nach Freiheit, Gleichheit und Brüderlichkeit, wird aber vielerorts von weiten Kreisen der Gesellschaft aufgenommen und nie wieder endgültig verstummen.

Genauso wenig wie der Ruf nach nationaler Einheit. Im gemeinsamen Kampf gegen Napoleon ist in den zersplitterten deutschen Fürstentümern ein starkes Nationalbewusstsein entstanden, dem man Gestalt geben möchte: mit einem Nationaldenkmal. Joseph Görres, der Chefredakteur des *Rheinischen Merkur*, ruft darin im November 1814 leidenschaftlich zur Erfüllung eines Vermächtnisses, eines »Gelübdes der Väter« auf: »Ein solches Vermächtnis ist der Dom in Köln; und ist auch in uns die teutsche Ehre wieder aufgerichtet, wir können nicht mit Ehren ein ander prunkend Werk beginnen bis wir dieses zu seinem Ende gebracht und den Bau vollends ausgeführt haben. [...] In seiner trümmerhaften Unvollendung, in seiner Verlassenheit ist es ein Bild gewesen von Teutschland, seit der Sprach- und Gedankenverwirrung; so werde es denn auch ein Symbol des neuen Reiches, das wir bauen wollen.« Der Dom als nationales Denkmal – Boisserées alte Idee.

Jetzt ist die Saat gesät. Doch bis sie aufgehen wird, fließt noch viel Wasser den Rhein hinab, vorbei an der riesigen Domruine. Denn trotz der flammenden Aufrufe geht es nur schleppend voran. Zwar ist nun der preußische Staat für die Erhaltung der Bausubstanz verantwortlich, und auch Goethe setzt sich bei der Regierung für den Dom ein. Doch die jährliche Unterstützung von 10.000 Talern, die schließlich gewährt wird, ist nur ein Tropfen auf den heißen Stein. Die Summe reicht kaum aus, um das Gebäude vor dem Einsturz zu bewahren und die notdürftigsten Reparaturen durchzuführen. Auch eine neue »Kathedralsteuer« zugunsten der Dombau-Arbeiten, die von da an der 1823 wieder eingesetzte Erzbischof einführt, ändert wenig daran. Noch ist Friedrich Wilhelm III. König von Preußen, der sich im Gegensatz zum Kronprinzen wenig für den Dom im fernen Köln interessiert.

Ein Wald aus Türmen – das Strebewerk des Kölner Domes

Auch Sulpiz Boisserée betreut sein Lieblingsprojekt in den nächsten Jahrzehnten aus der Ferne. Denn seine Geschäfte und die Kunstsammlung führen ihn erst nach Heidelberg, später nach Stuttgart und schließlich nach München, wo ihn König Ludwig 1835 zum Generalkonservator der plastischen Denkmäler ernennt. Überall wirbt er unermüdlich für sein Lebenswerk. Offensichtlich sehr erfolgreich, denn der bayerische König wird dem Dom fünf prachtvolle Fenster stiften.

Erst als der alte König Friedrich Wilhelm III. 1840 stirbt, nimmt das Unternehmen Domvollendung wieder Fahrt auf. Denn nun regiert der kunstsinnige Kronprinz Friedrich Wilhelm IV., den Boisserée schon vor fast dreißig Jahren in Frankfurt kennengelernt hat. Politisch stehen dem neuen Herrscher unruhige Zeiten bevor: Die wirtschaftliche Lage

Einzige Abweichung von den alten Plänen: der gewaltige Dachstuhl aus Walzeisen

Die Kreuzblume, bevor sie die Turmspitze krönt. Rechts: Eine Idee vom Himmel auf Erden: Mit einer Höhe von über 43 Metern ist der Kölner Dom eine der größten Kirchen der Welt

wird in den 1840er Jahren durch Hunger, Teuerung und steigende Arbeitslosigkeit immer schlechter. Und 1848 wird sich auch in Deutschland das Volk gegen die Mächtigen erheben und Bürgerrechte einfordern. In dieser schwierigen Zeit macht der preußische König keine gute Figur, handelt politisch ungeschickt und muss nach einer schweren Erkrankung schließlich 1858 die Regierungsgeschäfte an seinen Bruder übergeben.

Aber für den Dombau bringt die Regierungszeit Friedrich Wilhelms IV. den Durchbruch. Denn dem König liegt die Versöhnung von protestantischem preußischem Staat und katholischer Kirche am Herzen. Und was könnte das besser ausdrücken, als ein gemeinsames nationales Denkmal, als Symbol der nationalen und konfessionellen Einigkeit? Das spürt man auch in Köln und reagiert rasch. 1841 wird der Kölner Dombau-

Der Dom zu Köln: Ein halbes Jahrtausend Baugeschichte

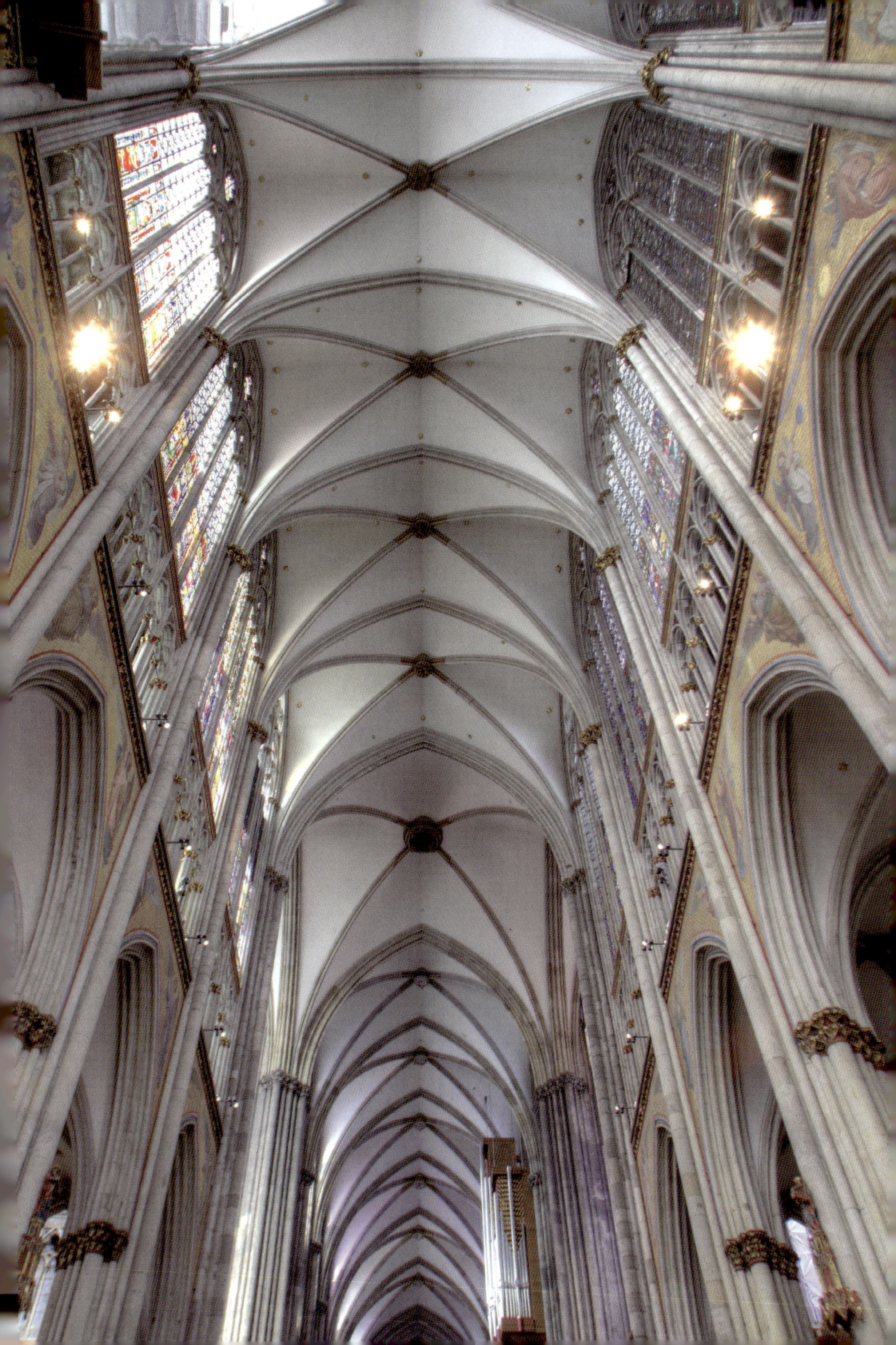

Kaiser Wilhelm I. kommt zur Feier der Schlusssteinlegung am Südportal des Kölner Domes

Verein gegründet. Die erste Generalversammlung findet am 14. Februar 1842 im Gürzenich, dem Kölner Festhaus, statt. Schon am selben Abend hat der Verein über 4.800 Mitglieder, das jüngste ist Maria Eva Groyen, die um halb zehn Uhr morgens das Licht der Welt erblickt hat. Heinrich von Wittgenstein wird zum Präsidenten gewählt, August Reichensperger zu dessen Sekretär. Sulpiz Boisserée wird Ehrenmitglied, und der preußische König übernimmt die Schutzherrschaft. Das neu entflammte Dombaufieber verbreitet sich über ganz Europa, allerorten gründen sich Dombauvereine, über 170 werden es schließlich sein. In Paris wird auch Heinrich Heine infiziert und gehört zu den Vereinsgründern. Sogar über den Atlantik verbreitet sich das Gründungsfieber: Im Dezember wird der »Dombau-Verein der Deutschen in Mexiko« ins Leben gerufen.

✣   ✣   ✣

»Alaaf Köln!«
– Prachtbau für den Brudersinn

Und dann ist es endlich soweit. Eine sanfte Herbstsonne strahlt über Köln, als der König am 4. September 1842 höchstpersönlich den Startschuss zur Domvollendung gibt. Bei der Feier der Grundsteinlegung nimmt neben den Bürgern und Honoratioren der Stadt auf den Prunksesseln im Dom der europäische Hochadel Platz, begleitet von den feierlichen Orgelklängen Beethovens und Händels. Und natürlich fehlt

Geplant im Mittelalter – gebaut im Zeitalter der Industrialisierung: Das Südportal des Domes

auch der Mann nicht, der sein ganzes Leben lang von diesem Moment geträumt hat. Zutiefst gerührt lauscht Sulpiz Boisserée den Worten des Königs: »Meine Herren von Köln! Es begibt sich Großes unter Ihnen. Dies ist, Sie fühlen es, kein gewöhnlicher Prachtbau. Es ist das Werk des Brudersinnes aller Deutschen, aller Bekenntnisse. Wenn ich dies bedenke, so füllen sich meine Augen mit Wonnetränen, und ich danke Gott, diesen Tag zu erleben. Hier, wo der Grundstein liegt, dort mit jenen Türmen zugleich, sollen sich die schönsten Tore der ganzen Welt erheben. Deutschland baut sie, so mögen sie für Deutschland durch Gottes Gnade Tore einer neuen, großen, guten Zeit werden!« Schon bei diesen Worten bleibt wohl kaum ein Auge trocken. »Der Dom von Köln«, beschließt der König seine Rede, »das bitte ich von Gott, rage über diese Stadt, rage über Deutschland, über Zeiten, reich an Menschenfrieden, reich an Gottesfrieden bis ans Ende der Tage. [...] Rufen Sie mit mir – und unter diesem Ruf will ich die Hammerschläge auf den Grundstein tun – rufen Sie mit mir das tausendjährige Lob der Stadt: Alaaf Köln!« Das lassen sich Kölner ja bis heute nicht zweimal sagen – unbeschreiblicher Jubel brandet auf dem Domhof auf, als der König geendet hat. »Alaaf Köln« – damit hat er die Herzen der Kölner gewonnen.

Unter feierlichem Geschützdonner setzt sich dann, nach dreihundert Jahren Stillstand, der mittelalterliche Holzkran noch einmal in Bewegung, um den ersten Stein zur Vollendung des Südturmes in die Höhe zu hieven. Geleitet werden die Arbeiten von Ernst Friedrich Zwirner, der seit 1833 Kölner Dombaumeister ist. Zwischen 200 und 400 Handwerker arbeiten in den nächsten Jahrzehnten in der Dombauhütte unter Zwirners Leitung. Finanziert wird der Bau zur Hälfte aus der preußischen Staatskasse, dazu kommen Gelder aus Stiftungen, Spenden und den Sammlungen

Der mittelalterliche Chor ist der älteste Teil des Kölner Domes

der Dombauvereine. Dennoch gibt es immer wieder Krisen und finanzielle Engpässe. Und das gigantische Bauvorhaben ruft auch Kritiker auf den Plan: Statt Geld für den Dombau auszugeben, solle man besser in den dringend notwendigen Wohnungsbau und die Armenfürsorge investieren, meinen manche. Auch aus den Reihen der politischen Reformer des »Vormärz« und der Revolution von 1848 kommt Gegenwind. So ist für den Dichter Ferdinand Freiligrath der Dombau nur die »Kinderrassel«, die dem Volk in die Hand gedrückt werde, um darüber wirklich Wichtiges wie Pressefreiheit und die vom König versprochene Verfassung zu »vergessen«. Andere wenden sich gegen die von oben verordnete Einigkeit – der Dombau ist ja letztlich vom preußischen König befohlen worden. Und auch Heinrich Heine, der den Pariser Dombauverein mit gegründet hat, schreibt gegen den Dombau an, der ihm nun als Symbol der fortschrittsfeindlichen preußischen Monarchie und der katholischen Restauration erscheint. In *Deutschland – Ein Wintermärchen* spottet er 1844 bissig:

»Doch siehe! Dort im Mondenschein
Den kolossalen Gesellen!
Er ragt verteufelt schwarz empor,
Das ist der Dom von Cöllen.

...

Da kam der Luther, und er hat
Sein großes ›Halt!‹ gesprochen –
Seit jenem Tage blieb der Bau
Des Domes unterbrochen.

Ihr armen Schelme vom Domverein,
Ihr wollt mit schwachen Händen
Fortsetzen das unterbrochene Werk,
Und die alte Zwingburg vollenden!

O törichter Wahn! Vergebens wird
Geschüttelt der Klingelbeutel,
Gebettelt bei Ketzern und Juden sogar;
Ist alles fruchtlos und eitel.«

Doch aller Kritik und allen Schwierigkeiten zum Trotz geht der Dombau weiter, langsam, aber stetig. Als wieder einmal das Geld knapp wird, beantragt der Dombau-Verein die Genehmigung für eine Lotterie, was zunächst abgelehnt wird – zu fragwürdig erscheint die Finanzierung eines Gotteshauses aus Glücksspiel-Geldern. Später, 1864, wird die Lotterie dann doch zugelassen. 320.000 Lose werden in ganz Deutschland verkauft, als Hauptgewinn winken 100.000 Taler – damals eine unvorstellbare Summe, einem heutigen zweistelligen Millionengewinn vergleichbar. Die Baufortschritte werden immer wieder mit feierlichen Domfesten begangen: 1848, 1852 und 1855, als auch der Grundstein für die erste feste Rheinbrücke gelegt wird, lässt es sich der König nicht nehmen, nach Köln zu kommen.

Feier der Domvollendung am 15. Oktober 1880: Vor dem kaiserlichen Festzelt verliest Kaiser Wilhelm I. die Vollendungsurkunde

Ein Menschenalter lang hat auch Sulpiz Boisserée für seinen Traum von der Domvollendung gekämpft. Als er am 2. Mai 1854 siebzigjährig in Bonn stirbt, ist sein Lebenstraum gesichert. Er weiß, dass der Dom vollendet werden wird. Im Juli 1857 erleidet der preußische König Friedrich Wilhelm IV. einen schweren Schlaganfall, in dessen Folge er sein Amt an den jüngeren Bruder übergeben muss. Im Januar 1861 stirbt Friedrich Wilhelm. Die Dichter Schlegel und Goethe sind schon lange nicht mehr am Leben. Im September 1861 stirbt auch Dombaumeister Ernst Friedrich Zwirner, der erste Baumeister, der das unterbrochene Werk im 19. Jahrhundert fortgesetzt hat, ein Pionier und Meister der Neogotik. In seiner berühmten Dombauhütte haben viele Spezialisten ihr Handwerk gelernt und die »neue Gotik« in die Welt hinausgetragen wie einst die mittelalterlichen Wandergesellen. Die Generation, die das Jahrhundertvorhaben angestoßen hat, hat die Bühne des Lebens verlassen. Doch ihr Werk ist so weit fortgeschritten, dass weder Geldmangel noch Kriege, wie 1866 und 1870/71, seine Vollendung aufhalten können. Im Jahr 1880, mitten im Kulturkampf, als der preußische Staat die Kirchen zu entmachten und den Staat weitgehend zu säkularisieren versucht, ist der Dom fertig.

❖ ❖ ❖

Alles strebt gen Himmel: Kreuzrippengewölbe im Kölner Dom

Mit der Gotik kommen Licht, Luft und Farbe in früher düstere Kirchenschiffe

222 *Der Dom zu Köln: Ein halbes Jahrtausend Baugeschichte*

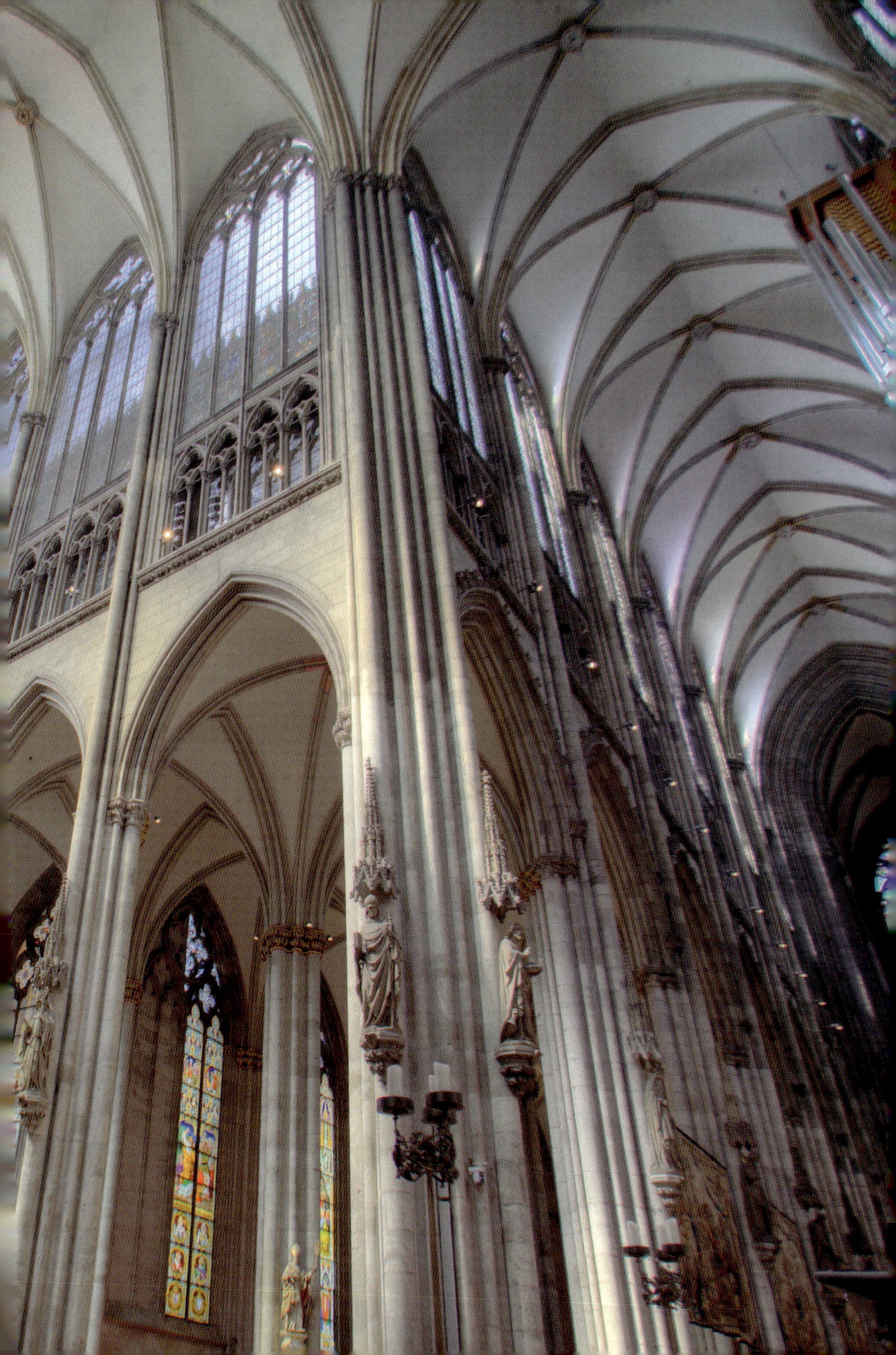

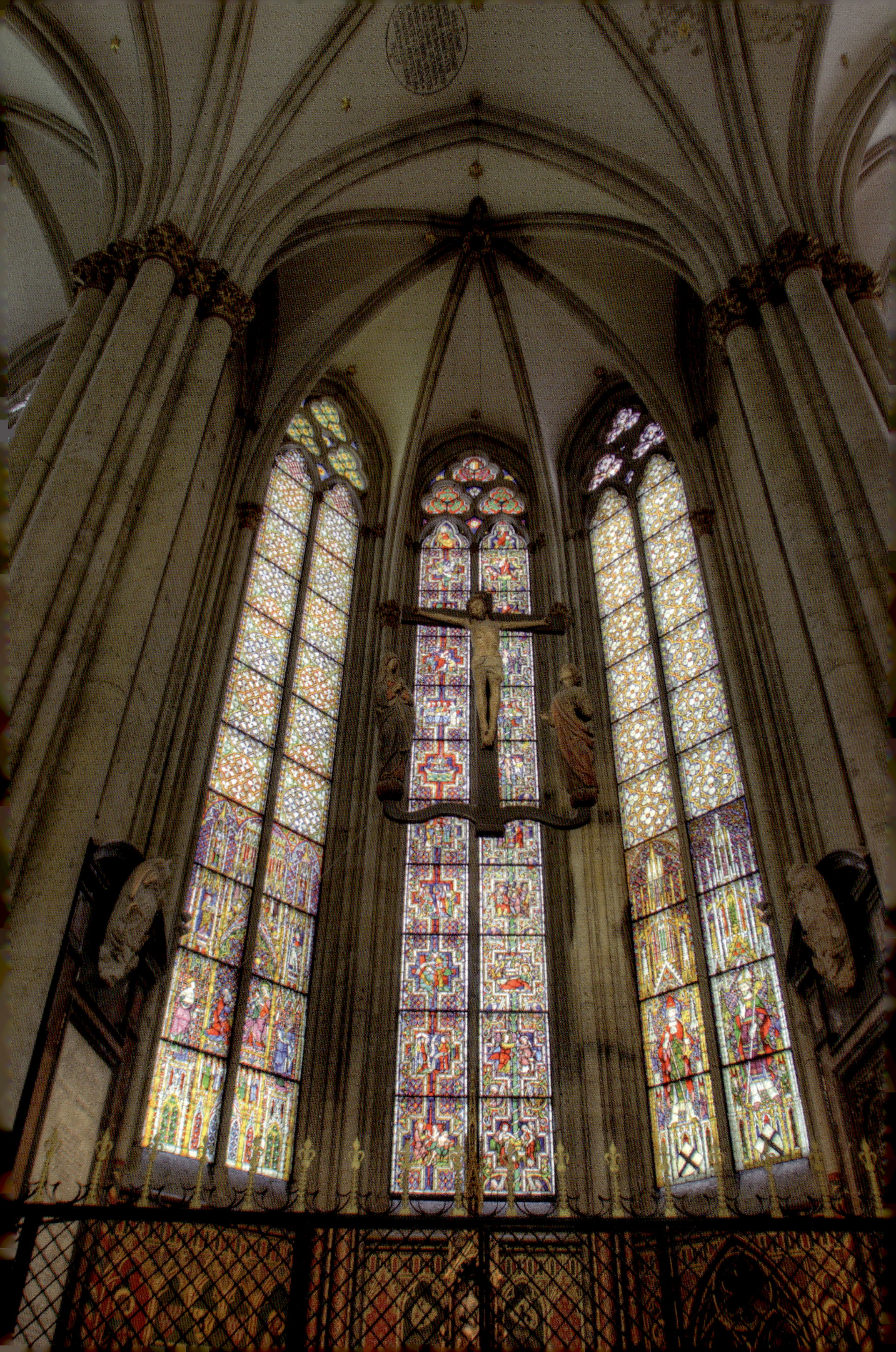

Funkelnde Farbspiele, die im Tageslauf über Pfeiler und Mauern wandern

Der Geist der Alten in einer neuen Welt

Seit Sulpiz Boisserée 1808 seine tollkühne Idee in Worte gefasst hat, ist die Welt eine andere geworden: Während damals Pferdekutschen über matschige Straßen rumpelten, transportieren nun Eisenbahnen die Steine für den Dom zügig zur Baustelle. Der hölzerne mittelalterliche Baukran ist 1868 endgültig abgerissen worden, seitdem haben Dampfmaschinen die Baumaterialien in luftige Höhen gehievt. Was mit einfachstem Arbeitsgerät und Muskelkraft begonnen wurde, ist fertiggestellt worden mit den modernsten Maschinen und Techniken. So ist der Dachstuhl aus Walzeisen und nicht aus Holz gebaut worden, weil Eisen leichter und feuerbeständiger ist – eine der ganz wenigen Abweichungen von den mittelalterlichen Plänen. Der gewaltige eiserne Dachstuhl ist damals eine der größten Eisenkonstruktionen Europas. Und während es von der Domruine zu Beginn des 19. Jahrhunderts nur zeitgenössische Zeichnungen gibt, zeigt 1880 eine gestochen scharfe Fotografie das höchste Holzgerüst der Welt, befestigt am höchsten Bauwerk der Welt. Erst der Eiffelturm wird ein paar Jahre später den 157 Meter hohen Dom übertrumpfen, der nachts vom neuen, elektrischen Licht angestrahlt wird. Ein Unternehmen der Superlative ist gelungen: Über sechs Millionen Taler soll die Domvollendung gekostet haben, 38 Jahre hat sie gedauert – eine absolute Rekordzeit für ein Projekt dieser Größenordnung.

Das älteste Fenster im Dom: Das Bibelfenster von 1260 in der Dreikönigenkapelle

Der Kölner Dom um 1900, im Hintergrund der Hauptbahnhof

Das letzte große Dombau-Fest am 15. Oktober 1880, das Fest der Vollendung, zwei Monate nachdem der letzte Stein in die Kreuzblume eingesetzt worden ist, ist überschattet von den Auseinandersetzungen zwischen preußischem Staat und Kirche im Kulturkampf. Es ist ein weltliches Fest ohne katholisches Zeremoniell, dem viele Katholiken freiwillig oder unfreiwillig fernbleiben. Es gibt keinen Gottesdienst im Dom, nur eine Besichtigung durch das Herrscherpaar. Der Kölner Erzbischof befindet sich im Exil und Weihbischof Baudri verursacht einen protokollarischen Eklat, als er unter dem Domportal einfach stehen bleibt, statt dem Kaiserpaar zur Begrüßung entgegenzugehen. Der Staatsakt findet im Freien statt, dort, wo heute die Treppen zum Hauptbahnhof führen. Das Publikum bleibt stumm, als am Ende der Veranstaltung ein evangelisches Kirchenlied angestimmt wird. Und am Festbankett, zu dem Kaiser Wilhelm I. nebst Gemahlin Auguste lädt, nimmt nur ein einziger katholischer Geistlicher teil.

Am nächsten Tag feiert das Volk, ein Festkomitee hat einen historischen Umzug organisiert. 4.000 Menschen ziehen durch die Stadt. Der Kaiser ist so begeistert, dass er den Zug gleich zwei Mal an sich vorbeiflanieren lässt. Und wenn man an diesen denkwürdigen Tagen auch aus dem Himmel nach Köln schauen konnte, so hat neben Sulpiz Boisserée und seinen Mitstreitern sicher noch ein anderer mit großem Stolz auf das vollendete Werk geblickt: Meister Gerhard, der erste Baumeister des Kölner Doms, dessen Pläne nun nach 632 Jahren und zwei Monaten endlich verwirklicht worden sind.

✢ ✢ ✢

Pionierbau der deutschen Gotik
Der Magdeburger Dom

Auch wenn der Kölner Dom die größte und berühmteste gotische Kathedrale Deutschlands ist – die erste gotische Kathedrale hierzulande war er nicht. Denn diese Ehre gebührt dem Dom Sankt Mauritius und Katharina zu Magdeburg. Das weithin sichtbare Wahrzeichen der Stadt in Sachsen-Anhalt ist das älteste gotische Bauwerk auf deutschem Boden, im Jahr 2009 feierte die Stadt das 800. Domjubiläum.

Die Geschichte des Domes beginnt mit der Gründung des St. Mauritiusklosters durch Otto den Großen im Jahr 937. Mit der Erhebung Magdeburgs zum Erzbistum steigt die mittlerweile zu einer mehrschiffigen romanischen Basilika ausgebaute Klosterkirche 968 zur Kathedrale auf. Nach weiteren Umgestaltungen führt dann – wie so häufig im Mittelalter – rund 250 Jahre später ein Brand zu einem erneuten Kirchenumbau: Das Feuer zerstört am Karfreitag des Jahres 1207 den Großteil der Stadt Magdeburg, darunter auch die Kaiserpfalz und den Dom.

Erzbischof Albrecht II. von Käfernburg, der in Paris Theologie studiert hat, lässt den Dom im neuen, französischen Stil wiederaufbauen, den er in der Île-de-France kennengelernt hat. Die Brandruine wird abgerissen und schon im Jahr 1209 mit dem Neubau begonnen, der alte romanische Formen mit frühgotischen Elementen verbindet. Die Arbeiten dauern über 300 Jahre, zuletzt werden 1520 die beiden Domtürme fertiggestellt. In der Reformationszeit ist Magdeburg eine Hochburg des Protestantismus, und im Jahr 1567 wird der Magdeburger Dom zum protestantischen Gotteshaus. Heute ist er Bischofskirche der evangelischen Kirche in Mitteldeutschland.

Der Magdeburger Dom beherbergt das Grab Ottos des Großen und seiner Frau Editha

❖ ❖ ❖

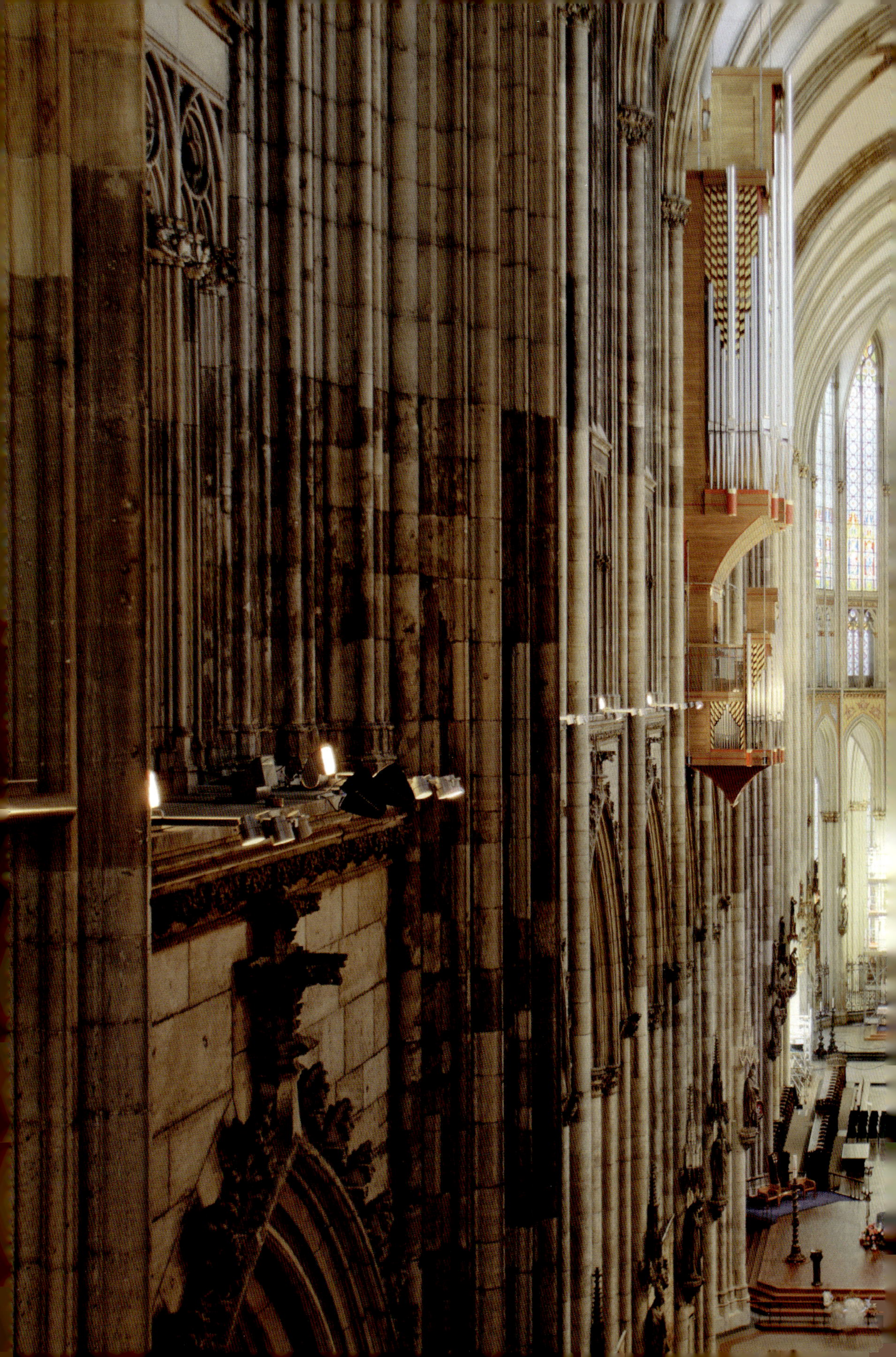

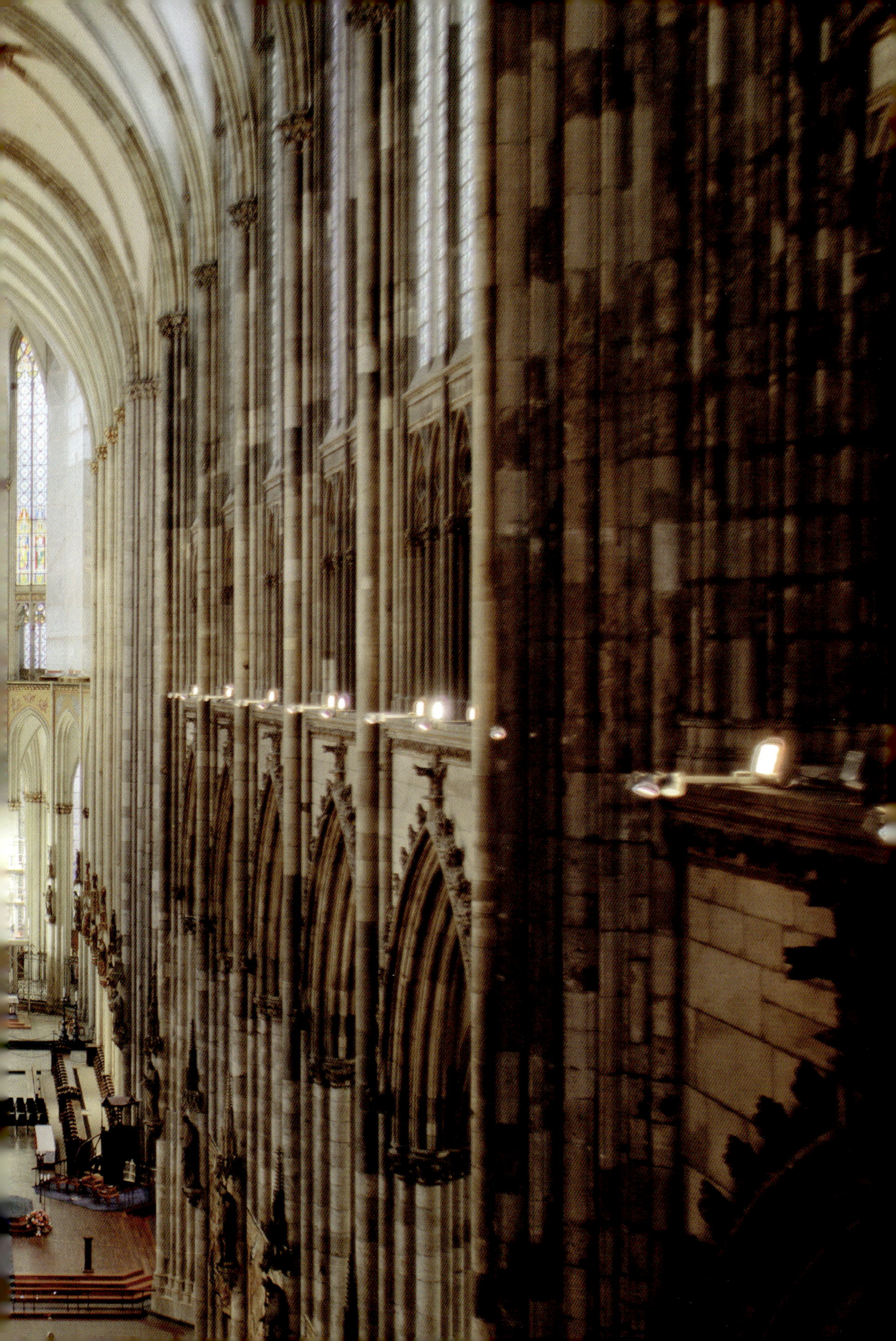

Glossar

Arbeitszeit

Geregelte Arbeitszeiten wie heute, mit freiem Wochenende und bezahltem Urlaub, gibt es im Mittelalter noch nicht. Dennoch müssen die Menschen nicht ohne Unterlass schuften. An den Sonntagen und dazu an zahlreichen kirchlichen Feiertagen, um die dreißig sind das etwa, ruht die Arbeit. Erst im 20. Jahrhundert, vermerkt der Historiker Jean Gimpel, habe es wieder so viel Freizeit gegeben: In Frankreich wurden 1956 als erstem Land der Welt so viele freie Tage eingeführt, wie es im Mittelalter etwa gab, nämlich drei Urlaubswochen zusätzlich zu den zehn gesetzlichen Feiertagen. Die mittelalterlichen Arbeitstage sind allerdings länger als heute, sie dauern meist von Sonnenaufgang bis Sonnenuntergang. Dafür endet die Arbeit am Samstag in der Regel schon am frühen Nachmittag – zur Sportschau wären also auch mittelalterliche Arbeiter rechtzeitig zu Hause gewesen ...

Auftraggeber und Bauherren

Aufträge für den Bau von Kirchen kommen meist von Geistlichen – Bischöfen, Domkapitel, Mönchen. Beim Bau von Kathedralen ist in der Regel das jeweilige Domkapitel Bauherr. Manchmal werden Kirchenbauten aber auch von den Bürgern einer Stadt in Auftrag gegeben, als sichtbares Zeichen größerer Autonomie und errungener Freiheiten.

Zur Finanzierung wird häufig »zusammengelegt« und eine Baukasse eingerichtet, in die laufend Einnahmen fließen müssen, um weiterbauen zu können: Stiftungsgelder, Spenden, Almosen, Ablässe, Sammlungen oder Bußgelder. Spenden können auch in Form von Naturalien erfolgen. Die fertigen Kirchengebäude werden oft nicht nur zu religiösen Zwecken genutzt. So ist z. B. in der Pariser Kathedrale Notre-Dame der Altarraum dem Bischof vorbehalten, das übrige Innere untersteht dem Kapitel. Mittel- und Seitenschiff aber nutzen die Gläubigen, hier werden auch Gemeindeversammlungen abgehalten und sogar gegessen oder geschlafen. Mit der Beteiligung an einem großen Kirchenbau können sich die Stadtherren so den Bau eines Rathauses sparen. Wichtige Vereinbarungen und Verträge, sogar politische Bündnisse werden nicht selten in Kathedralen geschlossen. Dabei schwören die Vertragspartner auf die anwesenden Reliquien.

Bauhütte

Die Bauhütte ist der Werkstättenverband der Betriebe und Arbeitsstellen, die an einem Bauvorhaben beteiligt sind. Die Bauhütten der verschiedenen Handwerksbetriebe sind teils im Freien, teils überdacht, im Winter beheizbar, so dass die Arbeit auch bei schlechtem Wetter fortgeführt werden und in ihnen auch gegessen werden kann. So können die Bildhauer und Steinmetze ganzjährig arbeiten, Quader und Statuen beispielsweise im Winter fertigstellen, die dann im Frühling versetzt werden. Die verschiedenen Gewerke haben eigene Bauhütten, die aber oft sinnvoll nebeneinander platziert sind: Bei der Steinmetze-Bauhütte liegt oft eine Schmiede, die die benötigten Werkzeuge herstellt und umgehend notwendige Reparaturen durchführen kann.

Baumeister und Bauverwalter

In den mittelalterlichen Quellen wird der Baumeister häufig als »rector fabricae« oder auch »magister operis« bezeichnet, im Deutschen auch als »Werkmeister«. Manchmal wird auch der Begriff »architectus« bzw. »architector« oder »inginerius« (Ingenieur) verwendet. Bis ins 17. Jahrhundert sind die Berufe des Architekten und des Ingenieurs nicht klar getrennt, ein mittelalterlicher Baumeister vereinigt beides in seiner Person. Er ist der Hauptverantwortliche für das gesamte Bauvorhaben, in planerischer, baulich-fachlicher, organisatorischer und oft auch finanzieller Hinsicht, als Unternehmer, der die Arbeiter entlohnt. Aber es gibt keine festen Regeln über die Zuständigkeiten des Baumeisters, sie werden vielmehr individuell gehandhabt und sind von Baustelle zu Baustelle verschieden. So kommt es in Einzelfällen durchaus zu einer Trennung zwischen der baulichen Leitung und der finanziellen Verwaltung des Vorhabens. Ein Bauverwalter ist dann neben dem Baumeister für die Finanzverwaltung zuständig.

Frauen

Auch Frauen haben auf den mittelalterlichen Baustellen gearbeitet. In Lohnlisten und Steuerregistern stehen ihre Namen, wie der Historiker Jean Gimpel in seinem Buch *Die Kathedralenbauer* beschreibt: »Marguerite, die Mörtelmacherin« oder »die Gipserin Marie und zwei Kinder« haben 1292 in Paris Steuern gezahlt. Mörtelmacherin oder Gipserin – das sind typische Tätigkeiten, die Frauen und Kinder in mittelalterlichen Bauhütten ausführen. Aber auch Maurerinnen sind im Pariser Steuerregister verzeichnet.

Das Leben der Frauen im Mittelalter ist, abgesehen von denjenigen, die über Bedienstete verfügen, ohnehin von täglicher Plackerei geprägt. Denn ohne die vielen technischen Erfindungen unserer Zeit ist auch die Arbeit im Haushalt wie Putzen, Waschen und Kochen Schwerstarbeit. In den Großfamilien auf dem Land arbeiten Frauen und Kinder ganz selbstverständlich auf den Feldern mit, sie werden dort auch dringend gebraucht, genauso wie in handwerklichen Betrieben. Es gibt sogar handwerkliche Berufe, die fast ausschließlich von Frauen ausgeübt werden: im spätmittelalterlichen Köln z. B. die Berufe der Seidenmacherinnen und der Seidenspinnerinnen – beides sind reine Frauenzünfte.

Oft gibt es auch gar keine räumliche Trennung zwischen Wohnung und Arbeitsplatz, und wer arbeitsfähig ist, trägt zum Einkommen bei, was er kann, um die Familie zu ernähren.

Fundament

Die Fundamente der mittelalterlichen Kathedralen reichen bis tief in die Erde, in der Regel wird nach dem Prinzip »wie oben so unten« verfahren, das heißt, es wird fast genauso viel Gestein unterirdisch verbaut wie über der Erde. So »wiegt« der Kölner Dom 160.000 Tonnen, für sein Fundament wurden in etwa 120.000 Tonnen Stein verbaut. Das Fundament bildet sozusagen das Gegengewicht zum Bauwerk, stützt das Gebäude und sichert seine rechtwinklige Lage. Die Grundsteinlegung wird meist gefeiert, wenn der erste, geweihte Stein in die Ausschachtung für die Fundamente gesetzt wird.

Handwerker

Auf einer mittelalterlichen Großbaustelle sind zahlreiche Gewerke vertreten. Mit Stein arbeiten die Steinbrecher und Steinhauer, Steinmetze, Bildhauer, Maurer oder Steinsetzer; dann gibt es die Zimmerer, Dachdecker und Gerüstbauer, die für die Holzkonstruktionen verantwortlich sind, und die Glasmacher, Glasbläser, Glasschmelzer und Glasmaler. Außerdem Mörtelmischer, Gipser, Zementmischer, Klempner für Blech und Eisenarbeiten und natürlich Schmiede, die aus den verschiedensten Materialen Werkzeuge herstellen, aber auch permanent die Werkzeuge auf der Baustelle instand setzen. Materialien transportieren die Last- und Korbträger, oft ungelernte Arbeiter, Gehilfen oder Tagelöhner. Manchmal verdingen sich auch Kreuzfahrer auf dem Rückweg auf den Kathedralenbaustellen als Arbeiter oder Pilger, denen man für ihre unentgeltliche Arbeit Ablass von ihren Sünden verspricht.

Die Tagelöhner müssen meist die schwersten körperlichen Arbeiten verrichteten. Bei den leichteren Arbeiten sind auch Frauen und Kinder tätig, z. B. als Gipserinnen oder Mörtelmischerinnen.

Und schließlich gibt es diejenigen Berufsstände, die für die Versorgung der Arbeiter und deren Familien sorgen wie die Bauern, Bäcker und Händler, Schneider und Schuster.

Experten wie die Kölner Dombaumeisterin Barbara Schock-Werner gehen davon aus, dass sich die Tätigkeit der Handwerker in der Zeit, als die gotischen Kathedralen entstehen, entscheidend verändert – von wandernden Handwerkerkolonnen, die von Baustelle zu Baustelle ziehen (wie es sie schon in der Romanik gegeben hat) hin zu immer besser qualifizierten Spezialisten, die sich ihren Arbeitsplatz selbst aussuchen, sehr gefragt sind und auch entsprechend gut bezahlt werden.

Holz und Stein – Das Baumaterial

Eines der größten Probleme mittelalterlicher Baustellen ist die Beschaffung geeigneten Baumaterials. Gestein und passendes Holz müssen oft von weither zu den Baustellen transportiert werden. So lässt der Baumeister Wilhelm von Sens für die erste Bauphase der Kathedrale von Canterbury per Schiff Gestein aus Caen in Frankreich nach England bringen, weil man in direkter Nähe der Baustelle keinen geeigneten Stein findet. Die Steine werden schon im französischen Steinbruch in Form gehauen, nach den vorgegebenen Schablonen der Steinmetze in England.

Auch die Beschaffung geeigneten Holzes ist oft schwierig. Vor allem für das Dachwerk benötigt man große Balken, die oft von weither transportiert werden müssen. Suger, der Abt von Saint-Denis, soll sogar höchstpersönlich den Wald durchstreift haben, um passende Bäume für das Dach seiner Abteikirche zu finden, wie er in seinem *Libellus de Consecratione* beschreibt: »Wir ... begannen mit einer gewissen Kühnheit unseres Glaubens, den Wald zu durchstreifen, und fanden gerade um die erste Stunde einen dem Maße entsprechenden Stamm. ... Bis zur neunten Stunde oder früher bestimmten wir zur Verwunderung vornehmlich aller Umstehenden inmitten der Sträucher, des Schattens der Wälder, des Dornengestrüpps zwölf Stämme – so viele waren nämlich erforderlich – und ließen diese zur heiligen Basilika gebrachten Stämme unter Jubel für die Überdachung des neuen Werkes aufsetzen.«

Kinder

Auch Kinder arbeiten auf mittelalterlichen Baustellen mit. Denn die »Kindheit« endet im Mittelalter weit früher als heute: mit etwa sieben Jahren nämlich.

Von da an helfen Mädchen und Jungen ihren Fähigkeiten entsprechend bei allen möglichen Tätigkeiten mit: als Hirten auf dem Feld oder bei der Ernte und genauso auf Baustellen, wo sie Hilfsdienste leisten, Werkzeuge anreichen, Mörtel mischen oder auf Botengänge geschickt werden. Mit etwa vierzehn Jahren können Jungen (in der Regel nur, wenn sie aus ehelicher Verbindung stammen), als Lehrlinge ein Handwerk erlernen. Dann leben sie auch im Haushalt ihres Meisters. Die Lehre dauert je nach Gewerk drei bis fünf Jahre, dabei muss der Lehrling mehrere Baustellen kennenlernen. Danach geht er als Geselle mindestens drei Jahre auf Wanderschaft: Eine Tradition, die gewährleistet, dass die Berufsanfänger einerseits ihren fachlichen Horizont erweitern, und die andererseits für einen funktionierenden Wissenstransfer innerhalb eines Standes sorgt.

Lohn

Die Höhe des Lohnes richtet sich nach der Qualifikation: So sind die Werk- oder Baumeister auch die Spitzenverdiener unter den mittelalterlichen Handwerkern. Sie können das Vielfache eines einfachen Arbeiters erhalten. Es ist üblich, Arbeit auch in Naturalien, Kleidung, Stoffen, Grundbesitz oder Immobilien zu bezahlen. Wie in der freien Wirtschaft heute sind auch die mittelalterlichen Löhne Verhandlungssache. In seinem Buch *Als die Kathedralen in den Himmel wuchsen* gibt der Architekturhistoriker Günther Binding anschauliche Beispiele für die Entlohnung im Hochmittelalter: Als Armenkost etwa habe »ein Brot, drei Krüge Bier und ein Hering« pro Tag gegolten. Von einem spanischen Baumeister Anfang des 12. Jahrhunderts dagegen ist überliefert, dass er vom Erzbischof für seine Arbeit »pro Jahr 6 Mark Silber, 36 Meter Stoff, 17 Ladungen Holz, so viele Schuhe und Gamaschen wie er brauchte, 2 Sous für Nahrungsmittel, 1 Maß Salz und 1 Pfund Kerzen« gefordert habe. Die Löhne der Facharbeiter, Gesellen und Vorarbeiter bewegen sich in dieser ganzen Spannbreite. Ein Beispiel für die Kaufkraft damaliger Löhne, die kaum in heutige Geldwerte zu übertragen ist, nennt der Historiker Norbert Ohler in seinem Buch Die Kathedrale: Ein Pariser Baumeister erhält im 13. Jahrhundert 50 Pfund pro Jahr, ein Haus gehobener Qualität kostet zur gleichen Zeit etwa 150 Pfund.

Oft bekommen Werkmeister zusätzlich zum Jahresgehalt noch Sondervergütungen, z. B. wenn sie auf »Dienstreisen« zu Steinbrüchen oder zum Holzschlagen unterwegs sind oder spezielle Arbeiten »eigenhändig« ausführen.

Im Winter, wenn es früher dunkel wird, gibt es wegen der kürzeren Arbeitszeit auch weniger Lohn. So wird nicht nur zwischen Sommer- und Winterlohn unterschieden, sondern für die verschiedenen Gewerke auch zwischen Tagelohn und Stücklohn: Tage- oder Leistungslohn erhalten z. B. Maurer, Mörtelrührer, Steinmetze, Schmiede oder Träger, während Ziegler, Steinbrecher und Säger nach Stücklohn bezahlt werden.

Riss

Ein Riss an der Wand – das ist nicht unbedingt ein Zeichen für schlechte Arbeit, sondern kann der Beginn eines Bauvorhabens sein. Denn »Risse« sind in der Fachsprache der Architekten Zeichnungen, die den Aufbau von Gebäuden aus verschiedenen Perspektiven darstellen. Und die werden im Mittelalter auch in Wände geritzt oder in Sandflächen gezeichnet, manchmal sind die Baupläne aber wohl auch allein im Kopf des Baumeisters gespeichert. Erst seit der Mitte des 13. Jahrhunderts gibt es proportionsgerechte Zeichnungen, Maßstäbe findet man erst in der Renaissance, im 15. und 16. Jahrhundert. Ein Grundriss zeigt einen Querschnitt des Gebäudes von oben, ein Aufriss ist ein Längsschnitt, der ein Gebäude von vorne oder von der Seite zeigt, z. B. vom Boden bis zur Decke. Ein Aufriss ist auch der berühmte Fassadenriss des Kölner Domes, der um 1280 entstand und über 600 Jahre später, im 19. Jahrhundert, bei der Vollendung der Kölner Kathedale als Vorlage für den Bau der Domfassade dient.

Transport

Wo es Wasserwege gibt, ist der Transport von Baumaterialien relativ problemlos: Gestein, Holz oder andere Baumaterialien werden verschifft. Das Gestein für den Bau des Kölner Domes z. B. wird im 13. Jahrhundert vom Steinbruch am Drachenfels bei Bonn direkt vor der Baustelle in Köln abgeladen. Der Transport schwerer Güter auf dem Landweg, mit Pferdegespannen und auf Ochsenkarren, ist dagegen weitaus beschwerlicher, denn die mittelalterlichen Straßen sind höchstens mit heutigen Feldwegen vergleichbar, nur selten gibt es noch Reste der alten gepflasterten Römerstraßen. Hat es geregnet, sind sie meist unpassierbar, und die schweren Karren stecken fest, bei großer Trockenheit oder Frost im Winter drohen die Wagen durch die Fuhrrillen umzukippen. Auf der Baustelle selbst sind Lastträger am Werk. Es gibt aber auch schon einfache Maschinen, Kräne und Winden, mit denen Baumaterialien in die Höhe gehievt werden können. Meist werden sie mit Menschenkraft betrieben, z. B. mit einer Art Hamsterrad.

Kleines Gotik-ABC

APSIS
Halbrunder oder mehreckiger Abschluss eines Raumes, meist im Chor an der Ostseite der Kirche gelegen.

ARCHIVOLTE
Spitzbogen über den Türen eines Portals.

ARKADE
Auf Pfeilern oder Säulen ruhender Bogen.

CHOR
Raum für den Hochaltar, meist im Osten an das Querschiff anschließend, den Geistlichen vorbehalten.

DIENST
Halb- oder Dreiviertelsäule an Pfeiler oder Wand, auf der Gewölbe oder Bögen anschließen.

FENSTERROSE
Rundfenster in einer gotischen Kathedrale, mit Maßwerk verziert.

FIALE
Schlankes und spitzes, typisch gotisches Türmchen mit Turmhelm zum Abschluss von Strebepfeilern und Wimpergen.

FUNDAMENT
Unterirdische, steinerne Gründung, die das gesamte Gebäude stützt.

KAPITELL
Steinerner Säulenabschluss, häufig mit Ornamenten, Figuren oder Pflanzen geschmückt.

KRABBE
Steinerne Schmuckelemente in Blatt- oder Knospenform z. B. an Fialen oder Wimpergen.

KREUZBLUME
Im Längs- und Querschnitt kreuzförmiges steinernes Blattgebilde, das z. B. Türme oder Fialen krönt.

KREUZRIPPENGEWÖLBE
Bogenförmiger Abschluss eines aus Natur- oder Backsteinen gemauerten Gewölbes, in Kreuzform von Gewölbegraten unterteilt, deren Rippen die Gewölbelast ableiten.

KRYPTA
Unterirdischer Kultraum mit Grab- und Reliquienkapellen, meist unter dem Chor gelegen.

LANGHAUS
Versammlungsort der Gemeinde, zwischen Chor und Westbau liegend, ein- oder mehrschiffig.

MASSWERK
Steinerne Bauornamente, die die großen Fenster unterteilen und schmücken und sich stets auf Kreisausschnitte zurückführen lassen.

OBERGADEN
Auch Lichtgaden genannte Fensterzone über den Bögen des Mittelschiffes.

QUERHAUS
Quer zum Langhaus verlaufender Teil der Kirche, so dass sich eine Kreuzform ergibt.

SCHIFF
Innenraum einer Kirche, der in Mittel-, Haupt- und Seitenschiffe unterteilt sein kann.

SCHLUSSSTEIN
Oberster, zuletzt eingesetzter Stein im Scheitelpunkt von Bogen oder Gewölbe.

STREBEBOGEN
Schräg ansteigender Bogen, der die Schubkräfte des Gewölbes ableitet.

STREBEPFEILER
Streben zur Verstärkung hoher Mauern, sie leiten die von den Strebebögen übertragenen Schubkräfte auf das Fundament ab.

STREBEWERK
Das für gotische Kathedralen typische, tragende äußere Stützsystem, bestehend aus Strebebögen und Strebepfeilern.

TRIFORIUM
Dreibogiger, nur zum Mittelschiff hin geöffneter Laufgang zwischen Arkadengeschoss und Lichtgaden.

TYMPANON
Geschmücktes Bogenfeld über Portalen.

VIERUNG
Raum, der als Schnittmenge beim Zusammentreffen von Lang- und Querhaus entsteht.

WIMPERG
Ziergiebel an Portalen oder Fenstern.

Buchtipps

Kreuzzüge

- Thomas Asbridge, Die Kreuzzüge, Stuttgart 2010.
- Norman Housley, Die Kreuzritter, Darmstadt 2004.
- Kay Peter Jankrift, Europa und der Orient im Mittelalter, Darmstadt 2007
- Nicolas Jaspert, Die Kreuzzüge, Darmstadt 2003.
- Martin Kaufhold, Die Kreuzzüge, Wiesbaden 2007.
- Arnulf Krause, Europa im Mittelalter. Wie die Zeit der Kreuzzüge unsere moderne Gesellschaft prägt, Frankfurt 2008.
- Amin Maalouf, Der Heilige Krieg der Barbaren. Die Kreuzzüge aus der Sicht der Araber, München 1996.
- Jonathan Riley-Smith, (Hg.), Illustrierte Geschichte der Kreuzzüge, Frankfurt am Main/New York 1999.
- Peter Thorau, Die Kreuzzüge, München 2004.

Mittelalter allgemein

- Reinhard Barth, Mittelalter. 100 Bilder, 100 Fakten, Köln 2007.
- Helmut Birkhan, Magie im Mittelalter, München 2010.
- Claudia Brinker-von der Heyde, Die literarische Welt des Mittelalters, Darmstadt 2007.
- Peter Dinzelbacher, Europa im Hochmittelalter 1050–1250. Eine Kultur- und Mentalitätsgeschichte, Darmstadt 2003.
- Robert Fossier, Das Leben im Mittelalter, München 2009.
- Gudrun Gleba, Klosterleben im Mittelalter, Darmstadt 2004.
- Roland Pauler, Leben im Mittelalter. Ein Lexikon, Darmstadt 2007.
- Gerd Althoff, Hans-Werner Goetz, Ernst Schubert, Menschen im Schatten der Kathedrale. Neuigkeiten aus dem Mittelalter, Darmstadt 1998.
- Johannes Fried, Zu Gast im Mittelalter, München 2007.
- Jacques le Goff, Ritter, Einhorn, Troubadoure. Helden und Wunder des Mittelalters, München 2005.

- Alfred Läpple, Verborgene Schätze der Apokryphen, München 2002
- Alfonso die Nola, Der Teufel, München 1990
- Régine Pernoud, Leben der Frauen im Hochmittelalter, Pfaffenweiler 1991.
- Shulamith Shahar, Kindheit im Mittelalter, München 1991.

Kathedralen und Gotik

- Günther Binding, Was ist Gotik?, Darmstadt 2006.
- Günther Binding, Der mittelalterliche Baubetrieb in zeitgenössischen Abbildungen, Darmstadt 2001.
- Günther Binding, Baubetrieb im Mittelalter, Darmstadt 1993.
- Günther Binding, Meister der Baukunst, Geschichte des Architekten- und Ingenieurberufs, Darmstadt 2004.
- Günther Binding, Als die Kathedralen in den Himmel wuchsen. Bauen im Mittelalter, Darmstadt 2006.
- Louis Charpentier, Die Geheimnisse der Kathedrale von Chartres, 1997.
- Johann Hinrich Claussen, Gottes Häuser oder Die Kunst, Kirchen zu bauen und zu verstehen, München 2010.
- Jean Gimpel, Die Kathedralenbauer, Hamburg 1996.
- Dietrich Conrad, Kirchenbau im Mittelalter, Leipzig 2002.
- James Harpur, The Atlas of Sacred Places, London 1993.
- Hans Jantzen, Kunst der Gotik, Berlin 1987.
- David Macaulay, Sie bauten eine Kathedrale, München 1974.
- Jan van der Meulen, Jürgen Hohmeyer, Chartres, Biographie der Kathedrale, Köln 1984.
- Florian Monheim, Gewölbe des Himmels. Die schönsten Kirchen und Kathedralen, Köln 2001.
- Norbert Ohler, Die Kathedrale. Religion, Politik, Architektur. Eine Kulturgeschichte, Düsseldorf/Zürich 2002.
- Uwe A. Oster, Die großen Kathedralen, Darmstadt 2003.
- Werner Schäfke, Frankreichs gotische Kathedralen, Darmstadt 2007.
- Bernhard Schütz, Große Kathedralen des Mittelalters, München 2002.
- Johannes Thiele, Kathedrale. Die Kunst, den Himmel zu berühren, München 2010.

Persönlichkeiten

- Gabriele Annas, Günther Binding, Susanne Lindscheid-Burdich, Andreas Speer, Abt Suger von Saint-Denis, Darmstadt 2000.
- Wilhelm Baum, Die Verwandlungen des Mythos vom Reich des Priesterkönigs Johannes, Klagenfurt 1999.

- David Fraesdorff, 50 Klassiker, Herrscher des Mittelalters, Hildesheim 2008.
- Dieter Hägermann, Karl der Große: Herrscher des Abendlandes, Berlin 2000
- Ellen Jones, Hans Freundl, Eleonore von Aquitanien, Paderborn 2006.
- Régine Pernoud, Königin der Troubadoure. Eleonore von Aquitanien, München 1992 (Paris 1965).
- Ursula Vones-Liebenstein, Eleonore von Aquitanien, Herrscherin zwischen zwei Reichen, Göttingen 2000.
- Villard de Honnecourt, Hans R. Hahnloser, Kritische Gesamtausgabe des Bauhüttenbuches, Wien 1972
- Carl F. Barnes, The Portfolio of Villard de Honnecourt, A New Critical Edition and Color Facsimile, Hampshire 2009.
- Pierre Aube, Thomas Becket. Eine Biographie, Zürich 1990.
- Hanna Vollrath, Thomas Becket, Höfling und Heiliger, Göttingen/Zürich 2004.
- Michael Sommer, Politische Morde vom Altertum bis zur Gegenwart, Darmstadt 2005.
- Alexander Demandt, Das Attentat in der Geschichte, Köln 1996.

Kölner Dom

- Manfred Becker-Huberti, Die Heiligen Drei Könige. Geschichte, Legenden und Bräuche, Köln 2005.
- Anke Blieschies, Markus Eckstein, Die Kölner bauten eine Kathedrale, Köln 2005.
- Carl Dietmar, Werner Jung, Kleine illustrierte Geschichte der Stadt Köln, Köln 2002.
- Carl Dietmar, Das mittelalterliche Köln, Köln 2003.
- Carl Dietmar, Kölner Mythen. Wie die Kölner sich ihre Wahrheit(en) basteln, Köln 2005.
- Christoph Driessen, Menschen im Kölner Dom, Köln 2009.
- Ralf Günther, Die Geheimnisse des Kölner Doms, Köln 1998.
- Ute Kaltwasser, Der Kölner Dom wie ihn keiner kennt, Köln 1980.
- Adolf Klein, Der Dom zu Köln, Köln 1980.
- Thomas Schumacher, Großbaustelle Kölner Dom. Technik des 19. Jahrhunderts bei der Vollendung einer gotischen Kathedrale, Köln 1993.
- Martin Stankowski, Inge Wozelka, Köln. Eine lebendige Stadtgeschichte, Köln 2000.

Alle Abbildungen: Roxanna Ardelean, Claudio Oliverio, Martin Papirowski und Timm Westen außer:
25 Abraham Cresques / Wikimedia Commons; 116 o. Josep Renalias / Wikimedia Commons; 116 u. Paolo da Reggio (Paolo Picciati) / Wikimedia Commons; 117 Friedrich Böhringer / Wikimedia Commons; 167 u. Rama / Wikimedia Commons; 205 Arnoldius / Wikimedia Commons; 208 Dombauarchiv Köln, Matz und Schenk; 213 Dombauarchiv Köln, Matz und Schenk; 218 AKG Images; 221 AKG Images

Illustrationen: 39, 51, 66, 102, 106, 109, 112-113, 120, 126, 128, 129, 132, 156, 174, 175, 177, 180, 188 Maria Valentir; 43, 50, 240 Christian Schaarschmidt